LERNPUNKT DEUTSCH 3

Unter den Linden

BREITEN

PETER MORRIS
ALAN WESSON

Nelson

Nelson

Delta Place, 27 Bath Road, Cheltenham, Glos.
GL53 7TH, United Kingdom

This edition first published by Nelson 2000

ISBN 0-17-440262-7
NPN 9 8 7 6 5 4 3 2 1
03 02 01 00

Printed in China.

Picture Research by Image Select International Ltd. and Zooid
Pictures Ltd.

Illustration

Gary Andrews
Dawn Brend
Eldad Druks
David Horwood
Maggie Ling
Jeremy Long
Roddy Murray
Nick Raven

Cover Photography

Tony Stone tr, bl
Image Bank br, ml
Brighteye Productions m

Photography

AKG 83m
Allsport 123b
A.F.P. Photo, Paris 30b
Alan Wesson 64t, 108tm
Chris Fairclough Colour Library 132t
Corbis 24bl, 62b,r, 82t, 108tr, 123t, 132t, tc
Daniel Biskup 111t
Diane Collett 24t
Dieter Klein 13t, b
Colorific 137b
Corbis 45t
Hulton Getty 23t, 24br, 60br
Hans G. Isenberg 111b, bl, br
Images 79l, 79r
Kobal 52br, 52mr
Mepl 82bl

Oxford Scientific Films 12bl, br
PIX 25b, 25t, 31tl, 31b, 68tl, 79m, 83br, 136b, br, mr, 137t
Raberman 134
Rex 82br, 132m
Tony Stone 114r, 132b
TRIP 23br, 31tr, 31m, 31br, 31ml, 96t
Rolf Schulten 61t, 61b
Ronald Frommann 124br
dpa (Deutsche Presse Agentur GmbH) 125b

All other photos by David Simson

Commissioning – Clive Bell
Development – Rachel Giles
Project Management – Harriette Lanzer
Editorial – Diane Collett
Marketing – Rosemary Thornhill, Michael Vawdrey,
Mo Smyth-Clark
Production – Gina Mance
Cover design – Eleanor Fisher
Produced by Pardoe Blacker Publishing Ltd.
Updated with New German Spellings – Irena Bagehorn

Acknowlegements

Julie Adams
Marion Dill
Angharad Holloway
Miroslav Imbrisevic
Simon Peberdy
Landfermann Gymnasium, Duisburg

Many thanks to all the schools who have been involved in the
trialling of *Lernpunkt Deutsch*

TREFF 25, 30t + l
JUMA/TIP 30mr + b, 39b, 97, 102, 103, 124, 125b, 130, 138,
142l, 143t, 156(3), 163(7)
Stafette 39b
Jugendscala 44t
Musenalp Magazin 142r
Christine Lindner, *Alles, was Kindern Spaß macht* (Verlagsgruppe
Falken – bassermann, 1994) 33, 47
Das große Buch der Kinderlieder (Verlagsgruppe Falken –
bassermann, 1995) 119
Tim Hunkin, *All there is to know about everything* (Reed Books) 39t,
44b, 45t
JO/AOK Jugendmagazin 53, 60t, 61, 62
Das Buch der 1000 Sensationen (Loewe Verlag GmbH, Bindlach,
1993) 12b, 52, 60b, 140
Expedition TITANIC, Hamburg-Speicherstadt 82
Handbuch für junge Umweltschützer (C. Bertelsmann Verlag,
München, 1991) 136
Walter Verlag, Olten und Freiburg im Breisgau 137

Willkommen!

Welcome to Stage 3 of **Lernpunkt Deutsch**. In this book you will learn how to talk about yourself, your interests, your family, your area and your country, and to give your opinion on a wide range of issues as well as talking about your hopes and plans for the future. You will also use German in situations which practise language you might need in daily life in a German-speaking country, for instance on a school trip or exchange.

The activities in **Lernpunkt Deutsch 3** cover the four skills of listening, speaking, reading and writing.

You may have already used Stages 1 and 2 of **Lernpunkt Deutsch**, or you may have used another textbook in your previous German language-learning experience. In either case, **Lernpunkt Deutsch 3** covers and/or revises all the grammar, skills and topics you will need for your examination.

Every chapter contains grammar reminders **(Lerntipps)**, and these are linked to separate activities which help you work out the rules for yourself or present them in summarized form. There are also practice exercises for each grammar point, and there is a complete grammar summary towards the back of the book.

Each chapter also provides:
- two or four pages of reading texts **(Lesepausen)**, accompanied by a copymaster with exam-style questions about the material
- an exam practice section **(Prüfungstraining)**
- one or more exam speaking practice copymasters
- one or two exam skills copymasters, with revision aids and tips
- a pronunciation practice activity **(Aussprache)**
- a summary **(Zusammenfassung)** at the end, which directs you to the pages and copymasters you need for reference and revision
- an episode of the soap opera for you to listen to.

There is a new extra practice section towards the back of the book **(Extra)**, which provides further (written) exam practice activities which you may do in class or at home.

At the back of the book you will find a German-English/English-German wordlist **(Wortschatz)**, and a glossary of German instructions used in the book **(Glossar)**.

We hope that you enjoy using **Lernpunkt Deutsch 3**, and that it helps you to be successful in your examination.

Viel Spaß beim Lernen!

Inhalt

Kapitel 1 – Unterricht, Unterricht   6

Thema 1 – *Classroom communication*
Thema 2 – *School subjects*
Thema 3 – *Describing your school day*

Lesepause   12

Thema 4 – *School uniform*
Thema 5 – *Opinions about school*

Kapitel 2 – Was machen wir?   20

Thema 1 – *Leisure activites in the past and in the present*
Thema 2 – *Radio, TV and music*

Lesepause 1   24

Thema 3 – *Deciding what to do/watch*
Thema 4 – *Describing what an event was like*

Lesepause 2   30

Kapitel 3 – Bei mir zu Hause   34

Thema 1 – *Families*
Thema 2 – *Pocket money and part-time jobs*

Lesepause 1   38

Thema 3 – *Money: to save or to spend?*
Thema 4 – *Helping at home*

Lesepause 2   44

Kapitel 4 – Fühlst du dich gut?   48

Thema 1 – *Buying clothes*
Thema 2 – *Opinions about clothes*

Lesepause 1   52

Thema 3 – *Illness*
Thema 4 – *Fitness*
Thema 5 – *Accidents and injuries*

Lesepause 2   60

Kapitel 5 – Man ist, was man isst!   64

Thema 1 – *Food and hygiene*
Thema 2 – *Shopping for food*

Lesepause   68

Thema 3 – *At the meal table*
Thema 4 – *Drugs, alcohol and smoking*
Thema 5 – *Talking about health*

Kapitel 6 – Unterwegs   **78**
   Thema 1 – *In the tourist office*
   Thema 2 – *Changing money*
   Lesepause   **82**
   Thema 3 – *Travelling by car*
   Thema 4 – *Lost property*
   Thema 5 – *Talking about holiday experiences*

Kapitel 7 – Dieses Jahr, nächstes Jahr   **92**
   Thema 1 – *Planning work experience*
   Thema 2 – *How your work experience went*
   Lesepause 1   **96**
   Thema 3 – *Career choices*
   Thema 4 – *The first step: what to do next year*
   Lesepause 2   **102**

Kapitel 8 – Zu Hause und außer Haus   **106**
   Thema 1 – *Way finding*
   Thema 2 – *Describing a journey*
   Lesepause 1   **110**
   Thema 3 – *Talking about past holidays*
   Thema 4 – *Describing the area where you live*
   Lesepause 2   **116**

Kapitel 9 – Die Arbeitswelt   **120**
   Thema 1 – *Understanding job ads*
   Thema 2 – *Applying for a job*
   Lesepause   **124**
   Thema 3 – *Working in an office/coping with stress*
   Thema 4 – *Describing your plans for future career*

Kapitel 10 – Themen ohne Grenzen   **132**
   Thema 1 – *Discussing world issues*
   Thema 2 – *Talking about the environment*
   Lesepause 1   **136**
   Thema 3 – *Describing your hopes for the future*
   Thema 4 – *Understanding news items*
   Lesepause 2   **142**

Extra   **146**
Grammatik   **164**
Verbliste   **184**
Wortschatz:
   Deutsch-Englisch   **186**
   Englisch-Deutsch   **201**
Glossar   **208**

1 Unterricht, Unterricht

LERNPUNKTE
- **Thema 1: Kommunikation im Klassenzimmer**
  Hilfe!!!
- **Thema 2: Schulfächer**
  Machst du jetzt Wahlfächer?
- **Thema 3: Der Schultag**
  Ist der Schultag zu lang?
- **Thema 4: Die Schuluniform**
  Trägst du gern eine Uniform?
- **Thema 5: Meinungen über die Schule**
  Was würdest du ändern?

1 ▭ Der neue Lehrer

Hör gut zu und sieh dir die Bildergeschichte an.

2 🔲 Logisch?

Hör gut zu. Sind die Antworten logisch oder unlogisch?
Beispiel
1 unlogisch

3 Im Klassenzimmer

Lies die Satzteile unten. Wie viele Sätze kannst du bilden? Mach eine Liste.
Beispiel
Ich verstehe das nicht!!! / Ich brauche ein Wörterbuch.

Ich habe	ein Blatt Papier		gemacht	
Ich kann	mein Buch		vergessen	
Ich bin	alle meine Bücher		verstanden	
Ich verstehe	das		durchlesen	
Ich brauche	auf die Toilette		gehen	
Ich muss	keinen Kuli		haben	?
Haben Sie	dieses Wort		wiederholen	.
Könnten Sie	kein Wort	(nicht)	machen	!!!
Müssen wir	ein Problem		finden	
Darf ich	meine Arbeit		helfen	
Könnte ich	die Hausaufgabe		buchstabieren	
Dürfen wir	die Frage		schreiben	
Wie mache ich	die Fragen		bitte	
Wie schreibt man	ein Wörterbuch		mit	
Wie heißt	mein Heft		dabei	
Was bedeutet	meinen Bleistift		fertig	
Was muss ich	mir		auf Englisch	
Was müssen wir	uns		auf Deutsch	

Lerntipp

Wortstellung im Hauptsatz und bei Fragen

Hauptsatz		Ich	**brauche**	ein Blatt Papier.
		Ich	**habe**	mein Heft vergessen.
		Mein Heft	**habe**	ich vergessen.
Frage		**Darf**	ich	ein Blatt Papier haben?
		Könnten	Sie	mir helfen?
W-Frage	Was	**muss**	ich	machen?
	Wie	**heißt**	das	auf Englisch?

Siehe Grammatik, 3.1

4 Und dann?

Wie geht die Geschichte auf Seite 6 weiter? Schreib zehn Extraszenen.
Beispiel

A (Nina:) Entschuldigung. Was müssen wir machen?   **B** (Lehrer:) ...

5 Der neue Lehrer II

Übt die neuen Szenen in einer Gruppe und nehmt sie auf Kassette auf.

1 Wahlfächer

GAUDI interviewt vier Jugendliche über Wahlfächer. Lies die Interviews.

Machst du jetzt Wahlfächer, Natalie?
Natalie: Ich lerne seit drei Wochen Psychologie. Das ist bei uns Wahlfach. Außerdem mache ich Mathematik, Deutsch, Englisch, Physik ... die normalen Pflichtfächer. Ich habe Psychologie gewählt, weil ich gern Experimente und Umfragen mache, weil ich mich für Menschen interessiere und weil meine Schwester auch seit einem Jahr Psychologie macht. Mein Lieblingsfach ist Mathe.

Stefan und Elise, macht ihr auch Wahlfächer?
Stefan: Ja. Wir machen alle die normalen Pflichtfächer wie Mathe und Deutsch.

Andere Fächer darf man frei wählen. Meine Wahlfächer sind Französisch und Sozialwissenschaften. Ich habe Französisch gewählt, weil ich Fremdsprachen unheimlich interessant finde. Sozialwissenschaften habe ich gewählt, weil ich gern lese und diskutiere. Doch mein Lieblingsfach ist Englisch, weil ich immer gute Noten bekomme. Im Moment lesen wir ‚The Outsiders‘ von S.E. Hinton.

Elise: Ich mache die normalen Pflichtfächer wie Englisch, Mathe, Naturwissenschaften, Deutsch und so weiter. Seit Anfang September

mache ich auch zwei Wahlfächer: Spanisch und Informatik. Ich habe Informatik gewählt, weil ich gern am Computer arbeite und weil der Lehrer ganz nett ist. Spanisch habe ich gewählt, weil mir die Sprache gefällt. Mein Lieblingsfach ist Deutsch. Mathe lerne ich nicht so gern, weil die Lehrerin unheimlich streng ist.

Und du, Christian? Machst du jetzt ein Wahlfach?
Christian: Ich habe auch Sozialwissen-schaften gewählt.

Weil du auch gern liest und diskutierst?
Christian: Nee. Weil alle meine Freunde Sozi machen. Und weil ich

den Lehrer OK finde. Mein älterer Bruder lernt auch Sozi und liest ganz dicke Bücher dafür, aber das interessiert mich nicht.

Was lest ihr zur Zeit in Deutsch?
Christian: Wir lesen ‚Die Physiker‘ von Friedrich Dürrenmatt. Meine Klassen-kameraden lesen das ganz gern, aber ich finde es ein bisschen seltsam. Die Lehrerin ist aber ganz freundlich. Eigentlich mag ich Deutsch, weil ich gern in Gruppen arbeite und weil ich gern Projekte mache. Aber ‚Die Physiker‘ gefällt mir nicht.

Lerntipp

Verben im Präsens

	regelmäßig machen	unregelmäßig* lesen
ich	mach**e**	les**e**
du	mach**st**	**liest**
er/sie/es (*usw.*)	mach**t**	**liest**
wir	mach**en**	les**en**
ihr	mach**t**	les**t**
Sie	mach**en**	les**en**
sie	mach**en**	les**en**

* unregelmäßige Verben findest du in der Verbliste.

 Siehe Grammatik, 2.1

2 Alles klar?

Lies den Artikel auf Seite 8 und beantworte die Fragen.
Beispiel
1 Sie macht seit drei Wochen Psychologie.

1 Seit wann macht Natalie Psychologie?
2 Was macht sie im Psychologieunterricht?
3 Wie findet Stefan Französisch?
4 Was macht er gern in Sozialwissenschaften?
5 In welchem Fach bekommt er nie schlechte Noten?
6 Welche Fremdsprache macht Elise seit Anfang September?
7 Warum gefällt ihr Mathe nicht?
8 Was liest Christians Klasse zur Zeit in Deutsch?
9 Was ist Christians Meinung dazu?

3 🔌 Wer ist das?

Hör gut zu. Wer ist das?
Beispiel
1 Christians Bruder

Christians	Mutter
Elises	Bruder
Natalies	Deutschlehrerin
Stefans	Schwester

Lerntipp

Wortstellung im Nebensatz

… , weil ich mich für Menschen **interessiere**.

… ; weil der Lehrer ganz nett **ist**.

Siehe Grammatik 4, 4.4

4 Umfrage

Interviewe deine Klassenkameraden. Frag so oft wie möglich ‚Warum?'
Beispiel

A Was sind deine Wahlfächer?　　**B** Meine Wahlfächer sind …

A Warum hast du ******** gewählt?　　**B** Weil …

A Was ist dein Lieblingsfach?　　**B** Mein Lieblingsfach ist …

A Warum?　　**B** Weil …

5 Und du?

Schreib jetzt einen Artikel über dich selbst. Häng ihn an die Wand. Wissen deine Klassenkameraden, wer das ist?
Beispiel
Ich mache zwei Wahlfächer. Ich lerne seit zwei Wochen Spanisch und …

1 Wann stehst du auf? ODER: Ist der Schultag zu lang?

Lies die Briefe an JUFO-Magazin und schlag unbekannte Wörter nach.

AUS: JUFO-MAGAZIN, 2. SEPTEMBER

Ich habe schon die Nase voll. Der Schultag bei uns ist halt zu lang. Die Schule ist erst um 1.00 Uhr aus, aber der Unterricht fängt schon um 7.50 Uhr an. Das ist total verrückt. Ich stehe jeden Tag um 6.00 Uhr auf, weil unser Bus schon um 7.00 Uhr fährt. Ich komme um 7.20 Uhr in der Schule an. Dann sitze ich fast eine halbe Stunde herum. Dann gibt's Unterricht. Die Schule ist erst um 12.50 Uhr aus und ich bin erst gegen 2.05 Uhr wieder zu Hause, weil ich gut 15 Minuten auf den Bus warten muss. Unmenschlich ist das.
Sonja Schmidt, 16 Jahre

AUS: JUFO-MAGAZIN, 9. SEPTEMBER

Sonja Schmidt ist total verrückt. Sie steht also um 6.00 Uhr auf ... Die Arme! Ich verlasse das Haus um 6.30 Uhr, weil ich auch mit dem Bus zur Schule fahre. Null Problemo! (Tipp: Geh nicht zu spät ins Bett.) Und sie ist ‚erst' um 2.05 Uhr wieder zu Hause. O je! Bei uns ist die Schule um 1.00 Uhr aus, aber meine Brieffreundin in Schottland hat bis 4.00 Uhr Unterricht. Stellt euch das mal vor! Der Schultag ist zu lang??? Was will Sonja denn? Kürzere Pausen?
Frank Pascal, 16 Jahre

AUS: JUFO-MAGAZIN, 16. SEPTEMBER

Frank Pascal ist total verrückt. Sonja Schmidt hat recht. Der Schultag ist wirklich zu lang. Ich gehe um 11.30 Uhr ins Bett und stehe um 6.00 Uhr auf, weil ich das Haus um 6.50 Uhr verlassen muss. Die erste Stunde fängt um acht an. Kein Problem. Doch in der sechsten Stunde bin ich immer völlig kaputt. Und nein: Kürzere Pausen will ich nicht. Bei uns dauert die erste Pause sowieso nur zehn Minuten. Um 11.30 Uhr gibt es die ‚große Pause', aber sie ist auch schnell vorbei. Wir brauchen kürzere Unterrichtsstunden.
Martin Roth, 15 Jahre

AUS: JUFO-MAGAZIN, 23. SEPTEMBER

Martin Roth und Sonja Schmidt sind total verrückt. Der Schultag ist nicht zu lang. ‚Kürzere Stunden' bedeutet ‚schlechte Noten'. Will Martin denn nichts lernen? Sonja und Martin, ihr steht jeden Tag um 6.00 auf ... Schade! Bei uns stehen wir alle um 5.50 Uhr auf, weil wir auch 20 Kilometer mit dem Bus zur Schule fahren. So ist das Leben.
Melanie Sammer, 16 Jahre

2 Tatsache oder Meinung?

Kannst du zehn Meinungen in den Briefen finden? Mach eine Liste.
Beispiel
Der Schultag ist bei uns halt zu lang.

3 Tagesablauf

Lies die Briefe auf Seite 10. Was passt zusammen?
Beispiel
1 c

1 Sonja und Martin	a ist am Ende des Schultages total müde.
2 In Martins Schule	b fahren mit dem Bus zur Schule.
3 Sonja, Frank und Melanie	c stehen um 6.00 Uhr auf.
4 In Franks Schule	d fängt der Unterricht um acht an.
5 Martin	e gibt es bis 12.50 Uhr Unterricht.
6 Sonja und Martin	f steht um 5.50 Uhr auf.
7 Melanie	g finden den Schultag zu lang.
8 In Sonjas Schule	h gibt es bis 1.00 Uhr Unterricht.

4 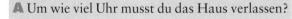 Wie war die Frage?

Hör gut zu und wähl jeweils die richtige Frage.
Beispiel
1 h

a Wann stehst du auf?
b Um wie viel Uhr musst du das Haus verlassen?
c Wie kommst du zur Schule?
d Wie lange dauert die Fahrt zur Schule?

e Um wie viel Uhr fängt der Unterricht an?
f Gibt es eine Pause?
g Um wie viel Uhr ist die Schule aus?
h Wann bist du wieder zu Hause?

Lerntipp

Trennbare Verben im Präsens

aufstehen	Ich	stehe	jeden Tag um 6.00 Uhr	auf.
ankommen	Ich	komme	um 7.20 Uhr in der Schule	an.
anfangen	Die erste Stunde	fängt	um 8.00 Uhr	an.

Siehe Grammatik, 2.4

5 Partnerarbeit

Mach ein Interview mit einem/einer Partner/in zum Thema ‚Tagesablauf'.
Beispiel

A Wann stehst du auf? **B** Ich stehe gegen 7.00 Uhr auf.

A Um wie viel Uhr musst du das Haus verlassen?

6 Mein Tagesablauf

Mach dir Notizen über deinen eigenen Tagesablauf. Wie viel kannst du sagen ohne dir die Notizen anzusehen?
Beispiel
Der Schultag ist wirklich zu lang. Ich stehe jeden Tag um … auf. Ich verlasse das Haus gegen …

7 Ist der Schultag zu lang oder nicht?

Schreib einen weiteren Brief an JUFO-Magazin zum Thema ‚Schultag'.
Beispiel
Melanie Sammer und Frank Pascal sind total verrückt … *usw., usw.*
ODER
Melanie Sammer und Frank Pascal haben recht … *usw., usw.*

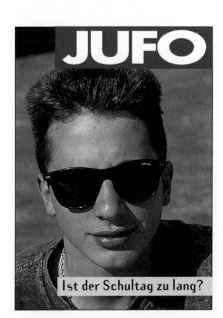

JUFO

Ist der Schultag zu lang?

Lieber Zoffkasten!

Ich finde die Schule wirklich stressig. Die Arbeit ist mir echt zu viel. Niemand hilft mir. Ich sitze immer alleine im Klassenzimmer. Oft gucke ich aus dem Fenster oder ich träume von der nächsten Pause. Ich mache mir ständig Sorgen wegen schlechter Noten. Der Schuldirektor sagt, dass ich ein fauler Sack bin. Am Anfang war ich immer sehr zufrieden in der Schule, aber jetzt sehne ich mich die ganze Zeit nach den Ferien. Mir geht's schlecht in der Schule. Hilfe!

Thomas Meyer, Lehrer

Lieber Zoffkasten ...

Hör doch auf zu meckern! Du glaubst, dir geht es schlecht? Frag die Schüler, wie es ihnen geht! Dein Zoffkasten

Perfekte Lehrer ...

gehen gern zur Schule
waren einmal Schüler
sind immer gerecht

langweilen nie
sind nie gelangweilt
haben immer Zeit

sehen meine Schwächen
verstehen meine Schwächen
haben selbst keine

sind entdornte Rosen
geben gute Noten
besonders für Gedichte

Jana Reinhold, 16 Jahre

Krähe bekommt eine Eins in Fremdsprachen

Es gibt auf der Welt Tausende von Dialekten und Sprachen. Daher müssen die Menschen Fremdsprachen lernen, wenn sie in fremde Länder reisen. Doch Tiere haben auch unterschiedliche Sprachen und Dialekte. Zum Beispiel: Die Laute der Krähen haben in verschiedenen Gegenden eine ganz andere Bedeutung. Also würde eine deutsche Krähe eine spanische Krähe nicht verstehen.
Experten haben festgestellt, dass manche Krähen auf ihren Wanderungen tatsächlich fremde Dialekte lernen. Besonders kluge Vögel lernen sogar echte Fremdsprachen. Diese Krähen kennen die wichtigsten Ausdrücke in der Sprache der Dohlen und Möwen.

aus: *Das Buch der 1000 Sensationen* © 1993 Loewe Verlag GmbH, Bindlach

Was hast du in deiner Schultasche?

Carolin

Carolin ist 17 Jahre alt und besucht die Stufe 12 des Gymnasiums. Ihre Hobbys sind Zeichnen, Schreiben, Reiten, Tanzen und Singen. Ihre Leistungskurse in der Schule sind Englisch und Spanisch.

Carolins Schultasche ist ein Rucksack: ‚Ich schleppe darin meine Bücher zur Schule, transportiere meine Reitsachen zum Stall und nehme ihn zu meiner Singgruppe mit.'

Haarband, Kette, Tagebuch, Taschentücher, Asthmaspray, Geldbörse, Busausweis, Kassettenspieler, Kassette.

Meine Bücher. ‚Die Moorhexe' ist ein Fantasy-Horror-Roman. Ich bin gerade an einer spannenden Stelle. Der andere Roman ist auf Englisch.

Ein Block mit Stiften. Zeichnen und Schreiben sind meine Lieblingshobbys.

Mein Schlüsselbund. Daran sind der Schlüssel für die Haustür und der Schlüssel fürs Fahrrad.

Arne

Arne ist 14 Jahre alt und geht aufs Gymnasium. Seine Hobbys sind Tennis und Musik. Arne spielt Klavier und guckt gern Fußball.

Arne hat auch einen Rucksack. ‚Im Moment ist mein ganzer Kram im Sack. Ich schleppe ihn einfach so herum!', sagt Arne.

Bücher, die ich im Moment lese. Wenn man mit dem Bus fährt, hat man viel Zeit zum Lesen

Musikkassette und Kassettenspieler. Ich höre besonders gern Hexenhammer und SMRT.

Taschentücher, Kalender, Hustenpastillen, die meine Mutter aus der Apotheke mitgebracht hat.

Mein Portmonee. Drin habe ich die Telefonnummer von meiner Ex-freundin, von meiner jetzigen Freundin und von meinem Vater. Außerdem ein Foto von meiner Ex.

1 📼 Die Schuluniform

Hör zu und lies die Bildergeschichte.

2 Was meint ihr?

Im Text findest du positive und negative Kommentare. Mach zwei Listen.
Beispiel

Positive Kommentare	Negative Kommentare
Ich mag das weiße Hemd.	Zum Totlachen!

3 Mit anderen Worten

Wähl jeweils das richtige Wort und schreib die Zusammenfassung auf.

Beispiel

Die australischen Schüler müssen eine Uniform tragen. Sie …

Die **deutschen/australischen** Schüler müssen eine Uniform tragen. Sie dürfen nur Kleidung in bestimmten **Farben/Größen** tragen. Zum Beispiel tragen die **Lehrer/Jungen/Mädchen** eine grüne Jacke, ein weißes Hemd, eine gestreifte Krawatte und eine schwarze Hose. Die Mädchen tragen auch eine **Jacke/Krawatte/Hose**, eine weiße Bluse und einen grünen Rock. Man darf **niemals/nur** schwarze Schuhe tragen. Sportschuhe sind nicht **gestattet/verboten/modisch**. Die deutsche Lehrerin findet die Uniform **modisch/praktisch** und ordentlich. Einige **Vorteile/Probleme** sind: Man ist nicht von der Mode abhängig und die Uniform macht einen guten Eindruck. Doch die deutschen Schüler finden die Idee **astrein/komisch**.

4 ▭ Was tragen sie?

Fünf deutsche Schüler/innen bekommen Kassetten von ihren Partnerschulen. Was für eine Uniform tragen die Partner/innen? Hör gut zu und schreib jeweils drei Buchstaben auf.

Beispiel

1 i, e, c

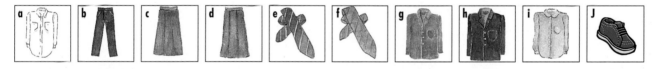

Lerntipp

Adjektivendungen

	Maskulinum	Femininum	Neutrum	Plural
Nom.	der grüne Pullover	die grüne Jacke	das weiße Hemd	die schwarzen Schuhe
Akk.	den grünen Rock	die grüne Jacke	das weiße Hemd	die schwarzen Schuhe
Akk.	einen grünen Rock	eine grüne Jacke	ein weißes Hemd	schwarze Schuhe

Siehe Grammatik, 9.1, 9.2

5 ▭ Noch etwas!

Hör noch einmal zu. Sind die Schüler/innen mit der Schuluniform zufrieden?

Beispiel

1 nein

6 Partnerarbeit

Macht einen Dialog zu zweit.

Beispiel

A: Trägst du eine Schuluniform?
A: Gefällt dir die Uniform?
A: Warum (nicht)?
A: Was sind die Vorteile einer Uniform?

B: Ja, ich trage … und … *usw.*
B: Ja/nein. Sie gefällt mir gut/nicht.
B: Ich mag … und … (nicht).
B: …

7 Brief an die Partnerschule

Schreib einen Brief an einen Brieffreund/eine Brieffreundin.

- Beschreib deine Schuluniform.
- Schreib, ob du damit zufrieden bist.
- Schreib, warum/warum nicht.

1 Wenn ich Schuldirektor/in wäre

Schulvorschriften, Schulregeln ... ‚Ihr müßt dies machen.' ‚Ihr dürft das nicht machen.' OK. Endlich bist *du* dran. Was würdest *du* machen, wenn du Schuldirektor/in wärst?

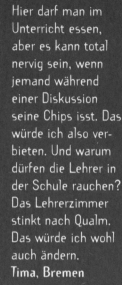

In Frankreich müssen die Schüler bis vier oder fünf Uhr in der Schule bleiben. Unglaublich! Zum Glück müssen wir das nicht machen. Das würde ich hier bestimmt nicht einführen. Leider muss ich nächstes Jahr sitzen bleiben. Das ist es, was ich sofort ändern würde!
Harald, Augsburg

Wir müssen immer viele Klassenarbeiten schreiben, aber das muss sein, finde ich. Doch das deutsche Notensystem kann ich nicht akzeptieren. Wenn man nur zweimal im Jahr eine Fünf oder eine Sechs bekommt, muss man das ganze Jahr wiederholen. Das würde ich sofort ändern.
Steffi, Rostock

Warum muss mein Mathelehrer immer eine grüne Krawatte zu einem gelben Hemd tragen? Muss das sein? Das würde ich ihm verbieten. Meine Eltern sagen auch dauernd: ‚Du musst deine Hausaufgaben zu Hause machen, nicht im Bus.' Ich würde also die Hausaufgaben abschaffen. Problem gelöst!
Marc, Erfurt

Hier darf man im Unterricht essen, aber es kann total nervig sein, wenn jemand während einer Diskussion seine Chips isst. Das würde ich also verbieten. Und warum dürfen die Lehrer in der Schule rauchen? Das Lehrerzimmer stinkt nach Qualm. Das würde ich wohl auch ändern.
Tima, Bremen

Ich muss jeden Morgen um sechs aufstehen. Das kann stressig sein. Aber so schlimm ist es auch nicht. Während der Pausen dürfen wir nicht im Klassenzimmer bleiben. Wir müssen auch bei Kälte und Schnee auf den Schulhof gehen. Doch die Lehrer müssen nicht rausgehen. Das würde ich sofort ändern.
Thomas, Salzburg

2 Kurz gesagt

Lies den Artikel oben und schreib zwei Sätze über jede Person.
Beispiel
Harald muss das ganze Jahr wiederholen. Er ...

Harald		Hausaufgaben		verbieten.
Marc	darf	auch im Winter		verstehen.
Tima	kann	es		bleiben.
Steffi	muss	die Meinung seiner Eltern		ändern.
Thomas	würde	im Klassenzimmer	(nicht)	akzeptieren.
Er		einen längeren Schultag		rausgehen.
Sie		das ganze Jahr		einführen.
		das deutsche Notensystem		abschaffen.
		das Rauchen im Lehrerzimmer		wiederholen.
		die vielen Klassenarbeiten		

3 🔈 Das würde ich machen

Hör gut zu. Was passt zusammen?
Beispiel
1 d

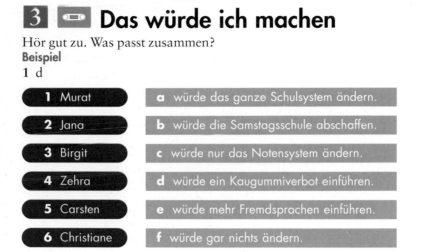

1 Murat	**a** würde das ganze Schulsystem ändern.
2 Jana	**b** würde die Samstagsschule abschaffen.
3 Birgit	**c** würde nur das Notensystem ändern.
4 Zehra	**d** würde ein Kaugummiverbot einführen.
5 Carsten	**e** würde mehr Fremdsprachen einführen.
6 Christiane	**f** würde gar nichts ändern.

Lerntipp

können	**dürfen**	**müssen**
ich kann	ich darf	ich muss
du kannst	du darfst	du musst
er/sie/es kann	er/sie/es darf	er/sie/es muss
wir können	wir dürfen	wir müssen
ihr könnt	ihr dürft	ihr müsst
Sie können	Sie dürfen	Sie müssen
sie können	sie dürfen	sie müssen

Siehe Grammatik, 2.5

Lerntipp

Wortstellung bei Modalverben

Du	musst	deine Hausaufgaben zu Hause	machen.
Hier	darf	man im Unterricht	essen.
Ich	kann	das deutsche Notensystem nicht	akzeptieren.
Das	würde	ich sofort	ändern.

Siehe Grammatik, 2.5

Achtung!
wir dürfen nicht = *we can't/we're not allowed to/we mustn't*
wir müssen nicht = *we don't have to*

4 Wer ist das?

Macht zu zweit ein Gedächtnisspiel. Ein/e Partner/in macht das Buch zu.
Der/Die andere stellt Fragen.
Beispiel

A Er muss das ganze Jahr wiederholen.

B Das ist Harald.

5 Die Schule und du

Wie viel kannst du über die Schule schreiben?

* Welche Wahlfächer machst du? Warum?
* Was ist dein Lieblingsfach? Warum?
* Um wie viel Uhr ist die Schule aus? Bist du damit zufrieden?
* Trägst du eine Schuluniform? Was meinst du dazu?
* Wie würdest du deine Schule ändern? Warum?

6 Präsentation

Mach jetzt eine Präsentation über die Schule. Benutz die Notizen von
deinem Artikel oben.

Prüfungstraining

1 🔊 Hören

Martin erzählt seiner Mutter, was er heute in der Schule gemacht hat. Hör zu und füll die Tabelle aus.

	Fach	Was hat er gemacht?
1. Stunde	Englisch	Test
2. Stunde		
3. Stunde		
4. Stunde		

2 Sprechen

You are talking to your German friend about your school uniform, which you like wearing. Ask your friend if he/she wears a uniform to school. You must describe your uniform, say that you like it and say why. Try to persuade your friend that a school uniform is a good idea.

- Frag, ob er/sie eine Uniform trägt.
- Beschreib deine Uniform.
- Sag deine Meinung dazu.
- Versuch ihn/sie zu überreden, dass eine Uniform eine gute Idee ist.

3 Lesen

Lies den Text.

Schlechte Noten in der Schule – was sag' ich meinen Eltern?

Im deutschen Schulsystem sind die besten Noten eine Eins und eine Zwei. Wenn man zweimal im Schuljahr eine Fünf oder eine Sechs bekommt, muss man ‚sitzen bleiben' (d. h., man muss das ganze Schuljahr in allen Fächern wiederholen). Viele Schüler haben Angst davor sitzen zu bleiben, weil sie mit ihren Freunden in einer Klasse bleiben wollen oder weil sie Ärger mit ihren Eltern bekommen können ...

Am besten ist es, glaube ich, sofort zu sagen, wenn man eine Fünf oder eine Sechs bekommen hat. Die Noten stehen sowieso im Jahreszeugnis. Gewöhnlich bekomme ich eine Eins oder eine Zwei. Doch wenn ich mal eine Fünf bekomme, gibt's zwei Wochen Hausarrest. Das geht mir auf den Keks.
Thorsten Müller, 15 Jahre, Gymnasium, Rostock

Wenn ich eine schlechte Note bekomme, warte ich immer ein paar Wochen ab, bis ich eine gute Note in einem anderen Fach bekommen habe. Dann zeige ich meinen Eltern beide Noten. So sieht's nicht mehr so schlimm aus.
Stefanie Witzmann, 15 Jahre, Hauptschule, Trier

Zuerst mache ich immer dumme Ausreden wie z. B.: Der Lehrer war nicht gerecht ... Aber das bringt nichts. Eine Fünf ist schließlich eine Fünf. Doch meine Eltern sind ganz vernünftig und machen kein großes Theater. Wir reden darüber und ich versuche für die nächste Klassenarbeit mehr zu lernen.
Benjamin Kahla, 15 Jahre, Gesamtschule, Hildesheim

Beantworte die folgenden Fragen auf Deutsch.

Beispiel

1 Die besten Noten sind eine Eins und eine Zwei.

1 Was sind die besten Noten in deutschen Schulen?

2 Warum haben Schüler Angst vor dem Sitzenbleiben?

3 Woher wissen Thorstens Eltern, welche Noten er hat, wenn er nichts sagt?

4 Wie reagieren Thorstens Eltern, wenn er eine Fünf bekommt?

5 Was macht Stefanie, bevor sie ihren Eltern von ihren schlechten Noten berichtet?

6 Warum macht sie das?

7 Was macht Benjamin zuerst, wenn er eine schlechte Note bekommt?

8 Wie helfen ihm seine Eltern?

4 Schreiben

Schreib an deinen Briefpartner/deine Briefpartnerin.
Schreib über deine Schule.

- Gib Infos über ... deine Schulfächer.
  ... deine Schuluniform.
  ... deinen Tagesablauf.

- Sag, ... warum du bestimmte Fächer magst.
  ... was du von deiner Schuluniform hältst.
  ... was du an deiner Schule gut findest.
  ... wie du deine Schule ändern würdest.

- Frag ... ihn/sie über seine/ihre Schule.

Selbstlernkassette

1 ▭ Aussprache

Hör gut zu und wiederhole.

Wahlfächer, Pflichtfächer ...

Was sind meine Lieblingsfächer?

Fremdsprachen find' ich wirklich gut

und Geschichte ist auch nicht schlecht.

Doch nach und nach (ich lüge nicht)

wird Mathe wohl mein Lieblingsfach.

Echt!

2 ▭ Seifenoper

Hör dir die erste Episode der Serie an.

Zusammenfassung

Themen

		Seite	Vokabeln
1	Kommunikation im Klassenzimmer	6	AB 4
2	Schulfächer	8	AB 11
3	Der Schultag	10	AB 14
4	Die Schuluniform	14	AB 17
5	Meinungen über die Schule	16	AB 21

Grammatik

	Seite	Arbeitsblatt	Grammatik
Wortstellung	7	1	3.1
Verben im Präsens	9	7	2.1
Wortstellung im Nebensatz	9	8	4, 4.4
Trennbare Verben im Präsens	11	12	2.4
Adjektivendungen	15	16	9.1, 9.2
müssen, dürfen, können	17	19	2.5
Wortstellung bei Modalverben	17	19	2.5

Besonderes

	Seite	Arbeitsblatt
Lesepause	12-13	15
Prüfungstraining	18-19	—
Extra	146	—

2 Was machen wir?

LERNPUNKTE

- **Thema 1: Freizeit und Hobbys**

  Wie ist das heute? Wie war das früher?

- **Thema 2: Radio, Fernsehen und Musik**

  Hörst du gern Musik?

- **Thema 3: Was wollen wir machen?**

  Fußball im Fernsehen – nein danke!!

- **Thema 4: Wie war das?**

  Was hast du gestern Abend gemacht?

1 Oskar und Sebastian

Hör gut zu und sieh dir die Bildergeschichte an.

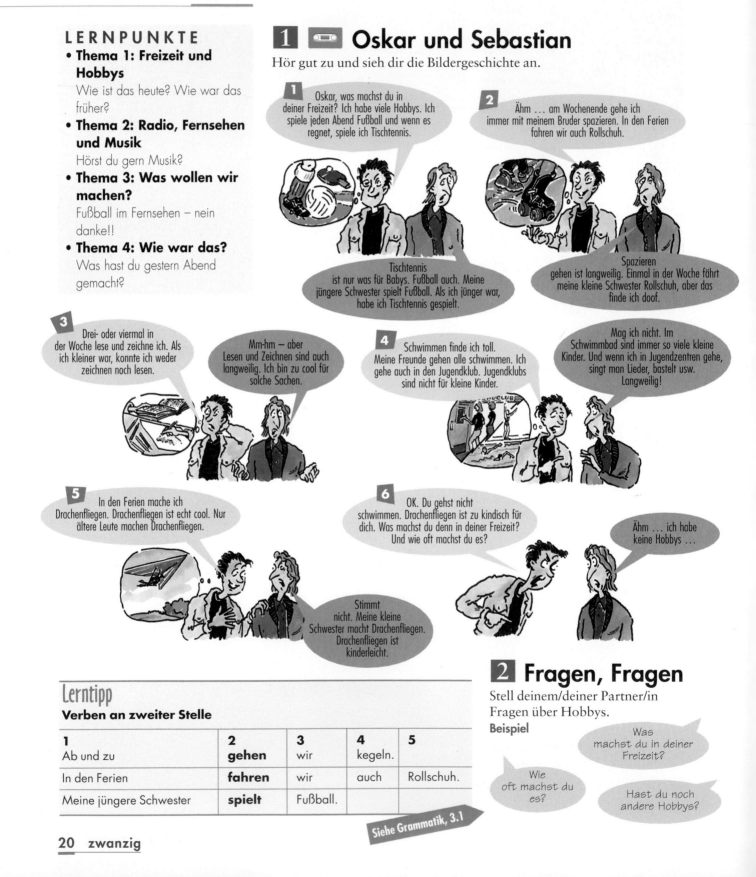

1 Oskar, was machst du in deiner Freizeit? Ich habe viele Hobbys. Ich spiele jeden Abend Fußball und wenn es regnet, spiele ich Tischtennis.

2 Ähm ... am Wochenende gehe ich immer mit meinem Bruder spazieren. In den Ferien fahren wir auch Rollschuh.

Tischtennis ist nur was für Babys. Fußball auch. Meine jüngere Schwester spielt Fußball. Als ich jünger war, habe ich Tischtennis gespielt.

Spazieren gehen ist langweilig. Einmal in der Woche fährt meine kleine Schwester Rollschuh, aber das finde ich doof.

3 Drei- oder viermal in der Woche lese und zeichne ich. Als ich kleiner war, konnte ich weder zeichnen noch lesen.

Mm-hm – aber Lesen und Zeichnen sind auch langweilig. Ich bin zu cool für solche Sachen.

4 Schwimmen finde ich toll. Meine Freunde gehen alle schwimmen. Ich gehe auch in den Jugendklub. Jugendklubs sind nicht für kleine Kinder.

Mag ich nicht. Im Schwimmbad sind immer so viele kleine Kinder. Und wenn ich in Jugendzentren gehe, singt man Lieder, bastelt usw. Langweilig!

5 In den Ferien mache ich Drachenfliegen. Drachenfliegen ist echt cool. Nur ältere Leute machen Drachenfliegen.

6 OK. Du gehst nicht schwimmen. Drachenfliegen ist zu kindisch für dich. Was machst du denn in deiner Freizeit? Und wie oft machst du es?

Ähm ... ich habe keine Hobbys ...

Stimmt nicht. Meine kleine Schwester macht Drachenfliegen. Drachenfliegen ist kinderleicht.

Lerntipp

Verben an zweiter Stelle

1	2	3	4	5
Ab und zu	**gehen**	wir	kegeln.	
In den Ferien	**fahren**	wir	auch	Rollschuh.
Meine jüngere Schwester	**spielt**	Fußball.		

Siehe Grammatik, 3.1

2 Fragen, Fragen

Stell deinem/deiner Partner/in Fragen über Hobbys.

Beispiel

Was machst du in deiner Freizeit?

Wie oft machst du es?

Hast du noch andere Hobbys?

3 KLARO–Artikel

KLARO hat gefragt: ‚Was hast du vor zehn Jahren gemacht?
Und was machst du jetzt?' Lies diese Texte.

Vor zehn Jahren ging ich noch aufs Gymnasium. Wenn ich Zeit hatte, spielte ich Tennis und Federball. Damals ging ich oft mit meinem damaligen Freund Frank in die Disko – ich habe vergessen, wann ich ihn zum letzten Mal gesehen habe. Was noch? Na ja. Zu dieser Zeit aß ich noch Fleisch. Igitt!
Claudia (24)

Als ich jünger war, blieb ich meistens mit meinem Vater zu Hause. Wir lasen Kinderbücher und oft spielte ich mit unserem Meerschweinchen. Wenn ich in den Kindergarten ging, spielte ich im Sandkasten usw. Ich habe vergessen, wann mein Vater einen Videorekorder gekauft hat, aber damals schaute ich mir auch Kindervideos an.
Karl (14)

Vor zehn Jahren war ich noch mit Hermann zusammen. Ich war in der Oberstufe und ich musste viel lernen, aber wenn ich Zeit hatte, ging ich Ski fahren. Zu dieser Zeit hatte ich wenige Haustiere – eigentlich nur meine kleine Katze, und damals aß ich noch Kekse, Schokolade usw. Ich hörte am liebsten Diskomusik.
Christa (28)

Lerntipp
Verben im Imperfekt

Damals **aß** ich noch Kekse, Schokolade usw.
Vor zehn Jahren **ging** ich noch aufs Gymnasium.
Ich **hörte** am liebsten Diskomusik.

Siehe Grammatik, 2.12

Lerntipp
Als, wenn

Als ich jünger war, blieb ich meistens mit meinem Vater zu Hause.
Wenn ich Zeit hatte, spielte ich Tennis und Federball.

Siehe Grammatik, 4.2, 4.1

Lerntipp
Wann

Ich weiß nicht mehr, **wann** ich zum letzten Mal Schokolade gegessen habe!

Siehe Grammatik, 4.3

4 Wer ist das?

Beispiel
1   Claudia

1   Zu dieser Zeit aß diese Person noch Fleisch.
2   Vor zehn Jahren hörte diese Person am liebsten Diskomusik.
3   Damals spielte diese Person mit seinem/ihrem Meerschweinchen.
4   Damals ging diese Person oft in die Disko.
5   Damals spielte diese Person im Sandkasten usw.
6   Zu dieser Zeit hatte diese Person nur eine Katze.
7   Vor zehn Jahren schaute sich diese Person Kindervideos an.
8   Vor zehn Jahren ging diese Person noch aufs Gymnasium.
9   Vor zehn Jahren war diese Person noch mit Hermann zusammen.

5  Und heute

Hör gut zu. Wer ist das jedes Mal – Claudia, Karl oder Christa?

6 Vor zehn Jahren

Und du? Wie war dein Leben vor zehn Jahren? Und wie ist es heute? Schreib einen kurzen Aufsatz darüber und vergleich dein Leben damals mit heute.
Beispiel
Vor zehn Jahren ging ich noch auf die Grundschule. Jetzt gehe ich auf die Gesamtschule.

1 📼 Ich höre nicht gern Musik

Hör gut zu und lies den Dialog.

> **Int:** Hören Sie gern Radio?
>
> **Danny:** Ja, unheimlich gern. Ich habe mir sogar ein Radio in mein Motorrad einbauen lassen.
>
> **Int:** Echt? Was für Radiosendungen hören Sie besonders gern?
>
> **Danny:** Ähm ...
>
> **Int:** Hören Sie zum Beispiel gern Talk-Shows oder Hörspiele?
>
> **Danny:** Talk-Shows? Hörspiele?? Das meinen Sie doch nicht ernst! Die meisten Talk-Shows und Hörspiele finde ich öde.
>
> **Int:** Mögen Sie denn zum Beispiel Informationssendungen über die Umwelt oder die Natur?
>
> **Danny:** Nee, die sind meistens todlangweilig!
>
> **Int:** Hm, aber Detektivserien und Krimis sind spannend oder?
>
> **Danny:** Detektivserien und Krimis im Radio sind zum Einschlafen!
>
> **Int:** Hören Sie wenigstens Nachrichten und Sportsendungen?
>
> **Danny:** Nachrichten? Nein danke! Und Sportsendungen im Radio finde ich doof!
>
> **Int:** Hm ... was gibt es noch? Ah, ja ... vielleicht hören Sie gern Komödien oder Regionalsendungen? Viele Leute finden sie großartig.
>
> **Danny:** Nein, die meisten Komödien sind ziemlich schlecht und Regionalsendungen interessieren mich auch nicht.
>
> **Int:** Dann hören Sie sicher Musik beim Fahren? Die meisten Leute finden Musik absolut spitze.
>
> **Danny:** Musik? Nein, was ich am liebsten höre, ist das Geräusch meines Motorrads.
>
> **Int:** Aber wieso haben Sie dann ein Radio im Motorrad? Was hören Sie denn? Nichts?
>
> **Danny:** Doch! Motorradrennen!

2 Fragen

Lies den Dialog noch einmal durch und beantworte die Fragen.
Beispiel
1 (Er sagt:) Ja, unheimlich gern.

1 Wie beantwortet Danny die Frage: ‚Hören Sie gern Radio?‘
2 Wie findet er Talk-Shows?
3 Was für Sendungen findet er doof?
4 Mag er Detektivserien und Krimis?
5 Was ist seine Meinung zu Komödien?
6 Was für Sendungen findet er todlangweilig?
7 Die meisten Leute finden Musik absolut spitze. Danny auch?
8 Was hört er gern beim Fahren?

3 Wie findest du Radio?

Arbeitet zu zweit und interviewt einander über Radiosendungen.
Wie viel könnt ihr in zwei Minuten herausfinden?
Beispiel

A Hörst du gern Nachrichten im Radio?   **B** Nein! Gar nicht! Nachrichten im Radio sind öde!

4 Fernsehen – heute und morgen

Lies diese Meinungen über Fernsehen und Computer heute und in der Zukunft.

Wähl für jede Meinung einen der folgenden Zeitpunkte aus:

Heute   **In fünf Jahren**   **In 50 Jahren**   **Nie/Total falsch**

1

Fernsehen ist zu einem schlechten Medium für Nachrichten geworden. Der Grund? Die Zuschauer verlangen, dass Fernsehsendungen spannend oder interessant sind, und deshalb bringt das Fernsehen nicht die wichtigsten Nachrichten, sondern die spannendsten oder die sensationellsten.

○ ○ ○ ○

2

Die Funktionen von Computer, Telefon und Fernseher sind heute fast zu 100% vermischt. Wenn die Fernsehsendungen nicht interessant sind, kann man im Internet Texte lesen, einkaufen gehen, mit der Bank sprechen, Briefe schicken, Zeitungen lesen, Freunde anrufen usw.

○ ○ ○ ○

3

In den meisten Ländern der Welt können die Menschen heutzutage Fernsehprogramme aus der ganzen Welt empfangen. Deswegen ist es für eine schlechte Regierung sehr schwierig das Volk über das Fernsehen zu manipulieren. Die Menschen sehen die Programme aus dem Ausland und erkennen dadurch die Lügen der eigenen Regierung.

○ ○ ○ ○

4

Es gibt schon in fast jedem Zimmer des Hauses einen Fernseher. Das ist eine gefährliche Situation, weil so viele Gammastrahlen aus den Bildschirmen kommen und das Haus füllen. Fernseher sind zu einem beträchtlichen Gesundheitsrisiko geworden.

○ ○ ○ ○

5

Im Fernsehen gibt es in fast jeder Sendung sinnlose Gewalt. Auf diese Weise wird Gewalt idealisiert und deshalb werden einige Jugendliche in Streitereien und Verbrechen verwickelt. Ohne Zweifel werden manche von ihnen im späteren Leben Verbrecher oder werden Frauen und Kinder misshandeln.

○ ○ ○ ○

6

Fernseher, Telefon und Computer sind jetzt dasselbe geworden. Damit sie als Bildtelefon oder für Videokonferenzen funktionieren können, müssen sie eine Videokamera eingebaut haben — und darin besteht die Gefahr! Die Regierung könnte diese Kameras benützen um die ganze Bevölkerung eines Landes zu beobachten.

○ ○ ○ ○

5 Ansichtssache?

Lies die Texte noch einmal durch. Wie viele Meinungen kannst du finden? (Mindestens acht.)

Beispiel

Fernsehen ist zu einem schlechten Medium für Nachrichten geworden.

6 Debatte!

Arbeitet in Vierergruppen. Bildet Sätze über die Zukunft des Fernsehens. Die anderen Gruppen entscheiden dann, ob sie mit jedem Satz einverstanden sind oder nicht.

Beispiel

In der Zukunft wird man die meisten Dienstleistungen bezahlen müssen.

Lesepause 1

Erinnerungen

Bettina, eine 15jährige Schülerin aus Duisburg, erinnert sich an ihre Kindheit.

● ●

Mit **2** Wochen weinte ich den ganzen Tag – und fast die ganze Nacht!

Mit **2** Monaten lächelte ich zum ersten Mal.

Als ich **2** Jahre alt war, lief ich meiner Mutter in Geschäften ständig weg.

Mit **4** Jahren zählte ich schon bis zu einer Million.

Als ich **6** Jahre alt war, zeichnete ich Hunde und Katzen.

Als ich **8** Jahre alt war, fuhr ich Rad – nur einmal in den Fluss!

Mit **10** Jahren schwamm ich acht Meter ohne die Hälfte des Schwimmbads zu schlucken.

Mit **12** Jahren ging ich auf die Gesamtschule (HILFE!!!).

Mit **14** Jahren lernte ich Englisch (die unlogischste Sprache der Welt?).

... und wie geht's weiter, frag' ich mich?

Bettina

Die ‚gute alte Zeit'?

Damals (1)

Damals gab es keine Verkehrsstaus, keine Umweltverschmutzung und keine Flughäfen. Das Reisen war langsam, angenehm und entspannend. Die Städte waren ruhig und fast unverschmutzt. Es gab an jeder Ecke ein Geschäft und in den Städten gab es viele schöne Fachwerkhäuser. Die Waren in den Geschäften waren von besserer Qualität und die Autos hatten Sitze aus Leder und Armaturenbretter aus Holz. Radios und Grammofone waren aus Holz oder Bakelit und das Essen hatte mehr Geschmack.

Eine Tasse Kaffee kostete nur ein paar Pfennige und ein Auto nur DM 900. Alles in allem war das Leben damals ruhiger, schöner und angenehmer.

Damals (2)

Damals war das Autofahren kalt, langsam und gefährlich. Reisen war nur für reiche Leute und nur wenige Leute zogen um.

Die meisten Leute hatten einen längeren Arbeitstag und sie bekamen einen niedrigen Lohn und hatten fast keine Rechte.

Die Lebenserwartung der Leute war viel niedriger als heute und viele Kinder starben bei der Geburt.

Viele Minderheiten hatten keine Rechte und das Leben war schwierig und sie durften oft nicht bei bestimmten Firmen arbeiten.

Alles in allem war das Leben für die meisten Leute hart, langweilig, gefährlich und relativ kurz. Heute haben wir es viel besser.

Hörst du gern Musik? Aber nicht zu laut, bitte!

Das Bundesumweltsamt in Berlin versucht die Lautstärke bei tragbaren CD- und Kassettenspielern sowie in Diskos zu begrenzen. Es heißt in einer Studie, dass 25% der jungen Männer und Frauen wegen zu lauten Musikhörens Probleme mit ihrem Hörvermögen bekommen können. Heutzutage sind schon nach fünf Jahren bei 10% der Jugendlichen beträchtliche Hörverluste festzustellen.

Zu viel Fernsehen? Vielleicht sind die Eltern schuld daran ...

Um ihren Kindern ein gutes Vorbild zu sein sollten Eltern ihren eigenen TV-Konsum beschränken. Das forderte der Vorsitzende des Bundeselternrats, Peter Hennes, bei einer Tagung in Mainz. Er sagte auch, dass Eltern den Fernsehkonsum ihrer Kinder genau beobachten sollten – nur auf diese Weise können sie herausfinden, was ihre Kinder wirklich interessiert.

1 📼 Das Fußballspiel

Hör gut zu und sieh dir die Bildergeschichte an.

2 Richtig oder falsch?

1 Barbara fragt: ‚Wollen wir Tennis spielen?'
2 Barbara will Fußball spielen.
3 Wolfgang möchte ein Picknick machen.

4 Danny würde lieber Tennis spielen.
5 Danny möchte nach Hause fahren.
6 Danny will den Fernseher einschalten.

Lerntipp
Modalverben

wollen – *want*	**können – *can***	**(möchten – *would like*)**	**(könnten – *could*)**
ich will	ich kann	ich möchte	ich könnte
er/sie/es/(usw.) will	er/sie/es/(usw.) kann	er/sie/es/(usw.) möchte	er/sie/es (usw.) könnte
wir wollen	wir können	wir möchten	wir könnten
sie wollen	sie können	sie möchten	sie könnten

Siehe Grammatik, 2.5, 2.6

Siehe Grammatik, 2.7

Lerntipp

Ich würde lieber ...

ich würde lieber
du würdest lieber
er/sie/es/(usw.) würde lieber
wir würden lieber
ihr würdet lieber
Sie würden lieber
sie würden lieber

3 Partnerarbeit

Schlag deinem/deiner Partner/in Tätigkeiten vor. Er/Sie muss jedes Mal sagen, was er/sie lieber machen würde. Die Person, der nichts Neues mehr einfällt, verliert das Spiel.
Beispiel

A Wollen wir in die Disko gehen?

B Ich würde lieber in den Jugendklub gehen.

4 Jetzt bist du dran!

Kannst du die Bildergeschichte links weiterschreiben? Benutz so viele Modalverben wie möglich.
Beispiel
Barbara: Kein Fußball im Fernsehen? Furchtbar?! Wollen wir ...?

5 Der Große Preis von Omnako

Hör gut zu. Rumay Fußgänger ist kein guter Kommentator und er macht viele Fehler. Sieh dir die Bildschirme unten an. Für welche Bildschirme gibt Rumay falsche Infos?
Beispiel
1, ...

Fußball verschoben
Jetzt noch eine Gelegenheit *den Großen Preis von Omnako* zu sehen.
Ihr Kommentator –
Rumay Fußgänger!

Lerntipp

Präpositionen + Akkusativ oder Dativ

| an | auf | hinter | in | neben |
| über | unter | vor | zwischen | |

Präpositionen + Dativ allein

| an ... entlang | an ... vorbei | aus | bei | gegenüber (von) |
| mit | nach | seit | von | zu |

Siehe Grammatik, 8

6 Du bist Rumay Fußgänger!

Stell dir vor, du bist Rumay Fußgänger und kommentierst einen erfundenen Großen Preis. Dein/e Partner/in muss Notizen machen und dir danach so viel wie möglich darüber berichten.
Beispiel
Und am Start ist Nummer 3 schon vorne.

1 Kritiken, Kritiken

Harald hat das Buch ‚Mord auf dem *MS Blauer Stern*' gelesen und Elisabeth hat den Film ‚Abenteuer in der Wüste' gesehen. Lies ihre Kritiken im KLARO-Magazin.

Buchkritik: ‚Mord auf dem *MS Blauer Stern*'

Das Buch ‚Mord auf dem *MS Blauer Stern*' hat ein interessantes Titelbild, aber am Anfang habe ich mich nicht gut ins Buch eingelesen. Die ersten 40 Seiten haben sich schwer gelesen und nach einer halben Stunde habe ich das Buch fast aus der Hand gelegt.

  Zum Glück habe ich weitergelesen. Nach den ersten Seiten ist es interessanter geworden und ich habe mich ins Buch vertieft. Dann wurde die Handlung richtig spannend — erst um Mitternacht war ich mit dem Buch fertig (was für ein Ende!). Es handelt von einem Schiff, auf dem die Passagiere allmählich spurlos verschwinden, aber ihre Stimmen sind immer noch im Schiffsrestaurant zu hören. Die Figuren sind wirklich überzeugend — ich kann das Buch fast vorbehaltlos empfehlen, aber pass auf, dass du nicht auf den ersten 40 Seiten aufgibst!

Harald

Filmkritik: ‚Abenteuer in der Wüste'

Neulich habe ich mir den Abenteuerfilm ‚Abenteuer in der Wüste' angesehen. Am Anfang war der Film nicht schlecht und ich habe mich sogar ziemlich in den Film vertieft. Er handelt von einer Gruppe von Jugendlichen, die eine Autopanne in der Wüste haben. In den ersten vierzig Minuten ist die Handlung spannend und die Figuren sind überzeugend. Dann fängt es an unglaubhaft zu werden. Fast alle Personen im Film verlieben sich neu (und das mitten in der Wüste, ohne Essen und Getränke!). Hilfe kommt rechtzeitig (was schon von Anfang an klar war!), die Leute werden gerettet und wenn sie nicht gestorben sind, dann leben sie noch heute ...

  Alles in allem habe ich den Film langweilig gefunden, sein Ende nicht überzeugend, die Handlung langweilig und unglaubhaft und die Figuren unglaubwürdig, einfallslos und schlecht dargestellt.

Elisabeth

2 Fragen

Beantworte die Fragen zu den Texten.

Beispiel

1 (Das Buch heißt) ‚Mord auf dem *MS Blauer Stern*'.

1 Wie heißt Haralds Buch?
2 Wie findet Harald das Titelbild des Buches?
3 Wie lesen sich die ersten 40 Seiten?
4 Was hat Harald nach einer halben Stunde fast gemacht?
5 Wie findet Harald die Handlung?
6 Wie findet Harald die Figuren im Buch?

7 Was für einen Film hat Elisabeth gesehen?
8 Wie findet Elisabeth den Film am Anfang?
9 Wovon handelt der Film?
10 Was machen fast alle Personen im Film?
11 Wie findet Elisabeth das Ende des Films?
12 Wie findet Elisabeth die Figuren im Film?

3 📼 Radio-Aktuell: Am Freitagabend

Radio-Aktuell fragt: ,Was hast du am letzten Freitagabend gemacht?'.
Hör gut zu und beantworte die Fragen.

Beispiel

1　Sie hat ferngesehen und Musik gehört.

Julia

Thomas

Petra

Udo

Birce

Costas

Was ...

1	hat Julia an diesem Freitagabend gemacht?
2	hat Thomas an diesem Freitagabend zuerst gemacht?
3	hat Petra um zehn Uhr gemacht?
4	möchte Udo am nächsten Freitagabend machen?
5	hat Birce bis spät in die Nacht gemacht?
6	hatte Costas am folgenden Montag?

Warum ...

7	hatte Julia Ausgehverbot?
8	hat Thomas so viel vergessen?
9	war Petras Party langweilig?
10	hat Udo während des ganzen Abends nichts gemacht?
11	war Birce am Ende des Abends erschöpft?
12	hat Costas einen furchtbaren Abend erlebt?

Wer ...

13	durfte nicht ausgehen?
14	ist auf einer Party gewesen?
15	ist in die Disko gegangen?
16	hat den ganzen Abend im Bett verbracht?
17	hat ein neues Mädchen kennen gelernt?
18	musste für seine/ihre Prüfungen lernen?

4 Partnerarbeit

Stell dir vor, du bist eine der Personen aus Übung 3. Beschreib
deinem/deiner Partner/in deinen Abend. Wie schnell kann er/sie die
Person erraten? Wer von euch ist schneller?

Beispiel

A Letzten Freitag bin ich nicht ausgegangen.　　**B** Du bist ...

5 Nächste Woche

Wähl eine Person aus Übung 3 aus und beschreib seinen/ihren nächsten
Freitagabend. Wie war es – besser oder (noch) schlimmer?
Was hat er/sie gemacht? Mit wem hat er/sie den Abend verbracht?
Wohin ist er/sie gegangen? Schreib ungefähr 100 Wörter.

Beispiel

*Am nächsten Freitagabend war es noch schlimmer. Ich kann es
kaum glauben, aber ...*

Lesepause 2

Sport aktiv!

Viele Mountainbikes versagten

Mountainbikes sind oft weniger robust, als sie scheinen – so die Stiftung Warentest.

Sie nahm neunzehn Mountainbikes unter die Lupe. Davon blieben acht Modelle auf der Strecke. In dem Labor-Härtetest ‚fand man viele Probleme und Schwachpunkte, z. B. bei den Gabeln, den Sattelstützen, den Lenkern usw.', heißt es in der Maiausgabe der Zeitschrift.

Rad fahren – mit einem Unterschied!

In manchen Ländern sitzen manchmal bis zu drei Jugendliche auf einmal auf einem Rad – oder manchmal auf einem Motorrad. In der nordvietnamesischen Provinz Hai Hung transportieren Radler gewaltige Berge von Fischreusen, die aus Bambus hergestellt werden. Erstaunlich, wie die Radler die Balance halten …!

© A.F.P. Photo

Rollende Demonstranten

‚München braucht eine Halle für Inlineskater!' Das meinten 1.000 Teilnehmer einer Demonstration. Doch das war nicht das einzige Ziel der rollenden Demonstranten. Bei vollen Gehwegen möchten die Inlineskater auf der Straße fahren dürfen. Da sie aber mit 20-30 Stundenkilometern oft genauso schnell wie Fahrräder sind, ist das immer noch gesetzlich verboten.

Hüpfende Sportler

Kängurus leben in Australien – das weiß man. Wird auch das Hüpfen als Sportart Erfolg haben? Wir werden sehen. Jedenfalls haben Spielerfinder jetzt ‚Kangoo Jumps' erfunden, mit denen man fünf Meter weit und eineinhalb Meter hoch springen kann. Aber wo soll diese Sportart ausgeübt werden? Darüber müsste man mal mit Skateboardern, BMX-Fahrern, Rollschuhläufern und Joggern reden – vor dem ersten Zusammenstoß!

Was bedeutet Weihnachten für dich?

In Deutschland feiern die meisten Leute Weihnachten und die anderen christlichen Feste. Bei manchen Leuten sieht es aber ganz anders aus ...

Hanukka, unser ,Fest der Lichter', dauert dieses Jahr vom 17. bis zum 24. Dezember. Zwei Traditionen, die wir einhalten, sind die ,Menora' (ein Kerzenhalter mit sieben Armen) anzuzünden und kleine Fritten vorzubereiten und zu essen. **Yitzhak (Jude)**

Ich feiere keine Feste. Für mich bedeuten sie gar nichts. Außerdem finde ich das Austauschen von Geschenken materialistisch. Es wäre besser, wenn alle Leute ihr Geld an Hilfsorganisationen geben würden statt es für Karten und kitschige Geschenke auszugeben. **Rainer (Atheist)**

Ich finde, die meisten Feste wurden nur von Regierungen oder Kirchen erfunden um ihre Bevölkerungen gehorsam und geduldig zu machen – ,Brot und Spiele' hieß es im Römischen Reich! Die meisten von ihnen haben heute gar keine Bedeutung und sollten nicht fortgesetzt werden. **Marta (gegen alle Feste)**

Vor allem feiern wir Ramadan und am Ende des Ramadan feiern wir Eid ul Fitr. Für uns bedeutet Weihnachten eigentlich nicht viel, obwohl wir zwar manchmal einen Tannenbaum schmücken. Ich persönlich finde die Prestigekäufe zu dieser Jahreszeit nicht verlockend und ich bleibe am liebsten etwas abseits davon. **Turgut (Moslem)**

Ich finde, dass die meisten Feste viel zu eng mit dem Konsum von Süßigkeiten und Alkohol verbunden sind. Ich finde es ekelhaft, dass wir nicht ohne solche Exzesse feiern können. Für mich sind Weihnachten und Ostern wichtig als die Geburts- und Todeszeit unseres Herrn und ich würde sie lieber auf passendere Weise feiern! **Wolfgang (Christ)**

In meiner Heimat feiert man das Tet-Fest, wo die gesamte Familie sich gewöhnlich versammelt und runde und eckige Reiskuchen isst. Dort schmücken wir einen Pfirsichbaum und feiern mit dem Drachentanz und einem Feuerwerk. Hier in Deutschland haben wir aber keinen Pfirsichbaum, sondern nur einen kleinen Tannenbaum. **Moon (Vietnamesin)**

🧍 Prüfungstraining

1 📼 Hören

Übertrag diese Tabelle ins Heft. Dann hör gut zu und schreib jeweils den Namen ins passende Kästchen.

	Am Wochenende	Ab und zu	In den Ferien	Jeden Abend
⚽				
📺				
🏓		Matthias		
🏃				

2 Sprechen

Imagine you recently spent an evening in town. Give a short presentation about the evening. You can refer to the notes and picture prompts here, if you wish.

Beispiel
Letzten Samstag bin ich kegeln gegangen.

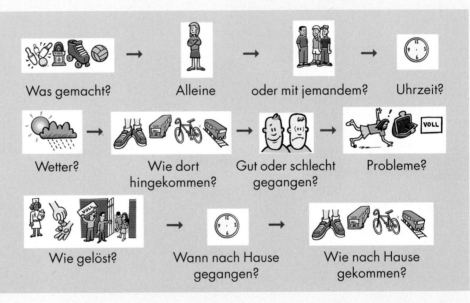

Was gemacht? → Alleine → oder mit jemandem? → Uhrzeit?

Wetter? → Wie dort hingekommen? → Gut oder schlecht gegangen? → Probleme?

Wie gelöst? → Wann nach Hause gegangen? → Wie nach Hause gekommen?

3 Lesen

Lies die Meinungen von Jugendlichen über Radio und beantworte die Fragen rechts. Wer ist das?

> Radio hören? Ja, das macht mir viel Spaß. Meistens höre ich Musik – am liebsten Sender ohne Werbung, in denen nicht dauernd geredet wird. Werbung im Radio finde ich blöd. Manchmal höre ich Kassetten oder CDs, aber ich habe nur wenige. **Meike, Berlin**

> Ich sehe viel lieber fern als Radio zu hören. Ich höre fast ausschließlich beim Autofahren Radio – und dann nur, wenn das Auto keinen Kassettenrekorder hat. Am liebsten wähle ich meine eigene Musik und beim Radio ist das unmöglich. **Lotte, Graz**

> Meistens höre ich Radio, wenn ich andere Sachen mache – zum Beispiel, wenn ich meine Hausaufgaben mache, wenn ich mein Zimmer putze usw. Ich höre sehr gern Nachrichten, weil ich fast keine Zeit habe Zeitungen zu lesen. **Richard, Salzburg**

> Am liebsten höre ich Sport im Radio. Ich muss oft Überstunden machen und darum habe ich selten die Gelegenheit mir Sport im Fernsehen anzuschauen. Am liebsten höre ich mir Tennis oder Fußball an.
> **Oliver, Wernigerode**

Beispiel

1 Lotte

1 Sie/Er hört nur Radio, wenn sie/er ein Auto ohne Kassettenrekorder fährt.
2 Sie/Er hat keine Zeit sich Sport im Fernsehen anzuschauen.
3 Sie/Er hört am liebsten Sender ohne Werbung.
4 Sie/Er hat nicht viele Kassetten.
5 Sie/Er hat keine Zeit die Zeitung zu lesen.
6 Sie/Er sieht lieber fern als sich Radio anzuhören.

4 Schreiben

Schreib eine Buch- oder Filmkritik (wahr oder erfunden). Schreib ungefähr 100 Wörter über Folgendes:

- Wie heißt das Buch/der Film?
- Wovon handelt die Geschichte?
- Wie liest sich das Buch?
- Wie ist/sind die Handlung/die Figuren/das Ende?

Selbstlernkassette

1  Aussprache

Hör gut zu und wiederhole.

Von Spatzen und Katzen

Zwei Spatzen sitzen auf dem Dach und schwatzen.

Da kommt die Katze, ganz gemach, auf ihren weichen Tatzen.

Sie sieht die Spatzen dort oben sitzen und will – wie der Blitz – zu ihnen flitzen

um sie mit einem einzigen Happs zu fressen!

Doch das merkt der eine Spatz und flidderdifludderdifladderadatz

sind sie weg – und zurück bleibt die Katz'.

Und wie sie dort so alleine sitzt, da denkt sie nur noch ‚Mensch, so'n Mist!'

2 📼 Seifenoper

Hör dir die zweite Episode der Serie an.

Zusammenfassung

Themen

		Seite	Vokabeln
1	Freizeit und Hobbys	20-21	AB 29
2	Radio, Fernsehen und Musik	22-23	AB 31
3	Was wollen wir machen?	26-27	AB 37
4	Wie war das?	28-29	AB 39

Grammatik

	Seite	Arbeitsblatt	Grammatik
Verben an zweiter Stelle	20	22	3.1
Verben im Imperfekt	21	23	2.12
als, wenn	21	24, 25	4.2, 4.1
wann	21	26	4.3
Modalverben	26	34	2.5, 2.6
Ich würde lieber	27	34	2.7
Präpositionen mit dem Akk./Dat.	27	35	8

Besonderes

	Seite	Arbeitsblatt
Lesepause 1	24-25	33
Lesepause 2	30-31	40
Prüfungstraining	32-33	–
Extra	147	–

3 Bei mir zu Hause

LERNPUNKTE
- **Thema 1: Familien**
  Himmel oder Hölle?
- **Thema 2: Taschengeld und Nebenjobs**
  Bekommst du zu viel oder zu wenig?
- **Thema 3: Geld sparen oder ausgeben?**
  Was machst du mit deinem Geld?
- **Thema 4: Haushalt**
  Hilfst du oder bist du faul?

1 ▭ Wir verstehen uns prima!

Hör gut zu und sieh dir die Bildergeschichte an.

2 ▭ Richtig oder falsch?

1 Danny versteht sich nicht gut mit Kai, seinem Bruder.
2 Er findet Kai lustig.
3 Dannys Schwestern streiten sich oft mit ihm.
4 Der Psychiater versteht sich gut mit seinen Eltern.
5 Der Psychiater findet seinen Vater toll.
6 Der Psychiater findet seine ganze Familie nervig.

> **Lerntipp**
> **Reflexivverben**
>
> **sich verstehen**
> ich verstehe **mich** mit
> du verstehst **dich** mit
> er/sie/es/(*usw.*) versteht **sich** mit
> wir verstehen **uns** mit
> ihr versteht **euch** mit
> Sie verstehen **sich** mit
> sie verstehen **sich** mit
>
> Siehe Grammatik, 2.3

Lerntipp
Relativsätze

Er hat **einen** Bruder, **der** fünf Jahre alt ist.	**einen** ..., **der**
Sie hat **eine** Schwester, **die** in London wohnt.	**eine** ..., **die**
Ich habe **ein** Pferd, **das** Beauty heißt.	**ein** ..., **das**
Er hat **zwei** Schwestern, **die** Abby und Holly heißen.	**zwei** ..., **die**

Siehe Grammatik, 5

3 ▣ Gespräche im Jugendklub

Hör gut zu. Bilde Sätze über die Familien von diesen Personen.

Beispiel

Karl hat zwei Brüder, die Helmut und Joachim heißen.
Karl hat eine Schwester, die Martina heißt.
Er versteht sich gut mit seinem Bruder. Er ...

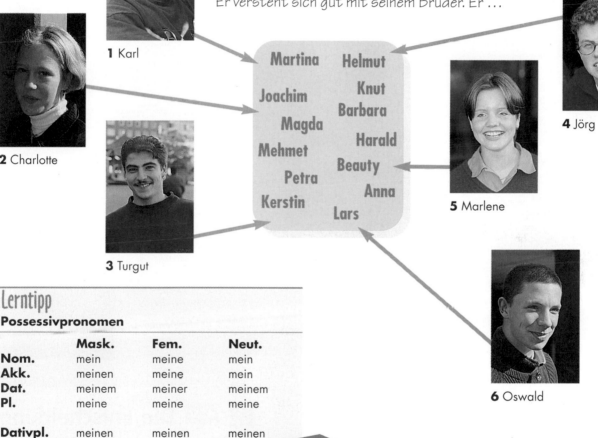

1 Karl

2 Charlotte

3 Turgut

Martina   Helmut
Joachim   Knut
Magda   Barbara
Mehmet   Harald
Petra   Beauty
Kerstin   Anna
Lars

4 Jörg

5 Marlene

6 Oswald

Lerntipp
Possessivpronomen

	Mask.	Fem.	Neut.
Nom.	mein	meine	mein
Akk.	meinen	meine	mein
Dat.	meinem	meiner	meinem
Pl.	meine	meine	meine
Dativpl.	meinen	meinen	meinen

Siehe Grammatik, 6

4 Wer ist das?

Lies die Sätze unten und schreib jeweils, wer das ist.

Beispiel

1   Karl

1   Seine Brüder heißen Helmut und Joachim.
2   Er ist ein Einzelkind.
3   Sie findet ihren Bruder manchmal nervig.
4   Sein Bruder heißt Lars.
5   Er versteht sich unheimlich gut mit seinem Bruder.
6   Ihre Schwestern heißen Anna, Kerstin und Petra.

5 Albtraumfamilie?

Stell dir vor, du bist eine berühmte Person. Dein/e Partner/in muss dich interviewen und so viel wie möglich über deine Familie herausfinden. Nach zwei Minuten muss er/sie erraten, wie du heißt. Dann tauscht die Rollen und wiederholt das Spiel – wer hat am häufigsten richtig geraten?

Beispiel

A Hast du Geschwister?

B Ja. Ich habe ...

1 Ein Wettbewerb!

Lies die Artikel unten. Welcher Person würdest du den Preis geben:
Hugo, Elise, Sebastian, Hartmut oder Claudia?

BLITZ-Magazin Wettbewerb!

Heute bist du der Journalist/die Journalistin! Für den besten Artikel bieten wir DM 50 Taschengeld die Woche, bis zum Ende deiner Schulzeit! Du musst folgende Fragen beantworten:-

- *Warum brauchst du die DM 50 die Woche?*
- *Wie viel Taschengeld geben dir deine Eltern?*
- *Reicht dir das?*
- *Hast du einen Nebenjob?*

Ich brauche die DM 50 die Woche dringend! Meine Eltern geben mir wohl DM 50 die Woche, aber sie geben meinem Bruder DM 75. Für mich sind DM 50 viel zu wenig und das nervt mich! Ich habe einen Nebenjob in einem Supermarkt, wo ich das ganze Wochenende an der Kasse arbeiten muss. Sie zahlen mir nur DM 100 und das reicht mir natürlich nicht.

Hugo, 16, Rottweil

Unsere Eltern geben uns nicht viel Taschengeld. Meine Schwestern sind 12 und 13 Jahre alt und meine Eltern geben ihnen je DM 15 die Woche – aber ich bin schon 16 und sie geben mir auch nur DM 15! Das reicht mir natürlich nicht und ich finde es wirklich unfair! Unter der Woche spüle ich abends in einem Restaurant ab. Dafür bekomme ich nur DM 60.

Elise, 16, Flensburg

Ehrlich gesagt geben uns unsere Eltern genug Taschengeld, aber meine Schwester möchte ein neues Rad und ich möchte ihr eins schenken. Unsere Eltern geben uns beiden DM 15 die Woche und das reicht uns. Ich habe einen Nebenjob, aber eigentlich nur, weil ich mich sonst langweile. Samstags arbeite ich an einer Tankstelle, wo ich an der Kasse arbeiten muss. Ich bekomme DM 30 dafür.

Sebastian, 16, Ulm

Meine Eltern geben mir kein Taschengeld. Sie meinen, ich sollte mein eigenes Taschengeld verdienen. Das finde ich blöd und wir streiten uns oft darüber, aber ich habe zwei Nebenjobs. Sonntags muss ich den Abfall im Park aufsammeln und das Unkraut in den Blumenbeeten jäten. Freitagabends arbeite ich in einem Café, wo ich Kunden bediene und Getränke an die Tische bringen muss. Ich verdiene DM 50 die Woche insgesamt.

Hartmut, 18, Knittelfeld (Österreich)

Meine Mutter ist allein erziehend und wir haben nicht viel Geld. Sie gibt mir DM 20 Taschengeld die Woche, aber manchmal gebe ich ihr fast die Hälfte zurück. In der Woche gehe ich manchmal abends babysitten. Ich muss mich um die Kinder kümmern, ihnen Geschichten vorlesen usw. Ich bekomme ungefähr DM 40 pro Abend. Wenn meine Mutter aber das Geld dringend braucht, gebe ich es ihr.

Claudia, 17, Limburg a/d Lahn

2 ▭ Die Entscheidung

Die Preisrichter interviewen jetzt die Kandidaten um einen Gewinner zu finden. Hör gut zu. Wer spricht jedes Mal?

Beispiel
1 Elise

Lerntipp
Indirekte Objektpronomen im Dativ

er gibt **mir**	unsere Eltern geben **uns**
ich gebe **dir**	wie viel geben **euch** …?
sie gibt **ihm**	man gibt **Ihnen**
man gibt **ihr**	ihre Eltern geben **ihnen**
ich gebe **ihm**	

Siehe Grammatik, 1

3 ▭ Wer gewinnt?

Die Preisrichter haben einen Gewinner ausgewählt. Hör gut zu.
Wer gewinnt: Hugo, Elise, Sebastian, Hartmut oder Claudia?

Hugo

Elise

Sebastian

Hartmut

Claudia

4 Wie findest du sie?

Lies die Texte auf Seite 36 noch einmal durch. Wie findest du die
Jugendlichen? Mit Hilfe der Tabelle unten schreib Sätze über sie.
Beispiel
Ich finde Elise echt geizig.

Ich finde	Hartmut Elise Sebastian Claudia Hugo	sehr echt wirklich ganz schön ziemlich	geizig. materialistisch. nett. verschwenderisch. verwöhnt.

5 Zusammengefasst

Lies diese Zusammenfassung der Artikel und füll die Lücken aus.
Beispiel
(a) ihm

Hugos Eltern geben ...(a)... DM 50 die Woche. Elise hat zwei Schwestern und ihre Eltern geben ...(b)... allen
DM 15 die Woche. Sebastians Eltern geben ...(c)... genug Taschengeld, aber er möchte die DM 50 die Woche
für seine Schwester gewinnen. Hartmuts Eltern geben ...(d)... kein Taschengeld, aber Claudias Mutter gibt
...(e)... DM 20 die Woche.

6 Konsequenzen

Arbeitet zu viert. Stellt euch vor, ihr habt einen Nebenjob (entweder
einen Traumjob oder einen langweiligen Job). Wechselt euch ab. Jeder
schreibt ein Wort um den Nebenjob zu beschreiben. (Das darf auch
Unsinn sein!) Die Texte auf Seite 36 helfen euch dabei.
Achtung! Ihr dürft den Satz NICHT beenden!
Beispiel
Ich ... arbeite ... in ... einer ... Tankstelle ... und ...

7 Dein Artikel

Möchtest du die DM 50 die Woche gewinnen? Erfinde eine Person und
schreib deinen eigenen Artikel. Sag, wie viel Taschengeld du (d. h. die Person)
bekommst, was für einen Nebenjob du hast und was du machen musst usw.
Beispiel
Meine Eltern geben mir fünf Pfund die Woche.

Lesepause 1

Die Zeit der INFLATION

Zwischen Januar 1922 und November 1923 (d. h. in weniger als zwei Jahren!) stiegen die Preise in Deutschland ungefähr zwanzig Milliarden Mal (20.000.000.000-mal) an!

Warum passierte das?

Nach dem Ersten Weltkrieg war die deutsche Wirtschaft sehr schwach. Die Produktion in den Fabriken sank und gleichzeitig stiegen die Preise an. Folglich verlor das Geld an Wert und die Menschen mussten immer mehr Geld für die Produkte bezahlen. Um das Problem zu lösen druckte die Regierung mehr Geld. Dadurch erhöhten sich aber wiederum die Preise ... und die Regierung druckte noch mehr Geld, ... was natürlich wieder die Preise ansteigen ließ ... usw., usw.!

Wie viel war eine Reichsmark wert?

So fing der Teufelskreis an:
Im Juni 1922 war ein Dollar 300 Reichsmark wert. Im Juli war ein Dollar schon 500 Reichsmark wert.
Bis Oktober 1922 war ein Dollar 4.500 Reichsmark wert und im Januar 1923 war ein Dollar schon 10.200 Reichsmark wert.
Die ‚Hyperinflation' fing im April 1923 an und bis Ende November war ein Dollar schon 12 Trillionen (12.000.000.000.000.000.000) Reichsmark wert!

Wie brachte man das wieder in Ordnung?

Die Leute mussten ihr Geld in Schubkarren oder Koffern herumschleppen. Dabei bestand aber die Gefahr, dass man den Koffer oder die Schubkarre klauen würde – für das Geld interessierten sich die Diebe weniger!
Die Leute wurden täglich bezahlt (später sogar stündlich!) und sie mussten ihr Geld sofort ausgeben, weil es nach ein paar Stunden nichts mehr wert war!
Am Ende der Inflationszeit war es möglich an einem Tag eine volle Flasche Wein zu kaufen und die leere Flasche am folgenden Tag für mehr Geld zu verkaufen, als die volle gekostet hatte!
Im November 1923 löste Reichsbankpräsident Hjalmar Horace Greeley Schacht das Problem. Er erfand eine neue deutsche Mark – die ‚Rentenmark', die 4,2 Dollar (oder eine Trillion Reichsmark!) wert war.

Lottogewinner gibt Geld weg!

Ein Lottogewinner wollte seiner Mutter zu Weihnachten etwas von seinem Gewinn abgeben und kam auf folgende Idee: Er kaufte ein Monopoly-Spiel und ersetzte das Spielgeld durch richtiges Geld – insgesamt 40.000 Mark.

Dann steckte er alles wieder in die Originalverpackung. Freunde brachten seiner Mutter das Spiel, die sich jedoch nicht dafür interessierte: Sie tauschte es in einem Spielwarengeschäft einfach um!

Geld

Definition

Tauschmittel, das benutzt wird um den Handel mit Gütern zu erleichtern.

○ W I C H T I G E   F A K T E N ○

• Geldsysteme

Basis eines Geldsystems ist ein einheitlicher Bezugspunkt. So wurden früher z. B. Tee, Ziegen, Äxte und Riesensteine als Rechengrundlage benutzt. Erst später wurden Goldmünzen ein allgemeines Tauschmittel.

• New York

In New York wird viel mehr Gold gelagert als in Fort Knox (dem Gold- und Silberbarrenlagerhaus der USA).

Der größte Schatz der USA sind die ungefähr 400.000 Goldbarren, die in der US-Bundesbank in Liberty Street gelagert werden.

Der größte Tresorraum der Welt ist auch in New York zu finden, und zwar unter der Chase Manhattan Bank. Er hat sechs Türen und jede einzelne Tür wiegt soviel wie acht Elefanten.

Und was machst du mit deinem Taschengeld?

In den letzten paar Jahren haben Kinder zwischen sieben und 15 Jahren insgesamt 3.500.000.000 (dreieinhalb Milliarden) Mark auf Sparkonten getan. Natürlich geben sie aber auch etwas Geld aus. Und hierfür wird es ausgegeben:

1.000.000.000 Mark im Monat geben sie für Süßigkeiten aus.

500.000.000 Mark geben sie für Spielzeug (einschließlich Computer) aus.

400.000.000 Mark geben sie für Bücher, Zeitschriften und anderes Lesematerial aus.

1 Beim Sommerschlussverkauf

Lies diese Interviews vom Flensburger Einkaufszentrum. Was kauft jede Person? Mach eine Liste.

Beispiel

Beate: eine Zeitschrift, ...

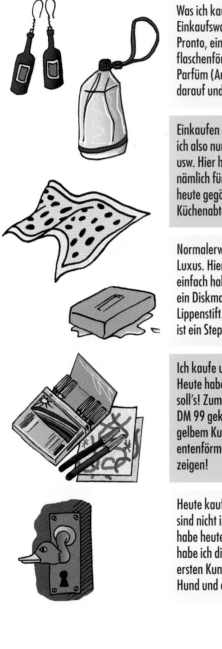

Was ich kaufe? Geldausgeben ist ja mein Hobby. Guck mal – hier im Einkaufswagen sind ein paar Kleinigkeiten ... meine Lieblingszeitschrift, Pronto, ein T-Shirt mit Andreas ‚Düki' Düking darauf und ein Paar flaschenförmige Ohrringe. Was noch? Na, ja, hier ist ein Fläschchen Parfüm (Arroganz, von Kelvin Groß), ein Tuch mit Leopardenpunkten darauf und zum Schluss ein ... nein, das ist geheim! **Beate**

Einkaufen macht mir fast keinen Spaß. In meinem Einkaufswagen habe ich also nur so aufregende (!) Sachen wie zum Beispiel: Briefpapier, Seife usw. Hier habe ich auch ein Heft und einen Satz Filzstifte. Die brauche ich nämlich für meine Hausaufgaben. Nur eine unnötige Sache habe ich mir heute gegönnt – ich habe diesen tollen, birnenförmigen Krug in der Küchenabteilung gefunden. **Max**

Normalerweise kaufe ich nur Sachen für den Alltag und ein bisschen Luxus. Hier in meinem Einkaufswagen sind aber einige Sachen, die ich einfach haben musste – eine Video vom letzten Hexenhammer-Konzert, ein Diskman, eine Mütze aus Wolle, ein Automodell und ein violetter Lippenstift. Außerdem kaufe ich Sachen für mein Schlafzimmer und hier ist ein Steppdeckenbezug mit Che Guevara darauf. Toll, oder? **Anja**

Ich kaufe unheimlich gern ein! Und hier gibt es so tolle Sonderangebote! Heute habe ich es vielleicht ein bisschen übertrieben – aber ach, was soll's! Zum Beispiel habe ich diese tolle Brieftasche gefunden. Die hat nur DM 99 gekostet – ein Schnäppchen. Und hier ist eine Tasche aus tollem gelbem Kunststoff. Sehr geschmackvoll. Aber zum Schluss das Beste. Eine entenförmige Türklinke! Ich kann's kaum erwarten sie meiner Mutter zu zeigen! **Frank**

Heute kaufe ich nicht sehr viel. Die Sachen, die ich normalerweise kaufe, sind nicht im Angebot. Am liebsten kaufe ich Sachen für mein Rad und ich habe heute eine Lampe dafür gekauft. Bei einem Antiquitätenhändler habe ich dieses Radio aus Bakelit gefunden – das ist nämlich einer der ersten Kunststoffe. Sonst gibt es nicht viel hier – Hundefutter für meinen Hund und ein isotonisches Getränk fürs Rad fahren. **Trudi**

Lerntipp

Subjekt im Nominativ

Hier ist/sind ...	**+ Nominativ**

Direktes Objekt im Akkusativ

Ich gebe mein Geld für ... aus. Ich habe ... gefunden/gekauft. Hier habe ich ... Ich spare für ... Hier gibt es ... Ich kaufe ...	**+ Akkusativ**

Achtung!

Birne – birnen**förmig**   Flasche – Flä**schchen**

Ente – enten**förmig**   Katze – Kä**tzchen**

Siehe Grammatik, 7

2 Wer kauft das?

Lies die Texte auf Seite 40 noch einmal durch.

* Schreib die Fragen richtig auf.
* Wer kauft das jeweils?

Beispiel

1 • Wer kauft **ein Paar Ohrringe, eine Zeitschrift** und **ein Tuch?**
  • Beate

1 Wer kauft [ ] , [ ] und [ ] ?

2 Wer kauft [ ] und [ ] ?

3 Wer kauft [ ] und [ ] für ihr Rad?

4 Wer kauft [ ] , [ ] und [ ] ?

5 Wer kauft [ ] und [ ] ?

3 📼 Ich werde nach New York fliegen

Hör gut zu. Man interviewt die Jugendlichen oben. Wofür sparen sie?
Füll die Lücken unten aus.

Beispiel

1 Beate wird nach **New York** fliegen und spart für ihr **Flugticket**.

1 Beate wird nach _____ fliegen und spart für ihr _____ .
2 Außerdem spart sie ein bisschen Geld für _____ und _____ .
3 Max wird nächsten Monat einen neuen _____ kaufen.
4 Er spart auch für eine _____ .
5 Anja spart für einen neuen _____ .
6 Nächstes Jahr wird sie ihr erstes _____ kaufen.
7 Frank spart für ein altes _____ aus Kunststoff.
8 Nächstes Jahr wird er auch einen _____ kaufen.
9 Er spart auch für ein kleines _____ .
10 Trudi und ihr Freund werden ein _____ kaufen.
11 Trudi wird auch bald genug Geld für ein neues _____ haben.
12 Sie spart auch etwas Geld für _____ für ihre _____ .

Lerntipp

Die Zukunft

ich werd**e**
du **wirst**
er/sie/es/(usw.) **wird**   (kaufen)
wir werd**en**
ihr werd**et**
Sie werd**en**
sie werd**en**

Siehe Grammatik, 2.8

4 Kettenspiel

Arbeitet in kleinen Gruppen. Sag, was du kaufen wirst. Dann sagt die
nächste Person, was du kaufen wirst und auch, was er/sie kaufen wird
usw. Wie lange schafft ihr das ohne Fehler zu machen?

Beispiel

A: Ich werde ein Radio kaufen.
B: A wird ein Radio kaufen und ich werde ein Buch kaufen.
C: A wird ein Radio kaufen, B wird ein Buch kaufen und ich werde ...

5 Wofür sparst du?

Was wirst du mit deinem Geld machen? Warum? Schreib ungefähr
100 Wörter darüber.

Beispiel

Ich spare für ein neues Rad.

1 [cassette] Die Eltern sind gleich wieder da!

Hör gut zu und sieh dir die Fotogeschichte an.

> Das war eine tolle Party! Aber wir müssen auf alle Fälle aufräumen, bevor meine Eltern zurückkommen.

> OK, ich leite das Putzkommando. Matthias, du musst abspülen und die Küche putzen.

> O guckt mal, das Wohnzimmer! Mein Vater darf diesen schmutzigen Teppich auf keinen Fall sehen.

> O je! Wir dürfen das Büro nicht vergessen.

> Auf keinen Fall! Ich darf das Zimmer gar nicht betreten.

> Kein Problem! Karsten, du musst das Wohnzimmer aufräumen und staubsaugen.

> O ... wir waren aber trotzdem drin.

> Aber das Esszimmer sieht nicht schlecht aus. Vielleicht können wir es so lassen.

> Und ich muss die Limonadenflaschen einsammeln und sie zum Altglascontainer bringen.

> Wir müssen nur die Papierteller wegräumen.

> Stimmt. Habiba, du musst die Papierteller wegräumen und den Tisch abwischen.

> War's das? Oder haben wir was vergessen? Ach, ja. Ich muss noch den Garten aufräumen. Deine Mutter darf den Müll nicht sehen.

> Vielen, vielen Dank. Das haben wir gerade noch rechtzeitig geschafft! Ich glaube, ich höre ein Auto. Ihr auch?

> Ähm ... Gabi ...!

> Ja. Ich glaube, das sind deine Eltern. Aber jetzt können sie das Haus ruhig sehen!

Eine halbe Stunde später.

ALLES GUTE ZUM GEBURTSTAG REINHOLD!

2 [cassette] Richtig oder falsch?

1 Reinhold und seine Freunde müssen aufräumen, bevor seine Eltern zurückkommen.
2 Matthias muss abspülen und die Küche putzen.
3 Reinholds Vater darf den Teppich im Wohnzimmer ruhig sehen.
4 Karsten und Matthias müssen im Wohnzimmer staubsaugen.
5 Reinhold darf jederzeit ins Büro hinein.
6 Das Wohnzimmer kann so bleiben, wie es jetzt ist.
7 Habiba und Matthias müssen die Papierteller wegräumen.
8 Reinhold muss die Limonadenflaschen einsammeln und zum Altglascontainer bringen.

Lerntipp
Müssen und (nicht) dürfen

müssen	(nicht) dürfen
ich muss	ich darf (nicht)
du musst	du darfst (nicht)
er/sie/es/(usw.) muss	er/sie/es/(usw.) darf (nicht)
wir müssen	wir dürfen (nicht)
ihr müsst	ihr dürft (nicht)
Sie müssen	Sie dürfen (nicht)
sie müssen	sie dürfen (nicht)

Siehe Grammatik, 2.5

Schon seit sieben Jahren muss ich mein Zimmer jede Woche putzen und mein Bett jeden Morgen machen. Außerdem muss ich jeden Sonntag das Auto waschen und die Garage putzen und den Schuppen aufräumen. Ab und zu helfe ich meiner Mutter das Motoröl zu wechseln. Ich finde es vernünftig, dass ich das alles machen muss – ich bin schließlich doch Mitglied des Haushalts!
Frieda

3 Der tägliche Trott!

Hilfst du im Haushalt? Und wie oft? Lies die Texte unten und füll die Tabelle auf Arbeitsblatt 56 aus.

Ich muss fast jeden Tag beim Tischdecken und beim Abspülen helfen. Außerdem muss ich jede Woche unbedingt meinem Vater beim Staubsaugen und meiner Mutter beim Rasenmähen helfen. Sonst darf ich nicht ausgehen, sondern muss in meinem Zimmer bleiben. Das finde ich unfair. Meine Eltern sind alt und langweilig. Ich bin aber jung und habe viele interessante Sachen zu tun.
Lisa

Ich helfe meinen Eltern ganz gern im Haushalt. Viele Jugendliche beklagen sich darüber, aber ich werde schließlich doch bald selber erwachsen sein! Am Wochenende muss ich meiner Mutter beim Abstauben der Möbel helfen. Dann muss ich am Wochenende auch meinem Vater bei der Gartenarbeit und beim Autowaschen helfen. Aber mit unserer Waschmaschine komme ich nicht gut zurecht ...
Klaus

Ich helfe nur im Haushalt, wenn ich es muss. Ich weiß, dass meine Eltern viel zu tun haben – aber ich auch. Ich darf erst ausgehen, wenn ich meine Hausarbeit gemacht habe. Ich muss jeden Morgen die Spülmaschine ausräumen und den Tisch decken. An den Wochenenden muss ich meinem Vater beim Abstauben der Möbel und Antiquitäten helfen. Es geht mir auf die Nerven, dass ich solche Arbeiten machen muss.
Frauke

Ich darf meine Freundin erst besuchen, wenn ich meinen Eltern geholfen habe. Jede Woche helfe ich beim Einkaufen und ich putze das Badezimmer. Ich muss mein eigenes Zimmer putzen – aber das mache ich nur einmal im Monat! Ich muss auch dreimal in der Woche beim Kochen helfen. Meine Mutter denkt, ich mache auch jeden Tag mein Bett – aber das Leben ist zu kurz dafür und ich mache es nur ab und zu.
Gerold

4 Noch etwas!

Wer hilft am meisten (deiner Meinung nach!): Frieda, Lisa, Frauke, Klaus oder Gerold?

5 🔲 Und die Eltern?

Jetzt sprechen die Eltern über ihre Kinder. Hör gut zu. Welche Person beschreibt man jedes Mal?
Beispiel
1 Lisa

Lerntipp
Verben als Nomen

beim Rasenmähen
beim Staubsaugen
beim Abspülen

Siehe Grammatik, 2.16

6 Jetzt bist du dran!

Was machst du im Haushalt? Schreib einen kurzen Bericht darüber. Sag zum Beispiel:
* ob du gern im Haushalt hilfst
* wie du Hausarbeit findest
* ob du es gerecht findest, wenn du im Haushalt helfen musst
* was deine Eltern darüber denken
* ob ihr euch einig seid.
Kannst du herausfinden, wer aus deiner Klasse welchen Bericht geschrieben hat?

Beispiel

Ich räume jeden Morgen die Küche auf und decke jeden Abend den Tisch. Das finde ich fair, weil mein Vater erst um sechs Uhr abends nach Hause kommt. Wer bin ich?

Zeig doch mal!

Tasche, Tüte, Beutel, Rucksack … fast jeder hat so ein ‚Ding' dabei. Aber was ist drin? GAUDI war neugierig. Tanja packte aus.

Tanja Mack (15 Jahre)

Ich habe eingekauft. Ich musste noch schnell ein paar Dinge für meinen Südfrankreich-Urlaub besorgen. Dort wohne ich bei einer Gastfamilie in Antibes.

Meine Mutter hat mich gebeten, das mitzubringen.

feste Schuhe

Die waren im Sommerschlussverkauf billiger.

Toilettenpapier

Damit bin ich auch im Urlaub gegen Krankheit versichert und kann dort zum Arzt gehen.

ein Film für den Urlaub

ein Gutschein für die Filmentwicklung

Auslandskranken- schein (E111)

Aus der Apotheke. Die nehme ich nach dem Sonnen.

ein Portmonee

ein Prospekt zu der Creme

Gesichtscreme

Der Strichcode

Hast du dich schon einmal gefragt, wie man Strichcodes verstehen kann? Lies weiter – ab jetzt kaufst du sicherlich nichts ohne an diesen kleinen Code zu denken …

Wie man den Strichcode lesen kann

Jede Ziffer wird von zwei schwarzen Streifen und zwei weißen Streifen dargestellt. Die Gesamtbreite für jede Ziffer wird in sieben Einheiten unterteilt und die Streifen dürfen bis zu vier dieser Einheiten abdecken. Ein Siebtel der Gesamtbreite ist für jede Ziffer verfügbar.

Die zweite, dritte und fünfte Ziffer sind rückwärts zu lesen. Bei der sechsten bis zur zwölften Ziffer sind die schwarzen und die weißen Streifen umgekehrt.

780140 551396

Kannst du diesen Strichcode dekodieren? (Lösung auf Seite 45)

Der Supermarkt

Das erste Lebensmittelgeschäft mit einer Kasse am Ausgang (so definiert man einen Supermarkt) war das ‚Piggly-Wiggly', das 1916 in Memphis im US-Bundesstaat Tennessee aufmachte. Innerhalb von sieben Jahren gab es 2.800 Piggly-Wigglys in den USA.

Die Waren in der Mitte und am Ende der Regale verkaufen sich doppelt so schnell wie die Waren an anderen Plätzen. Deshalb findet man dort oft die teuersten Waren.

Einige Sachen (besonders Tee, Kaffee, Butter, Tierfutter und Seife) stellt man in maximaler Entfernung voneinander auf, sodass man zwischen ihnen an so vielen Waren wie möglich vorbeigeht!

Bonbons und Süßigkeiten werden oft in der Nähe der Kassen aufgestellt, sodas Kinder ihre Eltern ständig danach fragen, wenn sie Schlange stehen.

Durch eine besonders helle Beleuchtung sehen die Supermärkte sehr hygienisch aus (auch wenn sie in Wirklichkeit schmutzig sind!).

Supermärkte sind normalerweise so gestaltet, dass man an so vielen Regalen wie möglich vorbeigehen muss (um so vielleicht mehr zu kaufen!).

Die Kunden kaufen normalerweise doppelt so viel, wie sie eigentlich vorhatten. An ein Drittel der zusätzlichen Einkäufe hat man sich erst im Supermarkt erinnert, ein Drittel war im Angebot und ein Drittel hat man ‚sich mal gegönnt'.

Strichcode: Lösung
0003 0083 (siehe Seite 44)

DIE LAGE DER FRAU – HEUTE BESSER ODER NICHT?

Damals

- Für die meisten Frauen war das Leben vorbestimmt.
  Die meisten Frauen mussten zu Hause bleiben und für die Kinder sorgen (früher hieß es ‚Kinder, Küche, Kirche').

- Da die meisten Frauen keine Karriere machen konnten, hatten sie auch kein ‚eigenes' Geld. Sie bekamen nur das wöchentliche ‚Haushaltsgeld' von ihrem Mann.

- Wenn Frauen arbeiteten, mussten sie oft die schlechtesten Arbeiten machen. Sogar wenn sie dieselbe Arbeit machten wie Männer, wurden sie oft nicht so gut bezahlt wie diese.

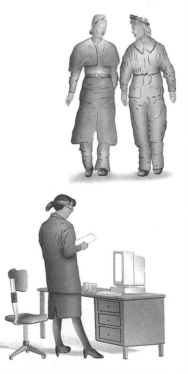

Heute

- Wenn Frauen Kinder haben wollen, bekommen sie jetzt Mutterschaftsurlaub, obwohl sie dann oft nur die Hälfte ihres Gehalts bekommen.

- Die Frau von heute kann meist selbst entscheiden, ob sie Karriere machen will. Das bedeutet aber oft, dass sie weniger Zeit für ihre Kinder hat.

- Die ‚Superfrauen', die an der Spitze von großen Firmen stehen, müssen die Betreuung der Kinder oft ihrem Mann oder anderen Leuten übertragen.

Prüfungstraining

1 ▭ Hören

Karsten begegnet verschiedenen Familienmitgliedern auf der Hochzeitsfeier seiner Schwester.
- Wie viel Geld hat er am Anfang der Hochzeit?
- Wie viel bekommt er von jeder Person?
- Und wie viel hat er insgesamt am Ende?

Hör gut zu und füll die Tabelle aus.

	Betrag
Anfangssumme:	DM *25,00*
Tante Sibylle	DM
Onkel Friedhelm	DM
Tante Kirsten	DM
Onkel Reinhard	DM
Endsumme	DM

2 Sprechen

What is your attitude to money? Answer the following questions and make a short presentation.
Beispiel
Eigentlich interessiert mich Geld nicht besonders.

- Was machst du mit deinem Geld?
- Sparst du es oder spendest du es lieber an Hilfsorganisationen?
- Bist du materialistisch? Bist du ein ‚typisches Konsumkind'?
- Magst du billige Sachen?
- Wie viel sparst du und wofür? Was wirst du mit dem Geld machen?

3 Lesen

Paul redet über seine Familie und ihre Einstellung zum Geld. Lies den Text und wähl die richtigen Antworten aus.
Beispiel
1b

> Ich habe einen Bruder, der Dennis heißt, und eine Schwester, die Frauke heißt. Ich habe Frauke sehr gern, aber sie gibt fast ihr ganzes Geld aus und ist etwas verschwenderisch. Dennis geht viel vernünftiger mit seinem Geld um und spart fast alles, aber ich habe ihn nicht so gern wie Frauke. Ich gebe zwar auch viel Geld aus, aber ich spare auch ein bisschen.
>
> Frauke gibt ihr ganzes Geld für CDs und Kassetten aus und sie hat jetzt eine ganze Menge davon. Ich finde das doof, weil sie nach ein paar Jahren nichts mehr wert sind. Dennis kauft meistens nur langweilige Sachen wie zum Beispiel Bücher, Hefte, Kulis usw. und spart den Rest. Ich finde das etwas deprimierend – er weiß wirklich nicht, wie man sich amüsiert! Ich gebe etwas Geld für Comics und Videos aus und auch ab und zu für Bonbons, aber ich versuche jede Woche zehn oder 15 Mark zu sparen. Frauke findet, dass ich zu vernünftig mit meinem Geld umgehe, und Dennis hält mich für verschwenderisch!
>
> **Paul, 17, Stuttgart**

1 Paul hat Frauke ...
  a) gern und denkt, dass sie vernünftig mit ihrem Geld umgeht.
  b) gern, aber hält sie für verschwenderisch.
  c) nicht gern und hält sie für verschwenderisch.

2 Pauls Bruder ...
  a) gibt viel Geld aus und spart auch ein bisschen.
  b) spart viel und gibt wenig aus.
  c) bekommt kein Geld.

3 Frauke gibt ihr Geld für ... aus.
  a) Sachen, die schnell nichts mehr wert sind,
  b) Sachen, die nach ein paar Jahren 10.000 Mark wert sein werden,
  c) langweilige Sachen

4 Dennis kauft ...
  a) viele CDs und Kassetten.
  b) gar nichts.
  c) meistens Hefte, Kulis usw.

5 Paul gibt sein Geld für ... aus.
  a) langweilige Sachen
  b) Bücher und CDs
  c) Comics und Videos

6 Frauke findet, dass Paul ... ist.
  a) verschwenderisch
  b) geizig
  c) unheimlich materialistisch

4 Schreiben

Schreib einen kurzen Aufsatz über Taschengeld, Hausarbeiten, Nebenjobs und Geldausgeben.

- Bekommst du genug Taschengeld? Findest du das gerecht?
- Ist es gerecht, wenn du bei der Hausarbeit helfen musst um dein Taschengeld zu verdienen?
- Hast du einen Nebenjob? Ist es gerecht, dass du dein Geld so verdienen musst?
- Welche Einstellung hast du zum Geld? Was ist dir lieber: sparen, ausgeben oder spenden?

Beispiel

Meine Eltern geben mir gar kein Taschengeld. Das finde ich aber gerecht, weil ...

Selbstlernkassette

1 📼 Aussprache

Hör gut zu und wiederhole.

Schnirkelschnecken

Sieben kecke Schnirkelschnecken saßen einst auf einem Stecken,

machten dort auf ihrem Sitze kecke Schnirkelschneckenwitze,

lachten alle: Ho, ho, ho!

Doch vom vielen Ho-ho Lachen, Schnirkelschneckenwitze-Machen

fielen sie von ihrem Stecken, alle sieben Schnirkelschnecken.

2 📼 Seifenoper

Hör dir die dritte Episode der Serie an.

Zusammenfassung

Themen

		Seite	Vokabeln
1	Familien	34-35	AB 47
2	Taschengeld und Nebenjobs	36-37	AB 50
3	Geld sparen oder ausgeben?	40-41	AB 54
4	Haushalt	42-43	AB 58

Grammatik

	Seite	Arbeitsblatt	Grammatik
Reflexivverben	34	41	2.3
Relativsätze	35	42, 43	5
Possessivpronomen	35	44	6
Indirekte Objektpronomen im Dativ	36	49	1
Subj. im Nom./Direktes Obj. im Akk.	40	52	7
Die Zukunft	41	53	2.8
müssen/(nicht) dürfen	42	55	2.5
Verben als Nomen	43	57	2.16

Besonderes

	Seite	Arbeitsblatt
Lesepause 1	38-39	51
Lesepause 2	44-45	59
Prüfungstraining	46-47	–
Extra	149	–

4 Fühlst du dich gut?

LERNPUNKTE

- **Thema 1: Kleider kaufen**
  Mode oder Normalo-Outfit?
- **Thema 2: Meinungen über Kleider**
  Ich mag Schlaghosen. Na und?
- **Thema 3: Krankheiten**
  Negative Gefühle für Captain Positive
- **Thema 4: Bist du in Form?**
  Ist Fitness nur eine Mode?
- **Thema 5: Unfälle**
  Katastrophe für Rockgruppe

1 ▭ Björn geht einkaufen

Hör gut zu und sieh dir die Bildergeschichte an.

1 Mutti, ich mache mein Berufspraktikum bei einer Werbeagentur.

Das ist ja wunderbar, Björn. Aber so kannst du nicht ins Büro gehen. Du musst dich gut anziehen.

2 Darf ich den roten Anzug anprobieren?

Björn, du arbeitest in einem Büro, nicht bei der Feuerwehr. Nee. Der dunkelblaue Anzug gefällt mir besser.

3 Welche Größe?

Er möchte den dunkelblauen Anzug anprobieren.

Groß.

Medium.

4 Passt er?

Nein. Er ist zu klein. Haben Sie den in Groß?

Er passt doch gut. Ich nehme ihn.

5 Was kostet die gepunktete Krawatte?

Sie kostet DM 30.

Ich finde die hellblaue viel praktischer. Ich nehme sie.

6 Darf ich das gelbe Hemd anprobieren?

Das gelbe Hemd steht dir bestimmt nicht.

Wir haben das auch in Weiß.

7 Passt es?

Ja, aber Weiß steht mir nicht. Haben Sie eine andere Farbe?

Ich nehme es.

8 Gefallen Ihnen die schwarzen Schuhe?

Die schwarzen mag ich überhaupt nicht.

Ich nehme sie. Sie stehen dir sehr gut.

9 Also, Björn, ich bin Frau Lenz. Ich bin die Direktorin der Firma. Das ist Herr Mitteregger, unser Designer. Willkommen bei *Publicitymaschine*.

Mist!

Lerntipp
Adjektivendungen nach dem bestimmten Artikel

	Maskulinum	**Femininum**	**Neutrum**	**Plural**
Nom.	der rot**e** Pullover	die grün**e** Jacke	das weiß**e** Hemd	die schwarz**en** Schuhe
Nom.	er	sie	es	sie
Akk.	den rot**en** Pullover	die grün**e** Jacke	das weiß**e** Hemd	die schwarz**en** Schuhe
Akk.	ihn	sie	es	sie

Siehe Grammatik, 9.2

2 Passen sie gut?

Hör gut zu. Welche Satzteile passen jeweils zusammen?
Beispiel
1c

1	Die Pantera-Sportschuhe	a	passen gut.
2	Das karierte Polohemd	b	ist zu teuer.
3	Der gestreifte Pullover	c	stehen ihm nicht.
4	Die italienischen Blusen	d	mag sie nicht.
5	Das rote Kleid	e	ist preiswert.
6	Die blauen Jeans	f	passt nicht.

3 Dialog

Übt diesen Dialog unten zu zweit. Dann wählt
eine Situation – Sport, Skiurlaub oder Disko – aus
und erfindet neue Dialoge mit Hilfe der Kästchen.

Beispiel
(Skiurlaub)

A Guten Tag. Kann ich Ihnen helfen?

B Was kosten die Skijacken?

A: Guten Tag. Kann ich Ihnen helfen?
B: Was kosten **die Sweatshirts**?
A: DM 65
B: Ich möchte **das schwarze** anprobieren.
A: Welche Größe haben Sie?
B: **Klein**.
A: Passt **es**?
B: Haben Sie **das in Medium**?
A: Bitte schön … O ja! **Es** steht Ihnen sehr
gut. Das sieht ja prima aus!

B: Ich mag **es**
nicht. Und **es**
ist zu teuer.

B: Perfekt.
Ich nehme **es.**

die … Schals/Pullis/Miniröcke/Skihosen/Jeans/
Skijacken/Hosen/Blusen/Polohemden/
Fußballhemden/T-Shirts (*usw.*)

den/die/das in Klein/Medium/Groß?
eine andere Farbe?/etwas Billigeres?

Klein/Medium/Groß/Keine Ahnung   er/sie/es

DM 20/DM 165/DM 500 (*usw.*)   ihn/sie/es

den …	gestreiften/gepunkteten (*usw.*)
die …	dunkelgrüne/gelbe (*usw.*)
das …	weiße/hellblaue/rote (*usw.*)
die …	weißen/hellgrünen/gelben (*usw.*)

4 Entscheidungen

Eine Freundin von Björn muss auch Kleidung für das
Berufspraktikum kaufen. Leider kann sie sich nicht
entscheiden. Schreib den Dialog. Übt ihn zu zweit und
spielt ihn vor.

Beispiel
A: Kann ich Ihnen helfen?
B: Ich weiß nicht. Vielleicht. Äh, was kostet die
schwarze Jacke?
A: Sie kostet DM 250. Möchten Sie sie anprobieren?
B: Äh, ich weiß nicht. Was kostet die blaue?

1 📼 Kleider machen Leute, oder?

Hör gut zu und lies den Text.

WAS TRAGEN SIE ZU EINER HOCHZEIT ODER ZU OPAS GEBURTSTAG? ZIEHEN SIE BEI DER ARBEIT ODER IN DER SCHULE ETWAS ANDERES AN ALS IN DER DISKO? GAUDI-MAGAZIN HAT IN EINIGE KLEIDERSCHRÄNKE GEGUCKT.

Ich gehe noch zur Schule. In der Schule trage ich immer mein Normalo-Outfit: Baseballmütze, weiße Sportschuhe, Polohemd. Auf Hochzeiten und Partys trage ich am liebsten Turnschuhe, Jeans, T-Shirt oder Hemd und etwas Verrücktes auf dem Kopf. Kleidung ist für mich sehr wichtig. Damit zeigt man, wer man ist. Was ich nicht habe, aber gern hätte: ein verrücktes Hawaiihemd in schrillen Farben!
Thorben (17)

Ich mache eine Ausbildung als Maler und Lackierer. Bei der Arbeit trage ich ganz praktische Sachen: weiße Socken, weiße Hose, weißes T-Shirt und schwarze Turnschuhe. Für mich sind Mode und Kleidung nicht so wichtig. Hauptsache ist: Ich bin fit. Meine Gesundheit ist viel wichtiger als die Mode. In der Freizeit laufe ich meistens in Jeans und T-Shirt herum. Ich habe meinen eigenen Kleidungsstil. In der Disko oder auf einer Hochzeit trage ich ein schwarzes Hemd, einen dunklen Anzug und schwarze Lederschuhe. Was mir nicht gefällt: zu viel Farbe. **Atakan (18)**

Ich bin auch Schülerin. Ich ziehe am liebsten kurze und lange Röcke, Kleider und Jeans an. In der Schule oder wenn ich ausgehe, trage ich normalerweise das, was mir gefällt. Ich gehe mit der Mode. Was andere tragen, finde ich nicht wichtig. Hauptsache meine Kleidung passt zu mir. Schlaghosen finde ich total ätzend. Die würde ich nie anziehen. Auf Partys trage ich oft ein blaues Kleid, das total schrill aussieht.
Julia (16)

Ich lerne Bankkauffrau. Die Bank verlangt ‚angemessene' Kleidung. Also trage ich dort schicke Schuhe, Hosen, Röcke und Blusen. In der Berufsschule darf es etwas bequemer sein, zum Beispiel Jeans und Pulli. In der Freizeit trage ich oft eine enge Stoffhose, eine weiße Bluse, eine Jeansweste und italienische Schuhe. Gute Kleidung ist mein Hobby. Beim Einkaufsbummel kaufe ich oft impulsiv ein Paar Schuhe oder ein Kleid. Wenn ich ausgehe, trage ich gern kurze Cocktailkleider mit ärmellangen Handschuhen. Was ich nie tragen würde, ist eine Latzhose. **Marina (19)**

2 Zusammenfassung

Schreib drei Sätze über jede Person im Artikel. Benutz die Tabelle unten und gib Beispiele.

Beispiel

1 Thorben: In der Schule trägt er gern bequeme Kleidung, zum Beispiel Sportschuhe und ein Polohemd.

| Auf Hochzeiten
In der Schule
Wenn er/sie ausgeht,
In Diskos
Auf Partys
Bei der Arbeit
In der Freizeit
In der Berufsschule
Abends
Wie ich | trägt er/sie | immer
oft
gewöhnlich
meistens
manchmal
gern
lieber
am liebsten
nicht gern
nie | dunkle Farben.
angemessene Kleidung.
schicke Kleidung.
Sportkleidung.
alte Klamotten.
modische Sachen.
praktische Kleidung.
bequeme Kleidung.
das, was ihm/ihr gefällt.
einen Stil für ihn/sie. |

Thorbens Julias Atakans Marinas	Schwester Bruder

3 ▭ Was meinen die Geschwister?

Du hörst sechs Teenager: die Geschwister von Thorben, Julia, Atakan und Marina. Wer spricht jeweils?

Beispiel

1   Julias Bruder

Lerntipp

Adjektivendungen nach dem unbestimmten Artikel

	Maskulinum	Femininum	Neutrum	Plural
Akk.	ein**en** dunkl**en** Anzug	ein**e** weiß**e** Bluse	ein schwarz**es** Hemd	schick**e** Schuhe

Siehe Grammatik, 9.1

---

4 Rollenspiel

Spiel die Rolle von Thorben, Julia, Atakan oder Marina. Lies den Text noch einmal gut durch. Dein/e Partner/in wird dir Fragen stellen. Du brauchst ein bisschen Fantasie!

Wie wichtig sind Mode und Kleidung für dich?

Wie oft kaufst du dir neue Kleider?

Was trägst du in der Freizeit?

Was trägst du, wenn du auf Partys gehst?

Kaufst du manchmal impulsiv Kleidung?

Was würdest du nie tragen?

5 Sind Mode und Kleidung wichtig für dich?

Schreib einen Artikel über dich selbst. Die Texte auf Seite 50 helfen dir dabei.

Beispiel

> Kleidung ist für mich ziemlich wichtig.
> Wenn ich ausgehe, trage ich oft …

6 Präsentation

Notiere dir die Hauptpunkte aus deinem Artikel und mach eine Präsentation. Bring einige Lieblingskleidungsstücke in den Deutschunterricht mit.

Lesepause 1

Polizisten bleiben cool

Ein Physikprofessor im Emirat Bahrain hat einen Hut mit Klimaanlage entwickelt. Mit Hilfe von Sonnenenergie wird ein Ventilator im Hut betrieben. Die Polizei des Emirats testet zur Zeit diesen Spezialhut. Nach Angaben der Berliner Polizei sei eine Einführung des Huts im Bundesland Berlin nicht beabsichtigt.

aus: *Das Buch der 1000 Sensationen* © 1993 Loewe Verlag GmbH, Bindlach

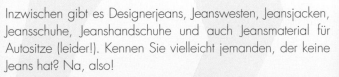

DIE COWBOYS WÜRDEN ES KAUM GLAUBEN!

Jeans: Diese Hosen aus französischem Segeltuch waren im 19. Jahrhundert die billige Arbeitskleidung der amerikanischen Farmarbeiter und Cowboys. In den 50er-Jahren symbolisierten sie die Jugendrebellion. Jetzt sind sie ein Phänomen.

Jeder hat irgendwo im Kleiderschrank ein Paar Jeans. Und nicht nur rebellische Jugendliche, Fußballrowdys und Rockmusiker. Auch Schuldirektoren, Ärzte, Bankkaufleute, Politiker und Nonnen tragen Jeans. (Zumindest am Wochenende oder im Urlaub …) (OK. Nonnen vielleicht doch nicht …)

Inzwischen gibt es Designerjeans, Jeanswesten, Jeansjacken, Jeansschuhe, Jeanshandschuhe und auch Jeansmaterial für Autositze (leider!). Kennen Sie vielleicht jemanden, der keine Jeans hat? Na, also!

Die Cowboys würden es kaum glauben. Fast die ganze Welt trägt jetzt ihre Arbeitskleidung. Wenn Sie in nächster Zeit zufällig einen Bauernhof besuchen, achten Sie auf die Kleidung der Arbeiter und denken Sie darüber nach: Das werden Jugendliche in 50 Jahren in der Disko tragen.

Die ersten Taucherhelme

Die frühen Taucherhelme waren gefährliche Apparate. Sie saßen auf dem Kopf wie ein viel zu großer Hut und waren am Hals nicht abgedichtet. Der Taucher konnte atmen, aber nur solange er aufrecht stand. Ein Taucher, der umfiel, war höchst gefährdet. Sein Helm füllte sich sofort mit Wasser.

Erst im Jahr 1829 hatte man die Idee Helm und Taucheranzug zu kombinieren.

aus: *Das Buch der 1000 Sensationen* © 1993 Loewe Verlag GmbH, Bindlach

WINTERSPORT

Ski fahren macht Spaß – und nass. Die richtige Kleidung ist Vorraussetzung dafür, dass man bei jedem Wetter seinen Spaß hat.

TIPP Empfehlenswert: mehrere Schichten übereinander tragen. Das Material der Skihose und -jacke muss wasserdicht sein, am besten auch winddicht.

TIPP Die Jacke sollte bis über den Po reichen. Der Kragen sollte so eng sein, dass auch ohne Schal kein Wind durchpfeifen kann. Die Hosenbeine sollten locker über die Stiefel fallen.

TIPP Die Reißverschlüsse sollten so große und griffige Zähne haben, dass man sie mit den Handschuhen oder mit kalten Fingern problemlos öffnen und schließen kann.

TIPP Ein Reißverschluss unten an der Hose ist auch ganz praktisch, besonders wenn man aufs Klo will. Aber vergiss nicht die Skier vorher abzuschnallen!

TIPP Auf genügend Taschen achten: Geld, Skipass, Sonnencreme, Lippenpflege, Taschentücher ... all das muss man dabei haben und im Notfall, wie z. B. bei Schnupfen, schnell finden können.

TIPP Skibekleidung aus Fleecematerial fühlt sich schön und kuschelig auf der Haut an. Aber leider ist sie nicht wasser- und winddicht. Daher ist sie nur an schönen Tagen zu empfehlen.

TIPP Auf Schnee wird fast 95 % des Lichts reflektiert und ultraviolettes Licht kann bleibende Augenschäden verursachen. Daher eine Sonnenbrille mit einem speziellen UVB-Filter tragen.

1 📼 Captain Positive bei der Ärztin

Hör gut zu und sieh dir die Bildergeschichte an.

2 Richtig oder falsch?

Sind die Sätze richtig oder falsch? Schreib die falschen Sätze richtig auf.

Beispiel

1 Falsch: Captain Positive fühlt sich nicht wohl.

1 Captain Positive fühlt sich wohl.
2 Er ist seit einer Woche krank.
3 Heute Morgen geht es ihm nicht besser.
4 Seine Nase tut ihm jetzt weh.
5 Er ist nicht allergisch gegen Antibiotika.
6 Die Ärztin verschreibt Aspirin.
7 Er soll die Tabletten kurz vor dem Essen nehmen.
8 Er soll eine Zeit lang nicht fahren.

3 🔊 Was soll ich tun, Herr Doktor?

Hör gut zu. Welche Symptome haben die fünf Patienten und welche
Ratschläge bekommen sie?

Beispiel

1 c; i, j

Beispiel

> Liebe Mutti,
> lieber Vati,
> die Reise war
> ganz gut. Leider
> geht's ...

4 Eine Postkarte aus Frankreich

Kannst du diese Postkarte richtig aufschreiben?

aber ich habe ein bisschen Durchfall.	ich fühle mich gut.
Martina Bis bald	die Reise war ganz gut. Leider geht's
Doch ist das nichts Schlimmes. Ich	erbrochen und hat jetzt furchtbare
Liebe Mutti, lieber Vati, nehme Omas HALT!-Tabletten und	Rückenschmerzen. Vielleicht hat
sie eine Grippe. Mir geht's gut,	Steffi nicht gut. Sie hat sich im Bus

5 Partnerarbeit

Übt den Dialog auf Seite 54 zu zweit. Ändert das **Fettgedruckte.**

Beispiel

A: Unglaublich! Captain Positive! Was fehlt Ihnen denn?
B: Ich habe **Kopfweh** und ...

6 Notfall

Wähl eine dieser Situationen aus und schreib eine Szene. Spiel den
Dialog mit einem/einer Partner/in vor.
- ‚Notfall', eine Krankenhausserie im Fernsehen.
- Beim Tierarzt in der Kinderkomödie ‚Die Tiere sprechen!'
- Der Sciencefictionfilm ‚Der Arzt vom Planeten Zogg'.
- Die Fernsehwerbung für Mefisto-Schmerztabletten.

1 📼 Fitness oder Mode?

Hör gut zu und lies den Text.

Die Leute, die meinen, Fitness sei nur eine Mode, sind total bekloppt. Kleidung und Mode interessieren mich überhaupt nicht, aber meine Gesundheit ist für mich sehr wichtig. Ich trinke keinen Alkohol. Ich bin Vegetarierin. Ich rauche seit ein paar Wochen nicht mehr. Ich spiele Handball und Volleyball und ich habe neulich angefangen Tennis zu lernen. Das ganze Jahr trainiere ich zweimal die Woche im Sportverein. Außerdem jogge ich jeden Tag. Es ärgert mich, wenn Leute die ganze Zeit Sportschuhe und Sportkleidung tragen, obwohl sie nie Sport treiben und gar nicht fit sind. Das finde ich total heuchlerisch.

Pia (17), Rostock

Der letzte Anrufer spinnt wohl. Es ist völlig blöd zu sagen, man darf Sportschuhe nur tragen, wenn man Sportprofi oder Fitnessfreak ist. Eigentlich halte ich nicht viel von dieser Trainingsmode. Ich lerne im Sportverein Gymnastik, aber ich gehe nie zum Fitnesstraining. Nie. Ehrlich gesagt finde ich es total doof. Ich bin aktiv und gut aussehend: Warum soll ich die ganze Zeit trainieren? Unfit bin ich bestimmt nicht. Ich komme aus der Schweiz und gehe gern im Winter mit der Clique snowboarden. Ich rauche nicht. Ich nehme keine Drogen. Ich bin keine Vegetarierin, aber nach dem Essen putze ich mir immer die Zähne. Ich bin fit genug um glücklich zu leben und das reicht mir.

Kristina (16), Zürich

Ich sehe das alles nicht so extrem. Ich persönlich treibe gern allerlei Sport. Am liebsten spiele ich aber Fußball, obwohl ich kein besonderes Talent habe. Ich wohne direkt gegenüber vom Verein und trainiere seit ein paar Jahren dort. Doch treibe ich Sport nur, weil man so nette Leute trifft. Für einige im Verein ist das Trainieren wie eine Droge. Hauptsache ist, man hat Spaß am Sport. So bleibt man auch im Kopf gesund. Freundschaften sind schließlich auch für die Gesundheit wichtig. Und ich bin auch der Meinung, dass gute Ernährung unheimlich wichtig ist. Daher bin ich seit einem Jahr Vegetarier.

Marc (17), Husum

2 Alles klar?

Lies den Artikel noch einmal und beantworte die Fragen.

Beispiel

1 Sport ist für Pia wichtiger als Mode.

1 Was ist für Pia wichtiger: Mode oder Sport?
2 Was isst sie nicht?
3 Trainiert sie regelmäßig?
4 Was für Kleidung findet sie bestimmt nicht modisch?
5 Wann trainiert Kristina?
6 Was hat sie mit Pia gemeinsam?
7 Mit wem treibt sie gern Wintersport?
8 Was ist Marcs Lieblingssportart?
9 Warum treibt er Sport?
10 Was hat er mit Pia gemeinsam?

3 📼 Mitglieder im Sportverein

Hör gut zu. Seit wann sind diese Teenager Mitglieder im Sportverein? Wie oft trainieren sie?

Beispiel

1 Erdal – e; j

1 Erdal		**a** seit einer Woche		**g** einmal die Woche.
2 Sasskia		**b** seit vier Jahren		**h** zweimal die Woche.
3 Timo	ist	**c** seit einem Monat	im Verein und trainiert	**i** dreimal die Woche.
4 Kerstin		**d** seit drei Monaten		**j** jeden Tag.
5 Harald		**e** seit sechs Wochen		**k** ein-/zweimal im Monat.

4 Bist du einverstanden?

Lies den Artikel noch einmal durch und schreib alle Meinungen auf, mit denen du übereinstimmst.

Beispiel
Meine Gesundheit ist für mich sehr wichtig.

Lerntipp

Präpositionen mit dem Dativ

aus	bei	gegenüber (von)	mit	nach	seit	von	zu

Die Artikel im Dativ

Maskulinum	Femininum	Neutrum	Plural
de**m**	de**r**	de**m**	de**n**
ein**em**	ein**er**	ein**em**	–

Siehe Grammatik, 8

5 Das Ja-Nein-Spiel

Interviewe deinen/deine Partner/in. Er/Sie darf nicht mit ‚Ja' oder ‚Nein' antworten. Dann tauscht die Rollen. Wer kann mehr Fragen beantworten?

Beispiel
A: Ist deine Gesundheit für dich wichtig?
B: Natürlich. Meine Gesundheit ist für mich sehr wichtig.

> Ist deine Gesundheit für dich wichtig?

> Treibst du gern Sport? (Was machst du?)

> Bist du in einem Sportverein? (Seit wann?)

> Wie oft trainierst du?

> Was machst du um gesund zu bleiben?

> Ist Ernährung für dich wichtig?

> Bist du Vegetarier/in? (Seit wann?)

> Rauchst du? (Seit wann?)

> Trinkst du Alkohol?

6 Wie bleibst du in Form?

Schreib einen Artikel über dich selbst. Wie wichtig ist für dich deine Gesundheit? Trainierst du? Wie oft? Rauchst du? Warum (nicht)? Bist du Mitglied in einem Sportverein? Seit wann?

Beispiel

Vegetarier – seit 2 J.
schwimme/Basketball
Training – 2 x die Wo. –
anstrengend

7 Ich über mich

Notiere dir die Hauptpunkte aus deinem Artikel (oder lerne ihn auswendig) und mach eine Präsentation.

1 Das katastrophale Berlin-Konzert

Nach ihrem katastrophalen Berlin-Konzert hat GAUDI-Magazin die Gruppe SMRT im Krankenhaus interviewt. Lies das Interview.

GAUDI: Also, dann. Die Show war für euch katastrophal ...

Sezen: Am Anfang war alles perfekt. Doch am Ende des ersten Songs ist ein Fan auf die Bühne gelaufen und hat angefangen Murat zu küssen. Sie sind beide zu Boden gefallen und er hat sich dabei das linke Handgelenk verletzt.

Murat: Das war schlimm. Ich habe mir sofort gedacht: ‚Ach nein! Ich habe mir das Handgelenk gebrochen! Ich kann nicht spielen!' Es war aber nur verstaucht. Irgendwie habe ich weitergespielt.

GAUDI: Also. Du hast dir das Handgelenk beim Küssen verstaucht?

Murat: Stimmt.

GAUDI: Und Robert, wie hast du dir die Hand verletzt?

Robert: Keine Ahnung. Ich habe mir bei einem langen Solo in die Finger geschnitten. Sie haben sehr geblutet.

GAUDI: Also hast du dir beim Gitarrenspielen in die Finger geschnitten?

Robert: Ja, aber es war trotzdem ein gutes Solo.

GAUDI: Sezen und Thomas. Ihr habt euch beide das linke Bein gebrochen, oder?

Thomas: Nee. Ich habe mir das linke Bein gebrochen. Sie hat sich das rechte Bein gebrochen.

GAUDI: Alles klar. Die Frage ist aber: wie?

Sezen: Also, wie du weißt, hängen wir ein enormes Herz über der Bühne auf. Und wir machen auch eine große Lasershow.

Thomas: Mitten im letzten Song ist die Laseranlage explodiert. Das Herz ist auf mich gefallen. Mein Synthesizer ist explodiert und ich habe mir die Finger verbrannt.

Sezen: Ich bin zu Thomas gelaufen und wir sind beide ins Publikum gestürzt.

Thomas: Und wir haben uns beide das Bein gebrochen.

Robert: Sie haben sich auch beim Hinfallen den Ellbogen verstaucht.

GAUDI: Eine Katastrophe, also. Ist das nicht eine schlechte Publicity für die Band?

Robert: Nee. Jede Publicity ist gute Publicity.

2 Alles klar?

Lies das Interview noch einmal durch und beantworte folgende Fragen.
Beispiel
1 Murat.

1 Wer hat sich als Erster verletzt?
2 Was für eine Verletzung hatte er?
3 Wann ist jemand auf die Bühne gelaufen?
4 Wie hat sich Robert die Hand verletzt?
5 Welche Gruppenmitglieder haben sich das Bein verletzt?
6 Wann ist die Laseranlage explodiert?
7 Wie hat sich Thomas die Finger verbrannt?
8 Wie haben sich Thomas und Sezen den Ellbogen verstaucht?

Achtung!
Sie sind hingefallen. Sie haben sich den Ellbogen verstaucht. ODER:
Sie haben sich **beim Hinfallen** den Ellbogen verstaucht.

Siehe Grammatik, 2.16

3 ▭ Was passt zusammen?

Hör gut zu. Welche Satzteile passen zusammen? Mach dir Notizen.
Dann schreib die Sätze auf.

Beispiel
1 – c, h: Ich habe mir beim Basteln ins Knie geschnitten.

1	**Mehmet:** Ich habe mir beim	a	Trainieren	g	den Ellbogen gebrochen.
2	**Jasmin:** Ich habe mir beim	b	Tennisspielen	h	ins Knie geschnitten.
3	**Frauke:** Ich habe mir beim	c	Basteln	i	das Bein verletzt.
4	**Natalie:** Ich habe mir beim	d	Rauchen	j	den Fuß verstaucht.
5	**Julian:** Ich habe mir beim	e	Hockeyspielen	k	in die Hand geschnitten.
6	**Kristin:** Ich habe mir beim	f	Kochen	l	die Finger verbrannt.

Achtung!
Ich habe mir **in** die Hand
geschnitten.

Siehe Grammatik, 2.11

Lerntipp

Reflexivverben mit Dativpronomen

ich habe **mir**		
du hast **dir**	die Hand	verbrannt.
er/sie/es/(usw.) hat **sich**	das Bein	gebrochen.
wir haben **uns**	die Finger	verletzt.
ihr habt **euch**	den Fuß	verstaucht.
Sie haben **sich**		
sie haben **sich**		

Siehe Grammatik, 2.11

4 Wer ist wer?

In diesem Dialog gibt es einen Patienten, einen Krankenpfleger und eine
Ärztin. Aber wer ist wer? Wer ist A? Wer ist B? Wer ist C?

A: Was ist hier los?

B: Der Fuß tut weh.

A: Wie ist das passiert?

B: Beim Snowboarden.

A: Guten Tag. Sie haben sich **beim Snowboarden den Fuß verletzt** …
Darf ich mal sehen?

C: Ja. Ist **er gebrochen**?

A: Vielleicht nur **verstaucht. Er** muss geröntgt werden.

B: Und er hat sich auch **beim Skilaufen** in **die Nase** geschnitten.

A: Beim Skilaufen?

C: Das ist eine lange Geschichte.

A: Ist das alles?

C: Nein. Ich habe mir **beim Postkartenschreiben die Finger
verbrannt.**

A: Verbrannt? Meinen Sie nicht **verstaucht**?

C: Das ist auch eine lange Geschichte.

5 Gruppenarbeit

Arbeitet in Dreiergruppen und übt den Dialog oben. Dann ändert die
grün, blau und rot gedruckten Informationen.

Beispiel

A Was ist hier los?   **B** Das Bein tut weh.

Lesepause 2

Silber macht unglücklich

Amerikanische Psychologen haben festgestellt, dass Bronzemedaillengewinner viel glücklicher sind als Silbermedaillengewinner, obwohl die Silbermedaillengewinner die bessere Leistung erbracht haben. Denn während die Bronzemedaillengewinner über ihre Leistung jubeln, grämen sich die Silbermedaillengewinner viel mehr über die verpasste Chance auf Gold.

Das intelligente WC

Eine japanische Firma will das erste intelligente WC auf den Markt bringen. Innerhalb von wenigen Sekunden liefert der WC-Bordcomputer eine komplette Urinanalyse sowie Blutdruck-, Herz- und Temperaturwerte. Dank einer Direktverbindung zum Computer des nächsten Krankenhauses gibt das WC auch praktische Gesundheitstipps für den bevorstehenden Tag.

aus: *Das Buch der 1000 Sensationen* © 1993 Loewe Verlag GmbH, Bindlach

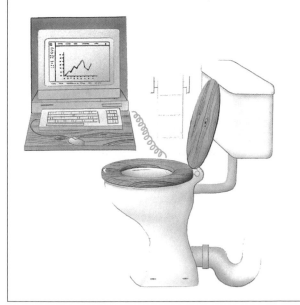

Wie bitte?

Großer Lärm ist für den Menschen sehr gesundheitsschädlich. Schädlicher Lärm entsteht zum Beispiel in Fabriken, wo Belastungen von 90 Dezibel keine Seltenheit sind. Ein Pressluftbohrer erzeugt 110 Dezibel. Bei einem Konzert der englischen Rockgruppe ‚The Who' im Jahre 1976 betrug die Lautstärke in einer Entfernung von 50 Metern von der 76.000-Watt-Anlage sogar 120 Dezibel. Da ist es nicht mehr weit zur kritischen 150-Dezibel-Marke: Anhaltender Lärm von dieser Lautstärke verursacht unheilbare Taubheit. Lautstärken über 192 Dezibel können tödliche Schocks auslösen.

110 Dezibel

120 Dezibel

aus: *Das Buch der 1000 Sensationen*
© 1993 Loewe Verlag GmbH, Bindlach

Es ist schon lange nichts Besonderes mehr, dass Mädchen Fußball spielen. Trotzdem ist die Elf des Berliner Vereins BSC Agrispor außergewöhnlich. Es ist das einzige türkische Frauenteam in Europa. Darüber hinaus sind sie in der Berliner Landesliga Hallenmeister und die Berliner Pokalsieger.

Der Schrecken von der Spree

Aram Somunciyan trainiert diese Mannschaft. ‚Er muss so streng sein‘, meint seine Tochter Nadja, ‚sonst würden sie nur Blödsinn machen.‘ Doch Aram Somunciyan ist viel mehr als ein strenger Trainer. Für die 20-jährigen Mädchen ist er auch eine Art Vaterersatz. ‚Früher hatte ich eine Tochter‘, sagt Aram scherzhaft, ‚jetzt habe ich 20.‘

Daher kümmert er sich so viel um die Mädchen. Er kontrollierte ihre Schulzeugnisse, als sie noch zur Schule gingen. Er fährt sie nach einem Spiel nach Hause. ‚Mein Vater musste das alles den Eltern versprechen‘, sagt Nadja, ‚sonst hätten sie das niemals erlaubt, dass ihre Töchter Fußball spielen dürfen.‘

Die Spielerinnen sind natürlich alle topfit. Sie trainieren hart und spielen hart. Arzu ist die beste Spielerin auf dem Platz. Sie spielt seit fünf Jahren Fußball, zunächst in einem deutschen Verein, seit zwei Jahren bei Agrispor. ‚Bei den Deutschen hat man sich nur zum Spiel oder zum Training getroffen‘, erzählt sie. ‚Hier ist der Zusammenhalt viel stärker. Wir treffen uns vor dem Spiel und gehen danach etwas essen oder unternehmen etwas.‘

Inzwischen gibt es auch Griechinnen, Albanerinnen und Schwedinnen in der Mannschaft. Wassiliki, deren Eltern aus Griechenland kommen, meint: ‚Es gibt auf dem Fußballplatz keinen Nationalismus. Hier zählt nur, was man für das Team leistet.‘

Die Erfolge von Agrispor erhöhten sogar die Akzeptanz für Mädchenfußball in der Türkei. ‚Vor fünf Jahren haben wir eine Reise in die Türkei gemacht‘, erinnert sich Nadja. ‚Damals konnten wir nur zwei Spiele absolvieren. Mehr Mannschaften gab es nicht. Inzwischen gibt es eine Frauenliga in der Türkei.‘ Die türkische Nationalmannschaft interessierte sich sehr für die Agrispor-Spielerinnen, doch keine war bereit ihr Leben in Berlin aufzugeben.

Lutz Göllner

 Prüfungstraining

1 🔊 Hören

Hör gut zu. Sind die Sätze richtig oder falsch?

> 1 Es gab zwei Bankräuber.
> 2 Sie trugen alle ein gelbes Hemd.
> 3 Dazu trugen sie eine dunkelgrüne Krawatte.
> 4 Die Bankräuber trugen alle eine schwarze Hose.
> 5 Sie trugen alle eine schwarze Baseballmütze.
> 6 Sie hatten einen grün-weißen Wagen.
> 7 Die Bankräuber hatten Polizeiuniformen an.

2 Sprechen

You go to the doctor in Germany. You have had stomach pains for three days and last night you vomited twice. Remember that you are allergic to antibiotics. Your teacher will play the part of the doctor and will start the conversation.

1 Nenn deinen Namen und deine Staatsangehörigkeit.
2 Beschreib deine Symptome.
3 Sag, seit wann es dir schlecht geht.
4 Beantworte die Frage.
5 Frag nach einer Apotheke.

3 Lesen

Lies den Text und füll die Lücken in den Sätzen aus. Die Wörter sind unten rechts. Fünf Wörter brauchst du nicht.

Albert Einstein

Ludwig van Beethoven

Für diese Linkshänder kam die Münchner Beratungsstelle zu spät.

Zu den berühmtesten Linkshändern zählen Pablo Picasso, Ludwig van Beethoven, Albert Einstein und Leonardo da Vinci.
In Deutschland gibt es rund 16 Millionen Linkshänder, die jedoch mit der rechten Hand schreiben, weil man sie als Kind umgeschult hat. Diese Umschulung führt manchmal zu Problemen wie Müdigkeit, Schreibunlust oder sogar Bewegungsstörungen. Der Weg zurück zur linken Hand ist gar nicht so einfach und bedarf einigem Training. In München befindet sich die einzige deutsche Beratungsstelle für Linkshänder. Tel: 089/268614.

Beispiel
1 Pablo Picasso, Ludwig van Beethoven, Albert Einstein und Leonardo da Vinci waren alle *Linkshänder*.
2 Rund 16 Millionen deutsche Linkshänder mussten in der Schule lernen mit der _____ Hand zu schreiben.
3 Diese Linkshänder haben manchmal viele _____ im Leben.
4 Manche fühlen sich oft _____.
5 Manche _____ nicht gern.
6 Das Training auf die richtige Hand kann sehr _____ sein.

müde   *Probleme*
einfach   schreiben
Fehler   lernen
    linken
schlafen   **rechten**
Linkshänder   *schwer*

4 Schreiben

Schreib einen Brief an eine deutsche Briefpartnerin/ einen deutschen Briefpartner. Schreib 100 Wörter über das, was du für deine Gesundheit machst.

- Wie wichtig ist deine Gesundheit für dich?
- Treibst du gern Sport? Warum (nicht)?
- Trainierst du? Wie oft?
- Rauchst du? Warum (nicht)?
- Bist du Mitglied in einem Verein? Seit wann?

Selbstlernkassette

1 📼 Aussprache

Hör gut zu und wiederhole.

Ich fühle mich oft

im dunkelgrünen Anzug übel,

obwohl mir öfter übler ist,

wenn ich im dunkelgrünen Anzug Judo übe.

Doch fühle ich mich überhaupt nicht übel,

wenn ich mir in grünen Schuhen

neue Judoübungen wünsche.

Nur ein bisschen schwindlig.

2 📼 Seifenoper

Hör dir die vierte Episode der Serie an.

Zusammenfassung

Themen

		Seite	Vokabeln
1	Kleider kaufen	48-49	AB 63
2	Meinungen über Kleider	50-51	AB 65
3	Krankheiten	54-55	AB 69
4	Bist du in Form?	56-57	AB 72
5	Unfälle	58-59	AB 74

Grammatik

	Seite	Arbeitsblatt	Grammatik
Adjektivendungen nach dem bestimmten Artikel	49	–	9.2
Adjektivendungen nach dem unbestimmten Artikel	51	–	9.1
seit	57	–	2.18
Präpositionen mit dem Dativ	57	71	8
Die Artikel im Dativ	57	71	8
beim mit Nomen	58	–	2.16
Reflexivverben mit Dativpronomen	59	73	2.11

Besonderes

	Seite	Arbeitsblatt
Lesepause 1	52-53	66
Lesepause 2	60-61	75
Prüfungstraining	62-63	–
Extra	150	–

5 Man ist, was man isst!

LERNPUNKTE

- **Thema 1: Essen und Hygiene**
  Wasch dir bitte die Hände!
- **Thema 2: Im Geschäft**
  Ich möchte ein Kilo Schinken
- **Thema 3: Mahlzeit!**
  Reich mir bitte den Aufschnitt!
- **Thema 4: Drogen, Alkohol und Rauchen**
  Cool oder lächerlich?
- **Thema 5: Gesundheit**
  Fünfmal Obst und Gemüse pro Tag!

1 Essen in jedem Alter

Lies diese Texte. Einige Personen verschiedener Altersstufen (oder ihre Eltern!) beschreiben, was sie gern und nicht gern essen.

Sie isst gern gekochte Karotten und Nudeln. Sie isst auch gern Wackelpudding und Kuchen. Noch lieber isst sie püriertes Obst. Am liebsten aber isst sie Schokoladeneis. Das hat sie erst neulich entdeckt (sie hat mir ein Schokoladeneis geklaut!). Es gibt nicht viel, was sie nicht gern isst – nur Bananen und Fisch. Aber sie isst höchstens zehn Prozent des Essens. Den Rest finde ich auf dem Boden, auf ihrer Kleidung, auf meiner Kleidung oder am Hund.
Die Mutter von Silvia (1 Jahr alt)

Er isst fast nichts gern, was gesund ist! Nur Kartoffelchips, Pommes frites, Hamburger usw. Und noch lieber isst er gebratenes Hähnchen und Bratwurst – eigentlich alles Gebratene! Frühstücksflocken isst er aber am liebsten, besonders die, die viel Zucker enthalten (das sind aber fast alle!). Gemüse isst er überhaupt nicht gern. Obst und Jogurt auch nicht. Ich mache mir schon Sorgen über seine Zukunft.
Die Mutter von Karl (11 Jahre alt)

Ich habe neulich angefangen, vegetarisch zu leben, weil ich die Verhältnisse in der Fleischproduktionsindustrie entsetzlich finde. Ich esse sehr gern Gemüse – besonders Bohnen, Kohl und Linsen – und ich esse auch gern Käse, Brot und Nüsse. Aber als Vegetarierin esse ich nicht nur gesunde Sachen – ich esse noch lieber Pommes frites, Kekse und Kuchen. Am liebsten esse ich dieselben Sachen wie viele andere Leute: Schokolade und Eis!
Steffi (31 Jahre alt)

Ich esse unheimlich gern Fleisch aller Art. Ich esse gern Speck und Aufschnitt, und ich esse noch lieber Rindfleisch. Zum Fleisch esse ich gern Gemüse wie zum Beispiel Bratkartoffeln und Bohnen, aber am liebsten esse ich Knödel dazu. Am allerliebsten esse ich Wiener Schnitzel. Ich esse auch gern Grießpudding mit Kirschen, aber im allgemeinen esse ich nicht gern Süßes. Ich esse auch nicht gern Hamburger und Pommes frites.
Albert (61 Jahre alt)

2 Fragen

Beantworte folgende Fragen.
Beispiel
1   Grießpudding mit Kirschen.

1   Was für süßes Essen isst Albert gern?
2   Wer isst seit kurzem kein Fleisch mehr?
3   Wer isst sehr gern Fleisch?
4   Wer mag nur ungesundes Essen?
5   Was isst Silvia am liebsten?
6   Was isst Silvia gern?
7   Was isst Steffi am liebsten?
8   Was isst Karl noch lieber als Hamburger?

Lerntipp

Gern, nicht gern, lieber, am liebsten

Ich esse **gern** Möhren.
Ich esse (gar) **nicht gern** Pommes frites.
Kartoffeln esse ich (noch) **lieber** (als Erbsen).
Ich esse **am liebsten** Schokoladeneis./**Am liebsten** esse ich Schokoladeneis.

Siehe Grammatik, 12

3 Was isst du gern?

Was isst du gern, lieber, am liebsten oder gar nicht gern? Mach eine Umfrage in der Klasse und schreib die Ergebnisse in dein Heft.
Beispiel

A Was isst du gern?   **B** Ich esse gern Pommes frites, Eis ...

4 Sauberkeit ist alles!

Lies diese Ratschläge aus GAUDI-Magazin.

GAUDI-MAGAZIN · SAUBERKEIT IST ALLES! · 10 wichtige Ratschläge

1 Alle sollten sich die Hände waschen, bevor sie mit Nahrungsmitteln hantieren und nachdem sie zur Toilette gegangen sind.

2 Man sollte gekochtes Essen immer innerhalb von anderthalb Stunden in den Kühlschrank stellen. Sonst besteht die Gefahr einer Salmonellenvergiftung, wenn man das Essen später noch einmal aufwärmt.

3 Beim Gebrauch eines Mikrowellenherdes sollte man sich vergewissern, dass das Essen gut durchgekocht ist. Wenn nicht, besteht das Risiko einer Salmonellenvergiftung.

4 Wenn man irgendetwas aus dem Ofen nimmt, sollte man es sofort abdecken, damit Fliegen nicht darauf landen. Fliegen sind Bazillenträger.

5 Wenn Dosen oder Jogurtbecher aufgewölbte Deckel haben, sollte man sie sofort wegwerfen. Es kann sein, dass der Inhalt verdorben ist.

6 Man sollte die Mindesthaltbarkeitsdaten sorgfältig prüfen. Wenn sie überschritten sind, sollte man den Artikel sofort wegwerfen.

7 Wenn gefrorene Sachen aufgetaut sind, sollte man sie nicht wieder einfrieren. Andernfalls besteht Infektionsgefahr.

8 Rohes Fleisch sollte im Kühlschrank nicht auf demselben Regal wie gekochtes Fleisch und Aufschnitt aufbewahrt werden. Man sollte rohes Fleisch nach unten stellen, damit die Bluttropfen keine anderen Nahrungsmittel vergiften.

9 Man sollte Küchengeräte und Geschirr nach Gebrauch in sehr heißem Wasser und mit Geschirrspülmittel spülen. Am besten benutzt man eine Spülmaschine.

10 Man sollte alle Geschirrtücher und Lappen täglich wechseln und waschen. Auf diese Weise kann man die Übertragung von Bazillen einschränken.

Lerntipp

Sollen im Konditional

ich soll**te**
du soll**test**
er/sie/es/(usw.) soll**te**
wir soll**ten**
ihr soll**tet**
Sie soll**ten**
sie soll**ten**

Siehe Grammatik, 2.15

5 ▭ Wer macht was?

GAUDI hat vier Auszubildende (Tobias, Heiko, Asla und Monia) auf einer Kochschule über die Ratschläge oben interviewt.
Hör gut zu und sieh dir die Liste oben noch einmal an. Wer macht was? Schreib für jede Person eine Liste in dein Heft.
Beispiel
Tobias: 1, …

6 Umfrage

Was machst du um hygienisch zu essen? Welche der Sachen auf der Liste oben machst du? Schreib die passenden Nummern in dein Heft. Dann mach eine Umfrage in der Klasse zu diesem Thema. Findest du jemanden mit denselben Antworten wie du?
Beispiel

A Was machst du um hygienisch zu essen?

B Nummer eins. Ich wasche mir immer die Hände, bevor ich mit Nahrungsmitteln hantiere.

7 Bessere Regeln?

Kennst du andere oder bessere Regeln für hygienisches Essen?
Beispiel
1 Man sollte …

1 ▭ Herr Schmidt geht einkaufen

Morgen geben Herr Schmidt und seine Frau eine Party. Jetzt geht er einkaufen, aber er mag keine Supermärkte.
Hör gut zu und lies die Bildergeschichte.

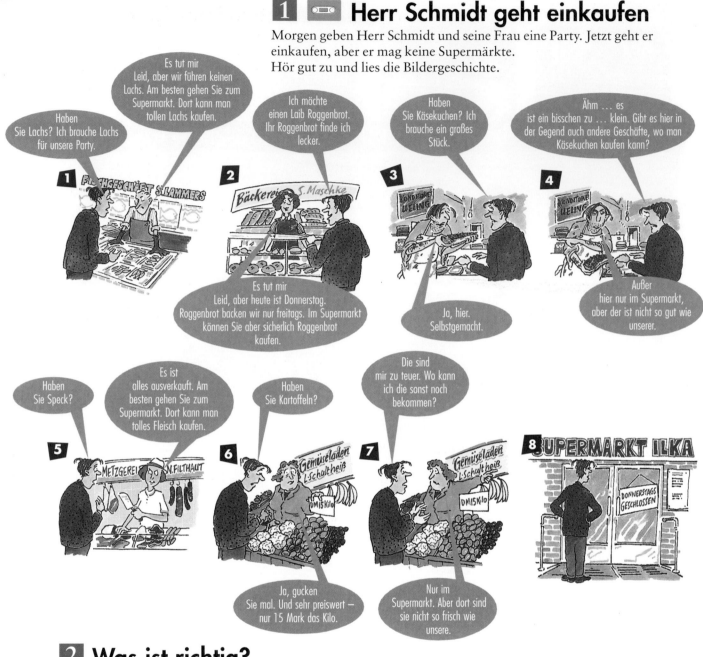

2 Was ist richtig?

Wähl die richtige Antwort aus.

Beispiel

1b

1   Im Fischgeschäft kann Herr Schmidt ... bekommen.
    a) Lachs   b) keinen Lachs
    c) Dorsch

2   In der Bäckerei kann man Roggenbrot ... kaufen.
    a) nur donnerstags
    b) nur freitags   c) gar nicht

3   In der Konditorei kann Herr Schmidt ... bekommen.
    a) ein kleines Stück Käsekuchen
    b) keinen Käsekuchen
    c) ein großes Stück Käsekuchen

4   Herr Schmidt kann Speck ... kaufen.
    a) in der Metzgerei
    b) im Supermarkt
    c) in der Konditorei

5   Im Gemüseladen kann Herr Schmidt ... kaufen.
    a) preiswerte Kartoffeln
    b) nur teure Kartoffeln
    c) Rindfleisch

6   Der Supermarkt ist ...
    a) offen   b) zu weit weg   c) zu

3 Was kauft man dort?

Was kann man in den verschiedenen Geschäften kaufen? Bilde Sätze. Dein/e Partner/in sagt, ob sie richtig oder falsch sind. Wenn es falsch ist, muss dein/e Partner/in den Satz korrigieren.

Beispiel

A In der Konditorei kann man Fleisch kaufen.

B Falsch. In der Konditorei kann man Kuchen kaufen.

4 ▭ Ich möchte bitte …

Am folgenden Tag geht Herr Schmidt noch einmal einkaufen. Diesmal hat er eine Liste und er besucht einige andere Geschäfte. Hör gut zu und ordne die Bilder.

Beispiel

e, …

5 ▭ Wie viel?

Hör noch einmal zu und sieh dir diese Preise und Mengen an. Welche hörst du auf der Kassette? Schreib sie auf.

Beispiel

n, a, …

a zwei Kilo	f ein Paket	**k** eine Tüte	**p** eine Packung
b eine Scheibe	**g** ein Stück	**l** ein Becher	**q** DM 25
c ein Glas	h DM 40	m 25 Riegel	r eine Schachtel
d drei Kilo	i eine Dose	**n** ein Kilo	s 500 Gramm
e DM 2	**J** DM 10	**o** eine Tafel	t ein Liter

6 ▭ Jetzt bist du dran!

Ordne diese Sätze um einen Dialog im Geschäft zu bilden. Dann schreib den Dialog in dein Heft und hör gut zu. Hast du recht?

Beispiel

– Guten Tag. Was darf es sein?

Und Ihr Wechselgeld. Danke schön.

Ich möchte ein Kilo Bananen, bitte.

Auf Wiederschauen.

Nein. Haben Sie auch Birnen, bitte?

Guten Tag. Was darf es sein?

Nein danke, das ist alles.

Zehn Mark 50. Bitte schön.

Ja, sicher. Wie viel möchten Sie?

Auch ein Kilo, bitte.

Bitte schön. Sonst noch etwas?

Danke schön. Auf Wiederschauen.

So, bitte schön. Ist das alles?

Also, das macht zusammen sechs Mark 50

Lesepause 1

Lebensmittelvergiftung

Eine Lebensmittelvergiftung wird durch bestimmte Bakterien verursacht, die sich in Lebensmitteln vermehren. Um das zu verhindern müssen Lebensmittel zwischen +5° und −60° Celsius aufbewahrt werden.

Tierfutter

Tiere können durch ihr Futter Salmonellen bekommen. Das Fleisch der Tiere kann dann die Salmonellen auf den Menschen übertragen. Seit 1960 haben diese Fälle um 900% zugenommen, meistens wegen verschmutztem Tierfutter.

Vakuumverpackungen

Vakuumverpacktes Essen muss unbedingt in Kühlschränken aufbewahrt werden, weil die Bakterie Botulinum in der Packung bei Temperaturen von über +6° überleben kann.

Mikrowellenherde

In Mikrowellenherden werden Lebensmittel von innen nach außen erwärmt. Wenn die Lebensmittel nicht lange genug im Mikrowellenherd erhitzt werden, können sie nicht heiß genug werden um die Bakterien abzutöten.

Liniendampfer

Lebensmittelvergiftungen auf Liniendampfern werden oft von den kunstvollen Büffets verursacht, bei denen die Speisen zu lange bei Zimmertemperatur im Raum stehen.

Flugzeuge

In Passagierflugzeugen besteht die Gefahr von Lebensmittel-vergiftungen, weil es schwer ist die Temperatur der im Voraus gekochten Mahlzeiten zu kontrollieren. Heutzutage bekommen der Pilot und der Co-Pilot oft nicht die gleiche Mahlzeit.

Ernährung

Möhren

Möhren helfen wirklich beim Sehen im Dunkeln! Der Körper macht aus Vitamin A Karotin, das uns hilft bei schlechtem Licht zu sehen. Zu viel Karotin kann aber schädlich sein. 1973 starb ein Mann an Vitamin-A-Vergiftung. Er hatte täglich Hunderte von Vitamin-A-Pillen genommen und fünf Liter Möhrensaft getrunken. Bei seinem Tod war seine Hautfarbe bereits hellorange.

Schwere Babys!

Viele Ärzte machen sich Sorgen um die steigende Anzahl von übergewichtigen Babys. Eine große Firma arbeitet daran den Zuckergehalt ihrer Babynahrung zu verringern. Aber je weniger Zucker sie benutzen, desto unzufriedener sind ihre Kunden (d. h. die Babys!).

Kängurufleisch

Cholesterin ist ein natürlicher Bestandteil von tierischen Fetten und man vermutet, dass es Herzinfarkte verursacht. Es gibt aber ein Tier, dessen Fleisch cholesterinfrei ist – das Känguru. Australische Bauern haben schon angefangen Kängurus wegen ihres Fleisches zu züchten.

·FAST FOOD·

· HAMBURGER ·

Modell-Beschreibung:
UFO (unbekanntes Fleischobjekt) aus Disneyland.
Ess-Komfort:
Lässt sich auf CD-Dicke pressen. Achtung! Hohe Kleckergefahr!
Geschmack:
Unvergesslich unwichtig; führt zu Suchterscheinungen.
Design:
Praktisch, rund und gut.
Extras:
Wir empfehlen Pommes und Cola (kostet extra!).
Sättigung:
Aber ja!
Preis:
DM 4,80.

· DÖNER KEBAB ·

Modell-Beschreibung:
Türkischer ‚Burger' aus Puten- oder Kalbfleisch, Salat und Fladenbrot. Findet man zwischen Flensburg und Passau an fast jeder Ecke (am besten den weißen Soßen-Spuren am Boden folgen!).
Ess-Komfort:
Wurde früher wahrscheinlich als Foltermethode eingesetzt (zum Öffnen des Mundes). Wir haben es nie geschafft das Ding in einen normalen Mund zu bekommen. Achtung: Viele Servietten mitnehmen und nicht die Lieblingskleidung anziehen – Kleckergefahr!
Geschmack:
Leckeres Fladenbrot, und auch das Fleisch ist meistens gut. Darauf achten, dass es knusprig gebraten ist. Knoblauchsoße verstärkt das Erlebnis.
Design:
Hübsch, mit all dem bunten Gemüse.
Extras:
Knoblauchsoße (erst überlegen, was man danach vorhat!), scharfe getrocknete Peperoni als Gewürz.
Sättigung:
Ganz ordentlich, außerdem gibt es noch ein paar Vitamine.
Preis:
ca. DM 6.

· PIZZA ·

Modell-Beschreibung:
Leichte Straßenversion der italienischen Nationalspeise, wenige Modelle.
Ess-Komfort:
Leicht zu essen, da in Stücken serviert; problematisch, wenn der Teig zu weich ist.
Geschmack:
Je nach Belag (meistens Schinken, Salami, Käse oder Paprika, Peperoni, Käse). Äußerst wenige Gewürze.
Design:
Ziemlich fantasielos; wir sahen allerdings auch eine Ananas-Version.
Extras:
Keine.
Sättigung:
Rutscht runter wie nichts und hinterlässt nichts.
Preis:
DM 4,50 pro Stück.

1 🔊 Auf dem Motorradtreffen

Dieses Wochenende findet ein großes Motorradtreffen statt.
Hör gut zu und lies die Bildergeschichte. Achtung! Auf der Kassette
hörst du mehr Informationen als hier.

2 🔊 Was gibt's zu essen?

Welche Wörter zum Thema ‚Essen und Trinken' hörst du? Hör noch
einmal zu und mach eine Liste.

Beispiel

ein Brötchen, …

3 🔲 Probleme im Restaurant

Hör gut zu und beantworte die Fragen rechts.

Beispiel

1b

Dialog 1

1 Schließlich bekommt der Gast einen Tisch …
   a) in der Ecke.
   b) neben dem Fenster.
   c) am Gang.

2 Er bestellt …
   a) Wiener Schnitzel.
   b) Hähnchen mit Currysoße.
   c) Hähnchen ohne Currysoße.

3 Sein Essen …
   a) schmeckt ihm sehr.
   b) findet er furchtbar.
   c) kommt gar nicht.

4 Er muss … bezahlen.
   a) ein Essen
   b) zwei Essen
   c) drei Essen

Dialog 2

5 Die Gäste möchten einen Tisch für …
   a) eine Person.
   b) zwei Personen.
   c) drei Personen.

6 Sie bestellen …
   a) zweimal Schweineschnitzel.
   b) zweimal Katzenfutter.
   c) dreimal Schweineschnitzel.

7 Sie bekommen …
   a) Schweineschnitzel.
   b) Katzenfutter.
   c) Wiener Schnitzel.

8 Das Essen …
   a) schmeckt ihnen sehr.
   b) schmeckt ihnen gar nicht.

---

1 eine Person
zwei (Personen)
drei (Personen)

2 Neben dem Fenster
In der Ecke

3 Schweineschnitzel
(siehe Speisekarte auf AB 88)

4 ein Glas Cola
(siehe Speisekarte auf AB 88)

5 Apfelstrudel mit Sahne
(siehe Speisekarte auf AB 88)

6 Herr Ober!
Fräulein!

7 Ja, es hat sehr gut geschmeckt.
Nein, es war ekelhaft.

---

4 🔲 Ein Dialog

Hör gut zu und wähl für Nummer 1–7 die richtigen Wörter aus den Kästchen aus. Wiederhole den Dialog.

Beispiel

A Guten Abend. Was darf es sein?

B Einen Tisch für eine Person, bitte.

A: Guten Abend. Was darf es sein?

B: Einen Tisch für **1**, bitte.

A: Neben dem Fenster oder in der Ecke?

B: **2**, bitte.

A: Und die Speisekarte … bitte schön.

* * *

A: Haben Sie schon bestellt?

B: Nein. Für mich **3**, bitte. *(Bei mehr als einer Person zum Wiederholen.)*

A: Möchten Sie etwas zu trinken?

B: Ja. **4** bitte.

A: Kommt sofort.

* * *

A: Möchten Sie einen Nachtisch?

B: Ja. Für mich **5** bitte. *(Bei mehr als einer Person zum Wiederholen.)*

A: In Ordnung.

* * *

B: **6**! Zahlen, bitte!

A: Hat's Ihnen geschmeckt?

B: **7**.

A: So … Ihre Rechnung. Bitte schön.

Jetzt ändere die nummerierten Wörter um neue Dialoge zu bilden. Übt sie zu zweit.

1 ▭ Meiner Meinung nach

Hör gut zu, sieh dir die Liste unten an und ordne die Meinungen.

Beispiel

7, ...

1 (Diesen Standpunkt) finde ich ...
2 Darin mag X (zum Teil) recht haben.
3 Das heißt noch lange nicht, dass ...
4 Ich glaube, dass ...
5 Es ist nicht zu vermeiden, dass ...

6 Da sind wir uns nicht einig!
7 Meiner Meinung nach ...
8 Da ist etwas dran.
9 Einerseits ... andererseits ...
10 Ich finde es ...

2 ▭ Die große Diskussion

Für die Veranstaltung ‚Jugendliche, Drogen, Alkohol und Tabak' hat der Fernsehsender DFN fünf Jugendliche zu einer großen Diskussion ins Studio eingeladen. Hör gut zu. Was sagen Dieter, Klaus, Christina, Petra, und Claudia?

Beispiel

1 (Dieter) – c

a Da sind wir uns nicht einig! Sie haben ihre eigenen Fehler schon gemacht und wollen ihre Erfahrungen mit uns teilen, sodass wir dieselben Fehler vermeiden können. Sie wissen, dass Trinken, Rauchen und Drogenkonsum schlechte Folgen haben – sonst würden sie es nicht verbieten wollen. Ich finde es hilfreich, wenn Sozialarbeiter, Polizisten usw. in die Schule kommen um uns darüber zu informieren. Wenn sie das nicht machen würden, wären wir in der Gewalt der Pusher.

c Meiner Meinung nach ist es nicht ‚verkehrt' Alkohol zu trinken, Zigaretten zu rauchen oder Drogen zu nehmen. Diesen Standpunkt finde ich altmodisch. Sogar Schokolade ist eine Droge und kann zur Sucht werden. Die Gesetze haben nicht immer recht. Gesetze werden schließlich von alten Leuten gemacht und Erwachsene sind nur Jugendliche, die älter geworden sind. Sie können genauso leicht Fehler machen.

d Darin mag Dieter zum Teil recht haben, aber Schokolade finde ich nicht so gefährlich wie Drogen! Drogenkonsum hat nur einen Zweck – ‚high' zu werden. Einerseits wirken Alkohol, Tabak und Schokolade vielleicht auf ähnliche Weise, aber andererseits schmecken sie wenigstens auch gut! Ich glaube, dass Drogen viel gefährlicher sind als Alkohol und Tabak. Tabak und Alkohol können einen nicht töten ...

b Tabak und Alkohol finde ich genauso gefährlich wie andere Drogen! Es ist nicht zu vermeiden, dass man von Tabak Lungenkrebs bekommt – und wenn man unter dem Einfluss von Alkohol Auto fährt, kann man nicht nur selber sterben, sondern auch andere Leute töten. Außerdem sind unsere Krankenhäuser voll von Leuten, die Herzinfarkte gehabt haben, weil sie so viel Schokolade und andere fettige Lebensmittel zu sich genommen haben.

e Da ist etwas dran, aber alle müssen für sich selbst Erfahrungen sammeln und ihre eigenen Fehler machen. Nur auf diese Weise lernen wir. Das heißt noch lange nicht, dass ältere Leute immer alles besser wissen, und an Leuten, die Gesetze sklavisch befolgen, erkennt man nur das Schaf! Meine Eltern sind älter als ich, aber sie machen immer noch genauso viele Fehler wie früher – und viel mehr als ich! Viele Leute lernen nichts, wenn sie älter werden.

3 ▭ Wer meint das?

Sieh dir diese Meinungen an. Wer meint das?

Beispiel

1 Klaus

1 Drogenkonsum hat nur einen Zweck: ‚high' zu werden.
2 Gesetze werden von alten Leuten gemacht.
3 Es ist gut, wenn Sozialarbeiter, Polizisten usw. in die Schule kommen und über Drogen usw. informieren.

4 Eltern machen immer noch genauso viele Fehler wie früher!
5 Es ist altmodisch zu behaupten, dass Rauchen, Trinken und Drogen zu nehmen ‚verkehrt' ist.
6 Tabak und Alkohol finde ich genauso gefährlich wie andere Drogen!

Lerntipp

Dass

Man sagt, **dass** Drogenprobleme uns alle **angehen**.

Er meint, **dass** das vor allem ein Problem für junge Leute **ist**.

Man denkt, **dass** Drogenkonsum gesundheitsschädlich **ist**.

Sie findet, **dass** Tabak und Alkohol auch Drogen **sind**.

Siehe Grammatik, 4.5

4 Noch etwas!

Sieh dir die Antworten von Übung 3 an und bilde Sätze dazu. Du kannst auch andere Sätze bilden, wenn du möchtest.

Beispiel

Klaus meint, dass …

... meint, dass ...   ... findet, dass ...   ... sagt, dass ...

... denkt, dass ...   ... glaubt, dass ...

5 Was meinst du?

Lies die Interviews in Übung 2 noch einmal. Womit bist du (nicht) einverstanden? Schreib zwei Listen ins Heft.

Beispiel

EINVERSTANDEN	NICHT EINVERSTANDEN
Sogar Schokolade ist eine Droge und kann zur Sucht werden.	Tabak und Alkohol können einen nicht töten.

6 Liebe Tante Meike

Jugendliche schreiben an Tante Meike. Sie beschreiben darin ihre Probleme. Lies die Briefe und wähl die beste Antwort auf jeden Brief aus. Wenn du eine bessere Antwort hast, schreib sie auf!

1

Liebe Tante Meike,
wie viel kann ich rauchen, bevor ich Lungenkrebs bekomme? Ab und zu rauche ich eine Zigarette, aber ich habe seit kurzem Angst vor Lungenkrebs. Auf dem Paket heißt es, dass Rauchen zu Lungenkrebs führen kann. Ich möchte jetzt wissen, wie viel ich rauchen kann, bevor das Risiko zu groß wird. Ich rauche nur fünf bis zehn Zigaretten pro Tag. Bin ich gefährdet?

Tante Meikes Antwort

a) Beim Rauchen gibt es gar kein Gesundheitsrisiko. Rauch so viel, wie du möchtest.

b) Es ist unmöglich zu sagen, wie viel man rauchen kann, bevor man Lungenkrebs bekommt. Wenn du kein Risiko eingehen willst, rauch gar nicht.

c) *Deine Antwort …*

2

Liebe Tante Meike,
ist mein Vater Alkoholiker? Mein Vater trinkt sehr viel. Oder genauer gesagt, sehr oft. Er trinkt nur drei Flaschen Bier am Abend – aber das jeden Tag. Ist er Alkoholiker? Wenn nein, wie viel muss man trinken, bevor man Alkoholiker wird? Und wie viel Alkohol kann man trinken, bevor es gesundheitsschädlich wird? Ich selber trinke keinen Alkohol.

Tante Meikes Antwort

a) Viele behaupten, dass man nur kleine Mengen Alkohol trinken muss um Alkoholiker zu sein. Am besten passt du auf, dass sein Alkoholkonsum sich nicht steigert, weil er dann große Probleme haben könnte.

b) Ein Alkoholiker ist jemand, der mindestens zehn Flaschen Bier am Abend trinkt. Also ist dein Vater bestimmt kein Alkoholiker.

c) *Deine Antwort …*

7 Dein Brief

Schreib einen Brief an Tante Meike. Das Problem muss mit Rauchen, Trinken oder Drogenkonsum zu tun haben.

Beispiel

Liebe Tante Meike,
meine Schwester hat neulich angefangen zu rauchen …

1 Gesund oder schlaff?

Willst du gesund leben? Weißt du, ob du gesund lebst? Prof. Heidegger von der Universität Blomberg bietet acht Ratschläge für ein gesundes Leben, aber es sind auch zwei unsinnige dabei.

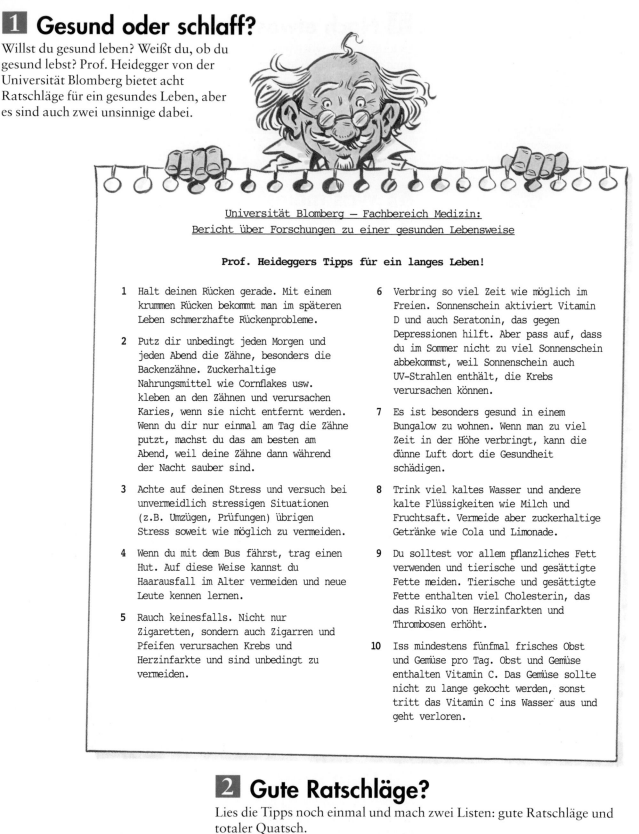

Universität Blomberg — Fachbereich Medizin:
Bericht über Forschungen zu einer gesunden Lebensweise

Prof. Heideggers Tipps für ein langes Leben!

1 Halt deinen Rücken gerade. Mit einem krummen Rücken bekommt man im späteren Leben schmerzhafte Rückenprobleme.

2 Putz dir unbedingt jeden Morgen und jeden Abend die Zähne, besonders die Backenzähne. Zuckerhaltige Nahrungsmittel wie Cornflakes usw. kleben an den Zähnen und verursachen Karies, wenn sie nicht entfernt werden. Wenn du dir nur einmal am Tag die Zähne putzt, machst du das am besten am Abend, weil deine Zähne dann während der Nacht sauber sind.

3 Achte auf deinen Stress und versuch bei unvermeidlich stressigen Situationen (z.B. Umzügen, Prüfungen) übrigen Stress soweit wie möglich zu vermeiden.

4 Wenn du mit dem Bus fährst, trag einen Hut. Auf diese Weise kannst du Haarausfall im Alter vermeiden und neue Leute kennen lernen.

5 Rauch keinesfalls. Nicht nur Zigaretten, sondern auch Zigarren und Pfeifen verursachen Krebs und Herzinfarkte und sind unbedingt zu vermeiden.

6 Verbring so viel Zeit wie möglich im Freien. Sonnenschein aktiviert Vitamin D und auch Seratonin, das gegen Depressionen hilft. Aber pass auf, dass du im Sommer nicht zu viel Sonnenschein abbekommst, weil Sonnenschein auch UV-Strahlen enthält, die Krebs verursachen können.

7 Es ist besonders gesund in einem Bungalow zu wohnen. Wenn man zu viel Zeit in der Höhe verbringt, kann die dünne Luft dort die Gesundheit schädigen.

8 Trink viel kaltes Wasser und andere kalte Flüssigkeiten wie Milch und Fruchtsaft. Vermeide aber zuckerhaltige Getränke wie Cola und Limonade.

9 Du solltest vor allem pflanzliches Fett verwenden und tierische und gesättigte Fette meiden. Tierische und gesättigte Fette enthalten viel Cholesterin, das das Risiko von Herzinfarkten und Thrombosen erhöht.

10 Iss mindestens fünfmal frisches Obst und Gemüse pro Tag. Obst und Gemüse enthalten Vitamin C. Das Gemüse sollte nicht zu lange gekocht werden, sonst tritt das Vitamin C ins Wasser aus und geht verloren.

2 Gute Ratschläge?

Lies die Tipps noch einmal und mach zwei Listen: gute Ratschläge und totaler Quatsch.

Beispiel

Gute Ratschläge	Totaler Quatsch
1	

3 Noch etwas!

Welche fünf der acht guten Ratschläge findest du am besten? Ordne sie in der Reihenfolge der Wichtigkeit.

Beispiel

5, …

4 ▭ Das Geheimnis eines langen Lebens!

Prof. Heidegger ordnet jetzt die fünf besten Ratschläge in der Reihenfolge der Wichtigkeit. Hör gut zu. Hast du dieselbe Reihenfolge wie er? Wenn ja, ‚gewinnst' du ein langes und gesundes Leben!

Beispiel

5, …

5 Gisela/Gerold Gesund oder Steffi/Stefan Schlaff?

Stell dir vor, du bist Gisela/Gerold Gesund oder Steffi/Stefan Schlaff. Was isst und trinkst du? Was für ein Leben führst du? Und was machst du (nicht!) um dich fit zu halten? Gib eine kurze Beschreibung davon und illustriere sie, wenn du möchtest.

Beispiel

Steffi Schlaff: Ich stehe jeden Morgen um halb elf auf.

6 Präsentation

Was machst du um dich fit zu halten? Du hast zehn Minuten um dir Notizen zu machen. Dann musst du mindestens zwei Minuten darüber sprechen, was du machst um dich fit zu halten und gesund zu leben.

Beispiel

Für mich ist gesundes Leben sehr wichtig.

Prüfungstraining

1  Hören

Friedhelm und Herbert kaufen im
Supermarkt ein. Hör gut zu. Welche Sachen
erwähnen sie?
Beispiel
f, ...

2 Sprechen

Give a short presentation about food and drink. Use the following ideas to help you.
Beispiel
Ich esse unheimlich gern Gemüse.

- Sag, was du gern und am liebsten isst.
- Sag, was du nicht gern isst und am wenigsten magst.
- Sag, ob du besondere Essgewohnheiten hast
  (z.B. ob du vegetarisch lebst oder allergisch gegen
  etwas bist).

- Sag, ob das, was du gern isst, auch gesund ist.
- Beschreib dein Lieblingsfrühstück oder
  Mittagessen.
- Beschreib dein ‚Albtraumfrühstück‘ oder
  ‚Albtraummittagessen‘.

3 Lesen

Lies die Texte und ergänze die Sätze unten mit Wörtern aus dem Kästchen.

Lebensmittelzusätze

Aromastoffe
In Laborversuchen hat man
herausgefunden, dass
Aromastoffe im Allgemeinen
harmlos sind. Man ist bei
Aromastoffen nicht so streng
wie bei den meisten anderen
Lebensmittelzusätzen.

Farbstoffe
Einige Leute behaupten, dass
alle Ersatzfarbstoffe gefährlich
sind. Von einer ursprünglichen
Liste von 1957 mit 30 erlaubten
Farbstoffen sind 13 eventuell
krebserregend und deshalb
jetzt in der EU verboten.
Diejenigen, die als besonders
gefährlich betrachtet werden,
sind: E123 (rot), E151
(schwarz), E122 (violett), E132
(grün), E131 (blau), E124 (rot),
E104 (gelb), braun FK, blau
FCF und braun HT.

Antioxidationsmittel
Antioxidationsmittel hindern
Fette und Öle daran mit dem
Sauerstoff in der Luft zu
reagieren und Lebensmittel
ranzig zu machen. Die
umstrittensten sind E320 und
E321 (Hydroxytoluene). Diese
werden in manchen Ländern
verboten, weil sie in großen
Mengen Nieren- und
Leberschäden sowie
Haarausfall verursachen
können.

Konservierungsmittel
Das meistgebrauchte
Konservierungsmittel ist
Schwefeldioxid, das diesen
ganzen Nahrungsmitteln
hinzugefügt wird. Es tötet das
Vitamin B1 und man vermutet,
dass es große Mengen genetis-
cher Mutationen
verursacht.

Beispiel
1 Im Großen und Ganzen sind Aromastoffe
   nicht <u>gesundheitsschädlich</u>.
2 Man ist bei Aromastoffen nicht so ____ wie bei
   den meisten anderen Lebensmittelzusätzen.
3 1957 hat man eine Liste mit 30 ____
   Farbstoffen aufgestellt.
4 Jetzt weiß man, dass 13 davon ____
   krebserregend sind.
5 ____ hindern Fette daran Lebensmittel ranzig
   zu machen.
6 Einige Antioxidationsmittel können ____
   verursachen.
7 Das ____ Schwefeldioxid tötet das Vitamin B1.
8 In großen Mengen kann Schwefeldioxid ____
   ____ verursachen.

Haarausfall   erlaubten   eventuell   streng

Konservierungsmittel   Farbstoffe   Antioxidationsmittel

gesundheitsschädlich   genetische Mutationen

4 Schreiben

Schreib einen Brief an einen/eine Briefpartner/in.
Schreib 100 Wörter zum Thema ‚Essen‘.

- Beschreib das, was du zu Hause isst und wie du es findest.
- Beschreib das, was du gern und nicht gern isst. Warum?
- Sag, ob du und deine Familie gesunde Sachen essen.
- Sag, ob du deine Essgewohnheiten verbessern könntest und wie.
- Frag ihn/sie, was er/sie zu Hause isst und ob das Essen anders ist als hier.
- Frag ihn/sie, was er/sie gern und nicht gern isst und warum.

Beispiel

Hier in Yorkshire essen viele Leute Blutwurst. Das finde ich ekelhaft.

Selbstlernkassetten

1 ▭ Aussprache

Hör gut zu und wiederhole.

Summ, summ, summ, Bienchen summ herum.

Summ, summ, summ, Bienchen summ herum.

Ei, wir tun dir nichts zu Leide, flieg' nur aus in Wald und Heide.

Summ, summ, summ, Bienchen summ herum.

Summ, summ, summ, Bienchen summ herum.

Such in Blumen, such in Blümchen, dir ein Tröpfchen, dir ein Krümchen.

Summ, summ, summ, Bienchen summ herum.

2 ▭ Seifenoper

Hör dir die fünfte Episode der Serie an.

Zusammenfassung

Themen

		Seite	Vokabeln
1	Essen und Hygiene	64-65	AB 80
2	Im Geschäft	66-67	AB 81-84
3	Mahlzeit!	70-71	–
4	Drogen, Alkohol und Rauchen	72-73	AB 93
5	Gesundheit	74-75	AB 94

Grammatik

	Seite	Arbeitsblatt	Grammatik
gern, nicht gern, lieber, am liebsten	64	76	12
sollen im Konditional	65	77-78	2.15
dass	73	92	4.5

Besonderes

	Seite	Arbeitsblatt
Lesepause	68-69	87
Prüfungstraining	76-77	–
Extra	152	–

6 Unterwegs

LERNPUNKTE

- **Thema 1: Im Verkehrsamt**
  Ich möchte eine Broschüre
- **Thema 2: Geld wechseln**
  Wie steht der Kurs heute?
- **Thema 3: Auto fahren**
  Da war ein Brummen
- **Thema 4: Verlorene Sachen**
  Wie sieht es aus?
- **Thema 5: Urlaubserfahrungen**
  Toll oder katastrophal?

1 ▭ Die Pauschalreise

Hör gut zu und lies die Geschichte. Achtung: Auf der Kassette bekommst du mehr Informationen als hier!

Petra: Hi, hier ist Petra. Nächste Woche bringe ich eine Reisegruppe mit dem Bus nach Hohenberg.

Karl: Kann ich dir helfen einige Infos über die Gegend zu besorgen?

Petra: Das ist sehr nett von dir.

Karl: Wann kommt ihr dort an? Ich möchte mich mit dir am Busbahnhof treffen.

Petra: Samstag um 17 Uhr.

Karl: Bis dann. Tschüss!

Beamter: Hier gibt es Kinos, Theater, Museen usw. Hier ist ein Prospekt darüber ... Hier kann man Inlineskates fahren, Wasserski laufen und rudern. ... Ein Stadtplan und eine Straßenbahnkarte. Bitte schön! ... Im Sportzentrum kann man rudern und windsurfen. Hier sind einige Infos darüber. ... Fahrräder kann man an zehn verschiedenen Orten in der Stadt ausleihen ... und eine Hotelliste und eine Liste der Jugendherbergen. Bitte schön! ... In der Stadtmitte gibt es viele tolle Eiscafés und Hamburgerrestaurants. ... Hier ist ein Restaurantverzeichnis. Freitags gibt es eine Disko im Ratskeller neben dem Rathaus. Hier sind Infos darüber.

Karl: Vielen Dank für Ihre Hilfe.

Karl: Hi, Petra, ich muss dir unbedingt erzählen, was es hier alles für Jugendliche gibt!

Petra: Jugendliche?! Die Mitglieder dieser Gruppe sind aber alle zwischen 60 und 80 Jahre alt!

2 ▭ Was hat man gefragt?

Hör noch einmal zu. Welche dieser Fragen und Sätze sind in der Geschichte?

Beispiel

1, ...

1 Gibt es hier etwas Interessantes für Jugendliche?
2 Was für Sportmöglichkeiten gibt es?
3 Ich möchte Infos über das Inlineskates-Fahren und Rudern.
4 Ich hätte gern eine Karte von der Gegend.
5 Haben Sie auch einen Stadtplan und eine Straßenbahnkarte?
6 Wo kann man hier Fahrräder ausleihen?
7 Ich hätte gern eine Hotelliste.
8 Haben Sie eine Liste der Restaurants?
9 Ich möchte einen Busfahrplan.

1 Nietmann
2 Schablitz
3 Hirschhausen
4 Köhler

3 📼 Ein Zimmer mit Dusche, bitte

Dirk arbeitet im Verkehrsamt. Vier Besucher brauchen ein Zimmer.
Hör gut zu und füll die Tabelle aus.
Beispiel

Name	braucht
1 Nietmann	Hotel in ruhiger Lage

4 Das beste Hotel

Sieh dir diese Hotelinfos an. Was ist das beste Hotel für jeden Besucher?
Beispiel

Nietmann: Hotel zur Glocke

Hotel zur Glocke
Am Stadtrand gelegen,
25 Einzelzimmer u. 50
Doppelzimmer, Zimmer
mit Dusche/Bad/WC,
Balkon, Seniorener-
mäßigung, Blick auf die
Heide, Frühstück bis 12
Uhr, Hunde willkommen.

Hotel Alte Mühle
100 Betten, Zimmer mit
fl. warm. u. kalt. Wasser,
Mini-Bar, Klimaanlage,
Zimmersafe u.
Selbstwähltelefon,
Terrasse, Hallenbad,
Kegelbahn, Balkon,
Bierstube mit 60 Plätzen,
Blick auf den Flughafen.

Hotel Kreuz
100 Einzelzimmer u.
50 Doppelzimmer,
Zimmer mit
Dusche/Bad/WC,
Sauna und Solarium,
Tiefgarage,
Kinderbetten, SAT-TV,
Fitnessraum, kinder- u.
hundefreundlich,
Frühstücksbüffet.

Lerntipp

(möchten)/(hätten gern)

ich möchte	ich hätte gern
er/sie/es/(usw.) möchte	er/sie/es/(usw.) hätte gern
wir möchten	wir hätten gern
sie möchten	sie hätten gern

Siehe Grammatik, 2.6

Schablitz: 13.–15. September

Hirschhausen: 8.–11. August

5 📼 Dirks Reservierung

Jetzt reserviert Dirk ein Zimmer für Herrn Nietmann.
Hör zu und schreib die fehlenden Wörter auf.
Beispiel
(a) – ein Doppelzimmer; **(b)** – ...

– Hallo. Haben Sie noch Zimmer frei?
– Ja. Möchten Sie ein Einzelzimmer oder ein
  Doppelzimmer?
– **(a)** ____, bitte.
– Mit Bad oder Dusche?
– **(b)** ____, bitte.
– Für wie viele Nächte?
– Für **(c)** ____ Nächte, vom **(d)** ____ bis zum
  (e) ____ **(f)** ____.
– Das Zimmer kostet **(g)** ____ Mark die Nacht.
– Ist das mit Frühstück?
– **(h)** ____.
– Ich nehme es.
– Wie ist der Name?
– **(i)** ____.

6 Reservieren

Sieh dir diese Infos an und macht Dialoge zu zweit.
Beispiel
(Schablitz)
A: Hallo. Haben Sie noch Zimmer frei?
B: Ja ...

1 📼 Jetzt ist das Spiel aus!

Langfinger hat eine Bank beraubt und will das ‚heiße' Geld schnell loswerden. Hör zu und lies die Bildergeschichte.

2 📼 Fragen

Hör noch einmal zu und beantworte folgende Fragen:
Beispiel
1 Dreihunderttausend Mark.

1 Wie viel Geld will Langfinger auf der Bank wechseln?
2 Warum kann die Bank das nicht machen?
3 Wie viel Geld will Langfinger in der Wechselstube wechseln?
4 Warum läuft er aus der Wechselstube raus?
5 Was für ein Problem hat Langfinger?

3 In der Wechselstube

Macht Dialoge zu zweit.

A: Ich möchte etwas Geld wechseln. Wie steht der Kurs heute?
B: Welche Währung?
A: Dollar/Franc/Lire/Pfund.
B: Für eine Mark bekommen Sie **XX Dollar/ Franc/Lire/Pfund**. Wie viel Geld möchten Sie wechseln?
A: XX Mark.
B: So, … insgesamt **XX Dollar/Franc/Lire/ Pfund**. Bitte schön.
A: Danke schön.

4 🔊 Jetzt ist das Spiel wirklich aus!

Die Polizei hat Langfinger auf der Kassette ertappt. Hör zu und lies das Gespräch im Postamt.

Langfinger: Was kostet eine Postkarte nach Italien, bitte?	**Beamtin:** Was?
Beamtin: Achtzig Pfennig.	**Langfinger:** Hier sind die 100.000 Mark.
Langfinger: OK. Und eine Postkarte nach Polen?	**Beamtin:** In Zehnmarkscheinen??
	Langfinger: Ja.
Beamtin: Nach Polen? Auch 80 Pfennig.	**Beamtin:** Und Ihre Briefmarken. Bitte schön.
Langfinger: Und was kostet ein Brief nach England?	
Beamtin: Eine Mark.	**Inspektor:** Hallo, Polizei! Langfinger! So sieht man sich wieder!
Langfinger: Das ist nicht genug.	**Langfinger:** Ah, Inspektor Schulze. Wie haben Sie mich gefunden?
Beamtin: Was? Nicht genug?	
Langfinger: Ähm … ich meine … was kostet eine Postkarte nach Australien?	**Inspektor:** Wir haben unsere Methoden … und ein Kassettenrekorder im Postamt hat uns geholfen.
Beamtin: Ääh … zwei Mark.	
Langfinger: So … 50.000 Briefmarken zu zwei Mark, bitte.	**Langfinger:** OK. Jetzt ist das Spiel wirklich aus!

5 🔊 Richtig oder falsch?

1 Auf der Post sind die Briefmarken heute ausverkauft.
2 Die Beamtin ist erstaunt, dass Langfinger so viele Briefmarken möchte.
3 Eine Postkarte nach Australien kostet weniger als eine Postkarte nach Italien.
4 Auf der Post kauft Langfinger einige Briefmarken für seine Sammlung.
5 Die Polizei findet Langfinger, nachdem er die Briefmarken gekauft hat.
6 Die Spur der Zehnmarkscheine führt die Polizei direkt zu Langfingers Haus.

6 Auf der Post

Mach Dialoge mit einem Partner/einer Partnerin auf der Post. Wähl passende Wörter um den Dialog zu ergänzen. Die Tabelle unten hilft dir dabei.

A: Was kostet **eine Postkarte/ein Brief** nach **England/Spanien/Indien/…**, bitte?
B: Nach **England/Spanien/Indien/…**? **XX Mark/Pfennig**, bitte.
A: So. **XX Briefmarke(n)** zu **XX Mark/Pfennig**, bitte.
B: Bitte schön. Das macht insgesamt **XX Mark/Pfennig**.
A: Danke schön.

	Europa	außereuropäische Länder
Postkarte	0,80	2,00
Brief	1,00	3,00

7 Liebe Mutti

Lies die Postkarte von Langfinger an seine Mutter und beantworte die Fragen.
Beispiel
1 Er ist im Gefängnis.

Liebe Mutti,
ich bin im Gefängnis. Hier ist das Essen entsetzlich und die Gesellschaft furchtbar. Die Landschaft ist sehr hässlich und das Wetter ist auch nicht gut. Ich finde es hier sehr langweilig. Diese Woche habe ich ferngesehen und in meiner Zelle gelesen. Morgen werde ich einen Spaziergang im Hof machen. Ich werde in drei Jahren nach Hause kommen.
Dein Langfinger

1 Wo ist Langfinger?
2 Wie ist das Essen dort?
3 Wie ist die Landschaft?
4 Wie findet er es im Gefängnis?
5 Was wird Langfinger morgen machen?
6 Wann kommt er nach Hause?

Jetzt schreib deine eigene Postkarte.

Lesepause

· EXPEDITION *Titanic* ·

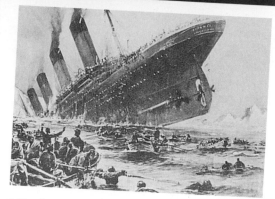

Eine Ausstellung über
- die Fahrt zu den Überresten einer Havarie zwischen dem vermeintlichen Fortschritt und einem tatsächlichen Eisberg
- die Rätsel einer Katastrophe im Atlantik
- die Spuren der Alltäglichkeit einer Vergangenheit, die noch heute nahe geht.

In Hamburg wird die Geschichte des legendären Ozeandampfers *Titanic* dokumentiert, der am 15. April 1912 während der Jungfernfahrt auf dem Weg von Europa nach Amerika im Atlantik versank.

Das Schiff, auf dem mehr Emigranten als Reisende waren, galt als unsinkbar. Mehr als 1.500 Menschen starben durch die unheilvolle Begegnung des Ozeanriesen mit einem Eisberg in einer sternklaren Nacht.

Mit dem Untergang der *Titanic* entstanden zahlreiche Geschichten und Legenden, aus denen der Mythos erwuchs. Dieser Mythos lebt weiter.

Mehr als 70 Jahre lang suchte man nach dem Wrack der Titanic. 1985 wurde es gefunden. Das Schiff, in zwei Teile zerbrochen, liegt in 3.800 Meter Tiefe auf dem Meeresboden, als sei es im Sand gestrandet. Durch einige Tauchfahrten zum Wrack sind inzwischen sehr viele Objekte vom Schiff entdeckt und gehoben worden.

Hotels

Das erste Hotel der Welt

Die Amerikaner behaupten, dass das erste Hotel der Welt, das ‚Tremont', 1829 in Boston, Massachusetts, eröffnet wurde. Es war so viel besser als die bisherigen Übernachtungsmöglichkeiten, dass man zu Recht sagen kann: Die Amerikaner haben das Hotel erfunden.

Das erste ‚Motel' der Welt

Die Amerikaner eröffneten auch das erste Hotel für Autofahrer (‚Motel') mit einem individuellen Parkplatz für jedes Zimmer. Es wurde 1924 eröffnet und davor stand ein Schild, auf dem wechselweise ein ‚H' und ein ‚M' blinkten; die übrigen Buchstaben waren ‚OTEL': So enstand das Wort ‚Motel'.

Das größte Hotel der Welt

Das größte Hotel der Welt, das ‚Waldorf Astoria', steht in New York. Dort kocht man im Durchschnitt 5.000 Liter Kaffee pro Tag und zum Personal gehören auch ein ansässiger Frauenarzt und ein Leichenbestatter. Das Hotel verfügt über 1.900 Schlafzimmer.

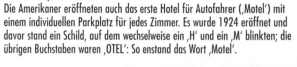

Autobahnen

L'Autostrada!

Die erste Autobahn der Welt ließ der Diktator Benito Mussolini 1924 in Italien bauen Für die alten Landstraßen baute man Brücken über die Autobahn, sodass die Autos auf der Autobahn immer freie Fahrt hatten. Aber es gab nur drei Fahrbahnen auf der Autobahn.

Die Autobahn

Der deutsche Diktator Adolf Hitler ließ in den 30er-Jahren die ersten deutschen Autobahnen bauen. Diese hatten insgesamt vier Fahrbahnen (zwei Fahrbahnen in jede Richtung) und bis 1939 gab es fast 4.000 Kilometer davon. Sie wurden durch eine Benzinsteuer finanziert.

Geraden

Nach dem Zweiten Weltkrieg kamen Inspektoren aus vielen anderen Ländern nach Deutschland um die Autobahnen zu kopieren. Sie fanden aber, dass die langen Geraden die Autofahrer müde machten und bauten deshalb sanfte Kurven in ihre eigenen Autobahnen!

Natur

Die Seitenstreifen von Autobahnen sind überraschend reich an Pflanzen und Tierleben! Das Vibrieren bringt Würmer nach oben, die Vögel anziehen. Außerdem erhöhen die Abgase das Stickstoffniveau in einigen Pflanzen, was sie schneller wachsen lässt und sie leckerer für Insekten macht.

1 [cassette] Das umweltfreundliche Auto

Hör gut zu und lies die Bildergeschichte.

2 ▭ Was ist die Antwort?

Hör noch einmal zu und wähl die richtige Antwort aus.
Beispiel
1a

1 Für das Mädchen prüft der Mechaniker ...
 a) den Luftdruck, den Ölstand, das Kühlwasser
  und die Batterie.
 b) nichts.
 c) nur den Ölstand.

2 Für Herrn Fichtel prüft der Mechaniker ...
 a) den Ölstand und die Batterie.
 b) den Luftdruck.
 c) nichts.

3 Das Mädchen kauft ...
 a) zehn Liter Super und bezahlt 20 Mark.
 b) 20 Liter Super und bezahlt zehn Mark.
 c) zehn Liter bleifrei und bezahlt 20 Mark.

4 Auf der Autobahn hat Herr Fichtel ...
 a) einen Unfall.
 b) eine Panne.
 c) keine Probleme.

5 Sein Auto ...
 a) ist total kaputt und braucht einen neuen
  Motor.
 b) hat keine Probleme mit dem Motor und ist
  bald wieder unterwegs.
 c) kann bald repariert werden.

6 Im Motor gibt es ...
 a) zu viel Motoröl. b) kein Motoröl. c) Wasser.

3 In der Werkstatt

Seht euch die Bilder an und macht Dialoge zu zweit.
Beispiel
1
A: Kann ich Ihnen helfen?
B: Ja. Können Sie bitte den Ölstand prüfen?
A: Sie brauchen etwas Öl. Ist das alles?
B: Nein. Ich brauche noch etwas Benzin.
A: Super oder bleifrei?
B: Dreißig Liter bleifrei, bitte.
A: Bitte schön. Das macht 40 Mark insgesamt.

4 Auf der Autobahn

Ordnet den Dialog und lest ihn zu zweit vor. Ändert die blau gedrucken
Wörter um neue Dialoge zu machen.
Beispiel
A: Abschleppdienst Goldfarb.

A Und wo sind Sie genau?

B Auf der **Autobahn A8, zwei Kilometer** hinter **Stuttgart**

A Ich werde jemanden dorthin schicken.

A Können Sie Ihr Auto bitte beschreiben?

A Was ist los?

B Ich habe eine Panne.

B Es ist ein **blauer Chrysler**, Kennzeichen **GH-HN 5467**

B Vielen Dank. Auf Wiederhören.

A Abschleppdienst **Goldfarb**.

B Ich weiß nicht.

1 📼 Es ist bestimmt aus Gold

Langfingers Bruder Otmar hat seine alte Reisetasche verloren. Er meldet den Verlust der Polizei.

Hör gut zu und ordne die Sachen unten. (Achtung! Einige Sachen bleiben übrig!)

Beispiel

b, …

2 📼 Noch etwas!

Sieh dir das Polizeiformular an. Leider gibt es da einige Fehler. Trag das Formular in dein Heft ein und hör noch einmal zu. Füll das Formular richtig aus.

Gegenstand	Marke	Farbe	Aus	Wert (DM)
Reisetasche	Carter	blau	Leder	–
Kassettenrekorder	Sonja	–	–	600
Fotoapparat	Olympic	–	–	100
Jacke	–	weiß	Leder	600
Paar Socken	–	grün	Nylon	} 85
Krawatte	–	grau	Seide	
Armbanduhr	Roalev	–	Silber	6.000

3 Was ist das?

Arbeitet zu zweit. Eine Person beschreibt einen Gegenstand im Klassenzimmer. Die andere Person versucht den Gegenstand zu nennen. Tauscht die Rollen. Wer von euch nennt den Gegenstand schneller?

Beispiel

A: Es ist aus Kunststoff und es ist rosa. Die Marke ist Club Barato und es ist 40 Mark wert.

B: Deine Tasche?

A: Richtig. Jetzt bist du dran.

4 🔘 Tasche gefunden?

Am nächsten Tag geht Otmar zur Polizeiwache zurück um das Formular abzuholen. Hör zu und füll die Lücken in den Sätzen unten aus.

Beispiel
1 billiger

1 Die Sachen in der Tasche sind alle viel ____ als Otmars Sachen.
2 Die Jacke in der Tasche ist ____ als Otmars Jacke.
3 Die Armbanduhr ist viel ____ als Otmars Armbanduhr.
4 Der Kassettenrekorder in Otmars Beschreibung ist viel ____ als der Kassettenrekorder in der Tasche.
5 Sein Fotoapparat ist auch ____ als derjenige in der Tasche.
6 Die Tasche selber ist viel ____, ____ und ____ als Otmars neue Tasche.

Lerntipp

Komparative

Otmars Fotoapparat ist viel **billiger** als der Fotoapparat in der Beschreibung.
Die Jacke in der Beschreibung ist viel **wertvoller** als die Jacke in der Tasche.
Die Kleider in der Tasche sind **älter** und **hässlicher** als Otmars Kleider.

Siehe Grammatik, 9.3

5 Noch etwas!

Wie viele andere Sätze kannst du bilden?

Beispiel
Die Kleider in der Tasche sind viel billiger als die Kleider in der Beschreibung.

	Jacke			neuer	
	Tasche			älter	
Der	Armbanduhr			billiger	
Die	Sachen	in der Tasche	ist	teuerer	als …
Das	Kleider	in der Beschreibung	sind	altmodischer	
	Fotoapparat			hässlicher	
	Kassettenrekorder			schöner	
	Hemd			wertvoller	

6 Sehr geehrte Damen und Herren

Du hast etwas gekauft (z.B. einen Geschenkkorb), aber es entspricht keineswegs der Beschreibung im Prospekt. Schreib einen Brief an den Hersteller und beschwer dich darüber.

Beispiel

> Widmerpool, den 12. März
>
> Sehr geehrte Damen und Herren,
> neulich habe ich einen Geschenkkorb von Ihnen gekauft, aber die Sachen sind alle viel kleiner als die Sachen in der Beschreibung Ihres Prospektes. Zum Beispiel ist die Flasche Wein viel kleiner …

1 Rentner gehen windsurfen!

Petras Gruppe (siehe Thema 1) ist jetzt nach Hause gefahren.
Lies diesen Brief.

Stuttgart, den 23. August

Lieber Boris,

wie geht's dir? Ich bin gerade aus meinem Urlaub zurückgekommen – und da habe ich etwas erlebt!

Ich habe eine Pauschalreise gemacht, und zwar bin ich mit einer Seniorengruppe mit dem Bus nach Hohenberg gefahren. Der Urlaub war aber für Jugendliche gedacht.

Die Unterkunft war in einer Jugendherberge, wo wir unsere Betten selbst machen und beim Abspülen helfen mussten. Bei der Ankunft wollte ich schon nach Hause fahren!

Am ersten Tag sollten wir windsurfen gehen. Ich war

1

---

entsetzt! Zum Glück hatte ich aber meinen Badeanzug dabei! Nach zehn Minuten hat der erste von uns es probiert und innerhalb von einer halben Stunde waren wir alle auf dem Wasser (außer meiner Freundin Johanna und drei anderen Miesepetern!). Danach hat fast die ganze Gruppe den ganzen Tag lang mit Windsurfen verbracht.

Danach war der Rest der Woche einfach prima! Wir sind schwimmen, wandern und rudern gegangen. Am Freitagabend sind wir fast alle in die Disko gegangen, wo wir die ganze Nacht lang getanzt haben! Die Miesepeter sind aber in der Jugendherberge geblieben und haben Kakao getrunken!

Nächstes Jahr machen wir es bestimmt noch einmal!

Deine Karola

2

2 Zusammengefasst!

Ordne diese Sätze so, dass du eine Zusammenfassung des Briefes bekommst.
Beispiel
6, ...

1 Die Miesepeter (einschließlich Johanna) sind stattdessen in der Jugendherberge geblieben und haben Kakao getrunken.
2 Karola möchte nächstes Jahr wiederkommen.
3 Am Freitagabend ist Karola in die Disko gegangen und sie hat bis spät in die Nacht getanzt.
4 Der Rest der Woche ist für Karola gut gegangen und der Urlaub hat ihr unheimlich Spaß gemacht.
5 Man hatte ein Programm für Jugendliche organisiert und am ersten Tag ist Karola windsurfen gegangen.
6 Karola ist mit dem Bus nach Hohenberg gefahren, aber der Urlaub war nicht gerade so, wie sie es erwartet hatte.
7 Die Gruppe musste in einer Jugendherberge übernachten. Am Anfang war Karola gar nicht zufrieden.

Lerntipp

Perfekt mit *sein*

ich bin	
du bist	zurückgekommen.
er/sie/es/(usw.) ist	gegangen.
wir sind	gefahren.
ihr seid	geblieben.
Sie sind	
sie sind	

Siehe Grammatik, 2.9

3 🔲 Der Miesepeter

Wieder zu Hause, und Johanna bespricht den Urlaub mit ihrer Tochter. Hör zu und lies die Sätze. Wer hat das im Urlaub gemacht: Karola, Johanna oder beide?
Beispiel
1 beide

1 ... musste/mussten ihr Bett selbst machen.
2 ... musste/mussten beim Abspülen helfen.
3 ... ist/sind windsurfen gegangen.
4 ... ist/sind schwimmen gegangen.
5 ... ist/sind wandern gegangen.
6 ... ist/sind rudern gegangen.
7 ... hat/haben sich ständig beklagt.
8 ... ist/sind in die Disko gegangen.
9 ... hat/haben Kakao getrunken.
10 ... hat/haben den Urlaub lustig gefunden.

4 Was bedauerst du?

Lies den Artikel aus KLARO-Magazin.

Hast du schlechte Urlaubserfahrungen gemacht? Was hat dir nicht gefallen?

Dieses Jahr habe ich den schlimmsten Urlaub meines Lebens gehabt – und alles wegen dem doofen Trottel im Verkehrsamt! Im Hotel gab es weder Fernseher noch Kinderbetten und vom Frühstück gab es keine Spur! Es war ein Albtraum! Das ist das letzte Mal, dass ich das Verkehrsamt ein Hotelzimmer für mich buchen lasse!
Wolfgang Schablitz

Dieses Jahr hat das Verkehrsamt das falsche Hotel für mich gebucht. Ich wollte ein Hotel mit Blick auf die Berge, aber mein Hotel war doch neben dem Flughafen! Außerdem musste mein lieber Mitzi im Auto schlafen und er hat einen furchtbaren Schnupfen bekommen! Das nächste Mal mache ich es selber!
Herbert Köhler

Meine schlimmste Urlaubs-erfahrung war eine Panne mit meinem neuen Auto auf dem Weg zum Flughafen. Ich sollte mit einer Kollegin nach Italien fliegen, aber schließlich musste ich meine Pläne ändern und einen neuen Motor fürs Auto kaufen. Zehntausend Mark ausgegeben und keinen Urlaub! Was für ein Pech!
Ulrich Fichtel

Letztes Jahr, als ich im Urlaub war, hat mir jemand meine Tasche geklaut. Ich habe den Verlust der Polizei gemeldet, aber wegen der Versicherung war ich ein bisschen ... großzügig in Bezug auf den Wert der Gegenstände darin. Das mache ich aber nie wieder – unglücklicherweise hatte man die Tasche gefunden und ich musste die nächsten sechs Monate im Gefängnis verbringen.
Otmar Huber

Ich weiß nicht, ob ich es ‚Urlaub' nennen kann, aber im Moment verbringe ich drei Jahre außer Haus! Ehrlich gesagt ist es der schlimmste ‚Urlaub' meines Lebens – und alles, weil ich ein kleines ‚Ding' in einer Bank gedreht habe. Ich bedaure es sehr und werde es nie wieder machen! Ich freue mich auf meine Rückkehr.
Langfinger Huber

5 Fragen

Lies den Artikel noch einmal und beantworte folgende Fragen.
Beispiel
1 (In Wolfgangs Hotel gab es keine) Kinderbetten, Fernseher oder Frühstück.

1 Was gab es in Wolfgangs Hotel nicht?
2 Wo war Herbert Köhlers Hotel?
3 Wo musste Mitzi übernachten?
4 Welches Problem hatte Ulrich auf den Weg zum Flughafen?
5 Was musste Ulrich kaufen?
6 Was hat man Otmar geklaut, als er im Urlaub war?
7 Wo hat Otmar die nächsten sechs Monate verbracht?
8 Wie lange ist Langfinger außer Haus?
9 Was bedauert Langfinger?

6 Quiz

Mach ein Quiz mit einem Partner/einer Partnerin. Wähl einen Satz aus einem Text oben und stell die Frage: Wer ist das? Wer von euch errät die meisten Personen?
Beispiel

A Er verbringt seinen Urlaub im Gefängnis.   **B** Das ist Langfinger.

7 Wenn ich das gewusst hätte!

Hast du schlechte Urlaubserfahrungen gemacht? Schreib einen kurzen Aufsatz darüber. Wenn du keine schlechten Erfahrungen gemacht hast, erfinde eine furchtbare Geschichte!
Beispiel
Meine schlimmste Urlaubserfahrung war ...

Prüfungstraining

1 Hören

Im Fundbüro. Hör gut zu und füll die Tabelle mit den fehlenden Infos aus.

Name	Gegenstand	Ort	Farbe	Material	Marke
1 Kinkel	*Reisetasche*	Eiscafé Roma		Nylon	Kopf
2 Vogel	Fotoapparat		schwarz		Sonko
3 Kohl	Mantel				Holzland
4 Strauß				Kunststoff	Delilamite

2 Sprechen

You have just come back from holiday, and had a terrible time. Describe it to your partner.
- Sag, wohin du gefahren bist.
- Beschreib den Ferienort, die Unterkunft, die Gesellschaft, das Wetter, die Landschaft und das Essen.
- Sag, dass dein Urlaub schlecht war.
- Frag deinen Partner/deine Partnerin, wie seine/ihre Ferien waren.

Beispiel

A: In unserem Hotel war das Essen furchtbar.
B: Und wie war das Wetter?

3 Lesen

Lies die Briefe an ein Reisebüro.

... am dritten Tag ist das Klo total kaputtgegangen. Wir mussten sechs Stockwerker tiefer die Treppe hinuntergehen um die Toiletten dort zu benutzen und um uns zu waschen. Außerdem war das Wasser aus den Wasserhähnen meistens schmutzig und manchmal grau ...

Uli Klein, Köln. Geld zurück

... das Personal im Hotel war unglaublich unhöflich. Man hat mich wie einen Idioten behandelt. Außerdem hat man mir nichts ausgerichtet, obwohl mich zehn Freunde angerufen haben, und man hat mich gezwungen, meine vier kleinen Hunde die ganze Zeit im Auto zu lassen ...

Jakob Schläucher, München. Kein Geld zurück

... ich meine eigentlich, die meisten Hunde bekommen besseres Essen. Unser Hund auch. Die Mahlzeiten wurden mit bis zu zwei Stunden Verspätung serviert, und als das Essen endlich kam, war es kalt und meistens undefinierbar und die Teller waren schmutzig und hatten oft einen Sprung. Im Eßzimmer gab es überall Fliegen und Insekten ...

Walter Müller, Dresden. Geld zurück

... das Hotel war nur zum Teil fertiggestellt! Draußen vor unserer Tür war ein Brett über einem Loch in der Wand angebracht und hinter dem Brett war... nichts! Und das im sechsten Stock! Außerdem funktionierte das Licht nur bei Tag, man konnte die Tür kaum zumachen und man konnte die Fenster gar nicht aufmachen ...

Sonja Bloemerz, Friedrichshafen. Geld zurück

Jetzt beantworte die Fragen in ganzen Sätzen.
Beispiel
1   Sie musste sechs Treppen hinuntergehen.

1   Was musste Uli Klein machen um die Toilette zu benutzen?
2   Wie war das Wasser, das aus den Wasserhähnen in Ulis Hotel floss?
3   Wie hat das Personal Jakob in seinem Hotel behandelt?
4   Wo mussten Jakobs Hunde übernachten?
5   Nenne zwei Probleme, die Walter mit dem Essen in seinem Hotel gehabt hat.
6   Was gab es überall im Esszimmer von Walters Hotel?
7   In welchem Stock war Sonjas Zimmer?
8   Warum konnte Sonja nachts nichts sehen?
9   Nenne zwei andere Probleme, die Sonja in ihrem Zimmer gehabt hat.

4 Schreiben

Schreib an ein Verkehrsamt in Deutschland. Du fährst bald nach Deutschland und möchtest Informationen über Unterkunft und Unterhaltungsprogramme.
- Nenne das Datum und deinen Wohnort und gib Informationen über deine Reise.
- Bitte um eine Reservierung und Informationsmaterial über die Stadt/Gegend und Unterhaltungsmöglichkeiten.

Selbstlernkassetten

1 Aussprache
Hör gut zu und wiederhole.

> *Der Koch roch auch nachts noch nach Knoblauch!*

2 Seifenoper
Hör dir die sechste Episode der Serie an.

Zusammenfassung

Themen

		Seite	Vokabeln
1	Im Verkehrsamt	78-79	AB 102
2	Geld wechseln	80-81	AB 104
3	Auto fahren	84-85	AB 107
4	Verlorene Sachen	86-87	AB 111
5	Urlaubserfahrungen	88-89	AB 113

Grammatik

	Seite	Arbeitsblatt	Grammatik
möchten/hätten gern	79	97	2.6
Komparative	87	109	9.3
Perfekt mit *sein*	88	112	2.9

Besonderes

	Seite	Arbeitsblatt
Lesepause	82-83	105
Prüfungstraining	90-91	–
Extra	153	–

7 Dieses Jahr, nächstes Jahr

LERNPUNKTE
- **Thema 1: Die Qual der Wahl**
  Wo mache ich mein Berufspraktikum?
- **Thema 2: Praktikum zu Ende**
  Hast du gute Erfahrungen gemacht?
- **Thema 3: Berufswünsche**
  Was will ich denn werden?
- **Thema 4: Und nächstes Jahr?**
  Der erste Schritt

1 Die Qual der Wahl

Lies diese Ausschnitte.

Wo machst du dein Berufspraktikum?

◀ Ich bin nicht sicher. Ich interessiere mich für Autos und möchte, wenn es geht, ein Praktikum in der Autoindustrie machen. In der Produktion vielleicht oder im Designteam. Diese Praktikumsplätze sind aber sehr gefragt und man hat nicht immer Glück. Wenn das nicht klappt, würde ich gern in einer Kfz-Werkstatt arbeiten.
Norman (16 Jahre)

▶ Zur Zeit habe ich noch keinen festen Praktikumsplatz. Ich interessiere mich für die Medien und würde mein Berufspraktikum ganz gern in einem Theater oder in der Filmindustrie machen. Oder möglicherweise bei einer Zeitung. Ich weiß aber nicht, ob ich ein interessantes Praktikum finden kann.
Anna-Lena (16 Jahre)

▲ Das steht noch nicht fest. Ich bin Naturfreund und möchte vor allen Dingen mein Berufspraktikum im Freien machen. Auf einem Bauernhof will ich aber nicht arbeiten. Also entweder in der Forstwirtschaft oder im Umweltschutz irgendwie. Hoffentlich finde ich etwas Passendes.
Miriam (17 Jahre)

◀ Ich weiß mehr oder weniger, was ich machen will. Ich möchte entweder mit Behinderten oder mit Kindern arbeiten. Vielleicht auch mit älteren Leuten. In einem Kinderheim oder in einem Krankenhaus wahrscheinlich. Die Arbeit selbst ist bestimmt sehr anstrengend. Mal sehen, ob es mir gefällt.
Sönke (15 Jahre)

2 Wofür interessieren sie sich?

Sieh dir die Berufsbranchen unten an und mach dir Notizen über die Jugendlichen oben. (Du brauchst nicht alle Wörter im Kasten.)
Beispiel
Norman interessiert sich für die Autoproduktion und ...

Achtung!
Dativ im Plural

Nom.	(die) Kinder	(die) Behinderte
Dat.	(mit) Kinder**n**	(mit) Behinderte**n**

Siehe Grammatik, 10.2

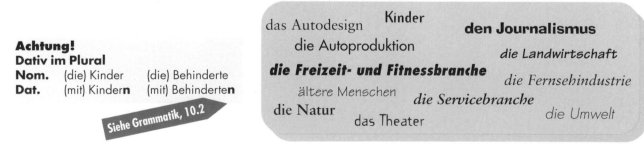

das Autodesign Kinder **den Journalismus**
die Autoproduktion
die Landwirtschaft
die Freizeit- und Fitnessbranche
die Fernsehindustrie
ältere Menschen *die Servicebranche*
die Natur die Umwelt
das Theater

3 🔘 Was passt am besten?

Sechs Schüler/innen sprechen über mögliche Praktikumsplätze. Hör gut zu und wähl zwei passende Praktikumsplätze für jede Person aus.

Beispiel

1 – e, p

4 Bist du sicher?

In welcher Branche würdest du gern ein Praktikum machen? Was würdest du bestimmt nicht machen? Was wäre auch eine Möglichkeit? Mach dir Notizen.

Beispiel

Das interessiert mich	Das interessiert mich nicht	Vielleicht
mit Behinderten	in der Sport- und Fitnessbranche	in den Medien

5 Partnerarbeit

Übt den Dialog unten zu zweit. Dann ändert die blau gedruckten Wörter und spielt den neuen Dialog vor.

A: Möchtest du ein Berufspraktikum **in der Forstwirtschaft** machen?

B: Nein, bestimmt nicht **in der Forstwirtschaft**. Ich möchte entweder einen Praktikumsplatz **in einem Büro** oder in der **Service**branche.

A: Würdest du gern mit **Tieren** arbeiten?

B: Das interesssiert mich sehr, aber ich habe mein erstes Praktikum **im Zoo** gemacht. Diesmal suche ich also einen Praktikumsplatz **in einem Reisebüro** oder vielleicht **in einer Bank**. Und du? Was machst du denn?

A: Ich will bestimmt nicht wieder in der **Wurst**produktion arbeiten. Es steht noch nicht fest, aber diesmal will ich mein Berufspraktikum in der **Computer**industrie machen. Wenn das nicht klappt, will ich etwas in der **Freizeit- und Fitness**branche machen.

6 Und du?

Schreib einen Artikel zum Thema ‚Berufspraktikum‘.

• Wo würdest du am liebsten ein Berufspraktikum machen? Warum?

• Wo möchtest du bestimmt nicht arbeiten? Warum nicht?

Beispiel

Ich weiß mehr oder weniger, was ich machen will. Ich …

1 Das JUFO-Interview

Lies die Interviews.

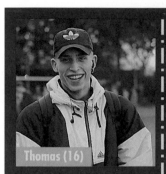

Thomas (16)

Jennifer (16)

Marusja (15)

Michael (16)

JUFO
Thomas, du warst mit deinem Praktikum sehr zufrieden. Was hast du denn gemacht?

Thomas
Ich habe in der Theater-werkstatt gearbeitet. Dort habe ich Kulissen bemalt und Kostüme repariert. Ich habe mit diesem Praktikums-platz viel Glück gehabt. Ich war völlig begeistert, weil ich ganz in meinem Element war. Jetzt weiß ich, dass ich einen kreativen Beruf ergreifen will.

JUFO
Haben deine Klassenkame-raden auch Glück gehabt?

Thomas
Die meisten schon. Doch zwei Freundinnen von mir haben richtig Pech gehabt. Sie mussten Akten sortieren oder sogar einkaufen gehen. Das ist ja nicht der Sinn des Praktikums.

JUFO
Jennifer und Marusja, habt ihr denn gute Erfahrungen mit dem Berufspraktikum gemacht?

Jennifer
Ich nicht. Ich habe mein Praktikum in einer Apotheke gemacht. Am ersten Tag war es noch ganz interessant. Ich habe Medikamente ausgepackt und einsortiert. Doch musste ich jeden Tag das gleiche tun. Das Schlimmste war, wenn ich stundenlang nichts zu tun hatte. Jetzt weiß ich, was mir ein Beruf bieten muss: Verantwortung übernehmen, Entscheidungen treffen und etwas leisten.

Marusja
Drei Wochen lang habe ich mit einer Freundin in einem Kindergarten gearbeitet. Furchtbar! Für 40 Kinder gab es außer uns nur drei Betreuerinnen und die Kinder haben die ganze Zeit geschrien. Wir haben stundenlang mit den Kindern Spiele gemacht und Lieder gesungen. Da war ich mittags immer total kaputt. Doch weiß ich jetzt: Ich will keine Kindergärtnerin werden!

JUFO
Und du, Michael?

Michael
Ich habe in einer Kfz-Werkstatt gearbeitet. Ich war mit dem Praktikum sehr zufrieden, weil ich etwas mit den Händen machen wollte, nicht nur schreiben, sitzen, reden. Schon am Anfang durfte ich an einem Auto etwas reparieren. Ein Freund von mir hat einen Praktikumsplatz in einer Autofabrik gefunden. Das hat ihm auch ganz gut gefallen, weil er mit computergesteuerten Maschinen arbeiten durfte.

2 Alles verstanden?

Lies die Interviews noch einmal. Verbinde die Satzteile unten.

Beispiel
1 Thomas konnte etwas Kreatives machen.

1 Thomas	haben positive Erfahrungen gemacht.
2 Thomas und Michael	haben schlechte Erfahrungen gemacht.
3 Thomas, Jennifer und Marusja	fand ihr Praktikum anstrengend.
4 Michael	haben sich Gedanken über die Zukunft gemacht.
5 Jennifer	konnte etwas Kreatives machen.
6 Marusja	wollte etwas Praktisches machen.
7 Marusja und Jennifer	hat sich oft gelangweilt.

3 📼 Gute Erfahrungen gemacht?

Katja, Stefan, Annette und Dominik reden über das Berufspraktikum.
Hör gut zu und beantworte folgende Fragen für jede Person.
Beispiel
Katja: 1a – Ja

a   Hat er/sie gute Erfahrungen gemacht? (Ja/Nein.)

b   Hat er/sie etwas Verantwortung gehabt? (Ja/Nein.)

c   Hat er/sie jetzt feste Zukunftspläne? (Ja/Nein.)

Lerntipp

Perfekt mit *haben*			**Modalverben im Imperfekt (Ichform)**			
		Partizip am Ende				**Infinitiv am Ende**
ich habe				wollte	...	machen.
du hast	...	gemacht.	ich	konnte	...	reparieren.
er/sie/es (*usw.*) hat	...	gesungen.		musste	...	tun.
wir haben	...	ausgepackt.		durfte		
ihr habt	...	bemalt.				
Sie haben						
sie haben						

Siehe Grammatik, 2.9   *Siehe Grammatik, 2.13*

4 Rollenspiel

Zwei Tierfreunde sprechen über das Berufspraktikum.
Arbeitet zu zweit und rekonstruiert den Dialog. Spielt ihn dann vor.
Beispiel

A Wo hast du dein Praktikum gemacht?   **B** Ich habe im Zoo gearbeitet.

Astrein! Wie war's?

Du, ich habe mit diesem Praktikumsplatz echt Glück gehabt.

Ich hatte die Verantwortung für einige Kleintiere. Ich habe unheimlich viel gelernt. Und du?

Aber du interessierst dich doch für Tiere, oder?

Ich habe mein Praktikum beim Tierarzt gemacht. Doch habe ich wirklich Pech gehabt.

Ja, eben, aber mit den Tieren habe ich überhaupt nicht gearbeitet. Ich habe jeden Tag das gleiche gemacht: Medikamente und Akten einsortiert.

Was musstest du da machen?

Ich habe im Zoo gearbeitet.

Wo hast du dein Praktikum gemacht?

5 Mein Berufspraktikum

Schreib jetzt einen Text über dein Berufspraktikum. Lern deinen Artikel auswendig und spiel ihn dann vor.
Beispiel

Ich habe mit dem Praktikum viel Glück gehabt. Ich ...

Lesepause 1

Typisch Junge? Typisch Mädchen?

Jan-Hendrik Frommann machte sein Berufspraktikum als Entbindungspfleger im Städtischen Klinikum. Was meinte seine Freundin Christiane dazu?

‚Ich finde es gut, wenn auch ein Junge ein Praktikum als Entbindungspfleger machen möchte. Ich bin nicht der Meinung, dass es festgelegte Frauen- oder Männerberufe gibt. Eigentlich bewundere ich ihn. Er ist bestimmt mutiger als viele Jungen, die das Berufspraktikum in so genannten ‚Männerberufen' wie zum Beispiel Kfz-Mechaniker oder Bauarbeiter machen und die sich über ihn lustig machen.'

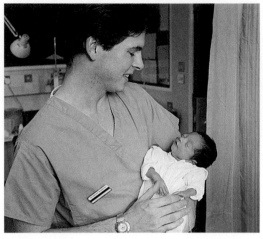

Regina Swakowski machte ihr Berufspraktikum auf einer Werft in Hamburg. Dort hat sie Schweißen gelernt. Ihr Freund Thorsten meinte:

‚Ich finde das ganz in Ordnung, dass ein Mädchen Schweißen lernt. Das Schwierigste dabei ist wohl als Mädchen von den Männern anerkannt zu werden. Frauenberufe, Männerberufe: Das ist alles totaler Quatsch. Reine Vorurteile sind das. Das Wichtigste ist den Beruf zu ergreifen, in dem man sich wohlfühlt.'

Schule	....	Praktikum	....	Beruf
Leute		Leute		Leute
lesen		lesen		lesen
Erfolge		Erfolge		Erfolge
Misserfolge		Misserfolge		Misserfolge
Launen		Launen		Launen
Lärm		Lärm		Lärm
lachen		lachen		lachen
lernen		lernen		lernen
				Geld

Thomas Eßmann

DIE ARBEIT

die Arbeit
sie muss nicht zu hart sein
ich will mich in ihr entfalten
können
ich will von ihr leben
doch nicht für sie leben
ich möchte morgens aufstehen
und mich auf sie freuen

Detlef Liebknecht

Kurioses aus dem Berufspraktikum

Ich musste Teddybären im Ofen verbrennen!

Ich habe drei Wochen in einem Testlabor in Berlin gearbeitet, wo ich dem Testingenieur helfen musste Spielzeug zu prüfen. Man prüft dort, ob neue Produkte für Kinder gefährlich sind. Ich habe daher viel Zeit damit verbracht Teddybären im Ofen zu verbrennen, Stofftiere mit der Schere zu zerschneiden und mit eigenen Händen die Augen von Stoffaffen abzureißen. Nur Produkte, die diese Tests bestehen, dürfen in Deutschland in die Geschäfte.

Maren Struth, Bielefeld

Die Feuerwehr und der Schäferhund

Ich habe mein Praktikum bei der Feuerwehr in Frankfurt gemacht. Am zweiten Tag hat eine ältere Frau die Feuerwehr angerufen, weil Wasser durch die Zimmerdecke ihrer Wohnung tropfte. Wir haben die Tür der Wohnung direkt über ihr geöffnet. Da stand ein Schäferhund. Aus Langeweile hatte das Tier den Wasserhahn des Waschbeckens geöffnet. Das Wasser war übergelaufen und hatte den Schaden verursacht. Offenbar konnte der Hund den Wasserhahn nicht wieder zudrehen.

Stefan Buntebarth, Frankfurt

Kühe fressen Gummibärchen!

Mein Praktikum habe ich auf einem Bauernhof in der Nähe von Ulm gemacht. Ich habe in der Zeit unheimlich viel gelernt. Doch komisch war, dass ich die Kühe jeden Tag mit Gummibärchen füttern musste. Echt! Der Bauer kauft die Bärchen billig von der Gummibärchenfabrik, die bei der Produktion zu groß oder zu klein geraten. Es hört sich zwar unglaublich an, doch jede Kuh hat täglich ungefähr ein Kilo davon gefressen. Die Milch von den Kühen habe ich nicht probiert.

Miriam Jachiewicz, Ulm

1 ⊂▭⊃ Was willst du werden?

Sechs Jugendliche reden über ihre Berufswünsche. Hör gut zu und wähl für jede Person zwei Berufswünsche aus.

Beispiel

1 – a, o

a Künstler/in

b Schauspieler/in

c Ingenieur/in

d Kfz-Mechaniker/in

e Arzt/Ärztin

f LKW-Fahrer/in

g Archäologe/Archäologin

h Sozialarbeiter/in

i Fernsehmoderator/in

J Bankkaufmann/Bankkauffrau

k Naturwissenschaftler/in

l Frisör/Frisöse

m Polizist/in

n Sportler/in

o Handwerker/in

p Krankenpfleger/Krankenschwester

2 Was könnten sie werden?

Vier Jugendliche beschreiben hier ihre Berufswünsche. Schlag für jede Person drei oder vier mögliche Berufe vor. Welche Berufe würden gar nicht passen? Benutz die Tabelle unten.

Beispiel

1 Claudia: Sie sollte bestimmt nicht LKW-Fahrerin werden. Sie könnte vielleicht …

Er Sie	könnte sollte	vielleicht (nicht) möglicherweise bestimmt (nicht)	… (oder …)	werden.

1 Ich wünsche mir einen gut bezahlten Job, Spaß an der Arbeit und ein gutes Arbeitsklima. Ich habe keine Angst vor Stress. Ich bin kreativ, diskutiere gern, übernehme gern Verantwortung und kann schnell Entscheidungen treffen. Nach dem Abitur studiere ich bestimmt.
Claudia, 17 Jahre

2 Ehrlich gesagt bin ich nicht sehr leistungsorientiert. Ich will natürlich arbeiten und möglichst viel Geld verdienen. Doch will ich nichts Anstrengendes machen. Ich arbeite lieber mit den Händen als mit dem Kopf und möchte irgendwie etwas Praktisches machen.
Susana, 16 Jahre

3 Vor allen Dingen will ich nicht tagelang in einer Werkstatt Motoren ausbauen, reparieren und wieder zusammenbauen. Ich will anderen Menschen helfen. Ich will etwas leisten. In der Schule interessiere ich mich besonders für Informatik, Naturwissenschaften und Mathe. Mein Berufspraktikum habe ich in einem Altersheim gemacht.
Christian, 16 Jahre

4 Nach dem Studium möchte ich auf jeden Fall einen Beruf in einer interessanten Branche ergreifen. Ich bin kommunikativ und arbeite gern in einem Team. Im Freien könnte ich nie arbeiten. Ich interessiere mich für Fremdsprachen, Musik und Mathe und habe mein zweites Berufspraktikum bei einer Werbeagentur gemacht. Das hat mir gut gefallen.
Thomas, 17 Jahre

3 Ich auch!

Was hast du mit Claudia, Susana, Christian und Thomas gemeinsam?
Lies ihre Berufswünsche noch einmal und schreib die Gemeinsamkeiten
auf.

Beispiel

Ich wünsche mir einen gut bezahlten Job. (Claudia auch)

4 Ich will Manager/in werden

Benutz die Satzteile unten um acht logische Sätze zu bilden.

Beispiel

1: d, k – Ich will Manager/in werden, weil ich sehr leistungsorientiert
bin und weil ich gern Verantwortung übernehme.

Ich will/möchte ...

1 Manager/in werden,
2 Polizist/in werden,
3 Apotheker/in werden,
4 Journalist/in werden,
5 Tierarzt/-ärztin werden,
6 LKW-Fahrer/in werden,
7 Krankenschwester/-pfleger werden,
8 Handwerker/in werden,

... und ...

a weil ich etwas Praktisches machen will
b weil ich Biologie faszinierend finde
c weil ich anderen helfen möchte
d weil ich sehr leistungsorientiert bin
e weil ich einen ruhigen Job suche
f weil ich gern am Computer arbeite
g weil ich einen kreativen Beruf ergreifen will
h weil ich ein positives Arbeitsklima suche

i weil ich kommunikativ bin.
j weil ich mit Kindern arbeiten will.
k weil ich gern Verantwortung übernehme.
l weil ich mit Tieren arbeiten will.
m weil ich in einem Team arbeiten will.
n weil ich viel reisen will.
o weil ich viel Geld verdienen will.
p weil ich gern alleine arbeite.

5 Talk-Show

Schreib zehn Interviewfragen auf. Interviewe deinen/deine Partner/in
über Berufswünsche und notiere dir die Antworten.

Beispiel

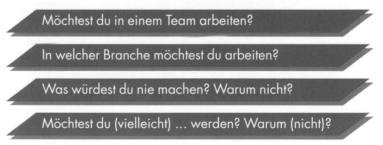

Möchtest du in einem Team arbeiten?

In welcher Branche möchtest du arbeiten?

Was würdest du nie machen? Warum nicht?

Möchtest du (vielleicht) ... werden? Warum (nicht)?

6 Was möchtest du denn werden?

In welcher Branche möchtest du arbeiten? Was willst du
vielleicht werden? Warum? Was würdest du bestimmt nicht
machen? Warum nicht? Schreib einen Artikel für die
Zeitschrift JUFO.

Beispiel

Ich interessiere mich besonders für kreative Berufe, wie
zum Beispiel Designer. Ich könnte nie Lehrer werden, weil ...

1 ▭ Die Zukunft

Hör gut zu und lies die Bildergeschichte.

Die Berufswahl fällt dir schwer? In der Zukunft werden Schulen Roboter haben, die die Persönlichkeit der Schüler analysieren können und die die Zukunft bis ins kleinste Detail vorhersagen können. Dies wird die Berufswahl viel leichter machen.

1 Tarek Schmidt. Du bist intelligent. Du bist leistungsorientiert. Du wirst in Paris arbeiten. Du wirst die Verantwortung für eine internationale Firma übernehmen.

Habt ihr das gehört? Ich werde in Paris arbeiten!

2 Du wirst Überstunden machen. Du wirst viel Geld verdienen. Du wirst reich sein. Doch wirst du keine Freunde haben.

Claudia und Tim. Ihr seid sportlich und talentiert. Ihr werdet Raumfahrer bei der NASA sein.

3 Aber Martin, der Junge neben dir, ist sehr kreativ. Er wird glücklich sein ... Aber er wird kein Geld verdienen.

4 Raumfahrer bei der NASA! Wir werden Raumfahrer bei der NASA sein!

5 Habe ich gerade ‚Raumfahrer' gesagt? Es tut mir Leid. Ich meinte ‚Raumpfleger' bei der NASA.

6 Semra und Jessica. Ihr reist gern. Ihr werdet nach Amerika fahren. Ihr werdet beide in Hollywood Karriere machen.

Astrein!

7 Es ist super, nicht wahr? Ihr werdet in verschiedenen Hamburger-Restaurants arbeiten und die großen Filmstars werden manchmal bei euch im Restaurant Hamburger bestellen.

Was ist denn hier passiert? Wer war das?

8 Keine Ahnung, Frau Schröder.

2 Stimmt das?

Beispiel

1 Das stimmt nicht.

1 Der Roboter ist sehr diplomatisch.
2 Tarek wird Chef einer großen Firma sein.
3 Martin wird auch sehr reich sein.
4 Claudia und Tim werden als Raumfahrer arbeiten.
5 Semra und Jessica werden in der Filmproduktion arbeiten.
6 Am Ende ist der Roboter leider außer Betrieb.

Lerntipp

Die Zukunft

	werden (an 2. Stelle)		**Infinitiv** (am Ende)
ich	werde		
du	wirst		
er/sie/es (usw.)	wird	in Paris	arbeiten.
wir	werden	glücklich	sein.
ihr	werdet	nach Amerika	fahren.
Sie	werden		
sie	werden		

Siehe Grammatik, 2.8

3 ▭ ‚Werde' oder ‚will'?

Acht Jugendliche reden über die Zukunft. Wer will etwas machen und wer wird etwas machen? Hör zu. Sagen sie ‚werde' oder ‚will'?

Beispiel

1 will

4 Der erste Schritt

Lies die Briefe und schreib einige Sätze über die Personen. Die Tabelle unten hilft dir dabei.

Beispiel

Nicole wird schon dieses Jahr die Schule verlassen.

Benjamin und Max werden mit den Eltern darüber reden.

Er Sie X und Y	wird werden	wahrscheinlich (nicht) bestimmt vielleicht im Augenblick bald später schon dieses Jahr erstmal	Abitur machen. die Prüfungen machen. die Schule verlassen. (k)eine Entscheidung treffen. studieren. eine Ausbildung machen. einen Arbeitsplatz suchen. mit den Eltern darüber reden.

Ich werde eine Karriere als Fernsehmoderatorin anstreben. Daher ist mir das Abitur nicht so wichtig. Am Ende des Schuljahres werde ich die Schule verlassen und mir einen Arbeitsplatz in der Fernsehproduktion suchen. Und du? Was willst du machen?

Nicole

Ich werde möglicherweise Architektur studieren. Ich interessiere mich auch für Journalismus, obwohl das vielleicht weniger realistisch ist. Aber erst nach den Prüfungen werde ich eine Entscheidung treffen. Ich muss auch mit meinen Eltern darüber reden.

Benjamin

Ich werde mich wahrscheinlich um einen Ausbildungsplatz als Koch bewerben und werde also nicht in die Oberstufe gehen. Aber ich muss noch mit meinen Eltern darüber diskutieren, weil sie der Meinung sind, ich sollte erstmal das Abi machen. Willst du in die Oberstufe gehen?

Max

Ich werde mir wahrscheinlich einen Beruf in der Verkehrs- und Tourismusbranche suchen. Ich interessiere mich auch für Visagistin. Doch im Moment werde ich keine großen Entscheidungen treffen. Ich werde mir Zeit lassen.

Monika

5 Ausbildung oder Abi?

Was wirst du nach diesem Schuljahr machen? Schreib einen kurzen Artikel darüber.

Beispiel

Am Ende des Schuljahres werde ich ...

Lesepause 2

Null Bock ist out

Die Jugend blickt wieder positiv in die Zukunft.
Das hat eine Untersuchung für die Bundesregierung
gezeigt. Vor zehn Jahren beurteilten 58% der
Jugendlichen ihre Zukunftschancen negativ. Man
redete von der ‚Null-Bock-Generation': Sie fand alles
schlecht. Heute dagegen blicken 80% der Jungen und
Mädchen zwischen 13 und 24 Jahren hoffnungsvoll in
die Zukunft. Die aktuellsten Probleme sind
Alkoholmissbrauch, Rauchen und Drogen. Zur Zeit
sinken die Zahlen von jugendlichen Trinkern und
Rauchern. Doch der Drogenkonsum steigt.

Du fragst mich

So viele Möglichkeiten.
Ich will alles richtig machen,
weiß nicht so recht,
wo ich anfangen soll.
So viele wissen schon.
So viele.
Der blöde Thomas,
der weiß, was er werden wird.
Sein Vater ist Arzt.
Sein Opa war Arzt.
Na und, was meinst du?
Arzt.
Mein Vater ist kein Arzt.
Und mein Opa?
Der war auch keiner.
Er ist im Krieg gefallen.
Damals.
Also denn. Polizistin?
Zu gefährlich.
Bankbeamtin?
Viel zu ehrlich.
Lokführerin?
Oder
Raumfahrerin?
Spion?
Oder?
Oder?
Oder?
Du fragst mich,
was ich denn werden will?
Ich sag's dir.
Wie soll ich das denn wissen?

Kerstin Vogeler

Postboten bekommen Schutz vor bissigen Hunden

Wer möchte denn Postbote
werden? Genau 3.402-mal
wurden Postboten im letzten
Jahr Opfer von bissigen
Hunden. Zum Schutz
bekommen die Briefträger
jetzt Sprühdosen. Der große
Nachteil: Der Hund muss
ganz nah sein, bevor man die
Sprühdose benutzen kann.
Arbeitsschützer der Post geben
Unterricht zu dem Thema:
‚Wie schütze ich mich vor
bissigen Hunden?' Dort gibt
es gute Tipps, sagt die Post.
Doch einige Postboten sind
nicht so sicher. ‚Wann
bekomme ich meinen Panzer?',
fragte einer.

Leider bekommen unsere Postboten nur eine Sprühdose zum Schutz vor
bissigen Hunden.

Ich habe einen Traumberuf ergriffen

Inge trägt ein buntes Sweatshirt und enge Jeans. Sie könnte Abiturientin oder Studentin sein. Nichts deutet darauf hin, dass sie einen ‚Traumberuf' hat: Sie ist seit zwei Jahren Stewardess.

Inge: ‚Der Andrang ist groß. Rund tausend Bewerbungen gehen im Monat bei der Lufthansa ein und die Einstellungstests sind sehr, sehr schwer.'

Es ist von Vorteil, wenn man eine abgeschlossene Berufsausbildung als Kellnerin oder Verkäuferin hat. Die Ausbildung für Stewards und Stewardessen dauert sieben Wochen. Während dieser Zeit lernen sie die Fluggäste zu bedienen und zu betreuen und nehmen an einem Sicherheitstraining teil.

Inge: ‚Die Flüge dauern oft viele Stunden, die körperliche Belastung in diesem Beruf ist groß und die meisten Stewards und Stewardessen leiden unter Schlafstörungen. Von der anstrengenden Arbeit können wir uns nur erholen, wenn wir zwei oder drei Tage zusammenhängend in Europa frei haben und nach Hause fahren.'

Im Ausland verbringen sie die Wartetage zwischen den Flügen meist im Hotel.

Inge: ‚Das hört sich vielleicht optimal an, aber es kann oft recht langweilig sein. Im Laufe der Zeit sehen fast alle Hotelzimmer mehr oder weniger gleich aus. In einigen Ländern der Welt ist es für die Stewardess oft nicht möglich als Frau allein etwas zu unternehmen.'

Während Männer schon einmal ein Auto mieten und eine Fahrt durch das Land machen, sind die Frauen darauf angewiesen, dass ein Mann von der Besatzung sie bei einem Ausflug, einem Einkaufsbummel oder einem Diskobesuch begleitet.

Inge: ‚Wenn niemand mitkommt oder wenn die Stewardess mit den Jungs nicht ausgehen will, können die Wartetage im Hotel einsam sein.'

Ich will nicht wissen

Ich will wirklich nicht wissen,
was du wirklich werden willst,
weil ich wirklich schon weiß,
was ich wirklich werden will,
und wenn ich wirklich wüsste,
was du wirklich werden willst,
würde ich wirklich nicht mehr werden wollen,
was ich wirklich werden will.
Wahrscheinlich.

Harald Schmidt

Prüfungstraining

1 🎞 Hören

Fünf Schüler/innen sprechen über das Berufspraktikum. Hör gut zu und notiere dir, wo sie ihr Praktikum gemacht haben.

Schüler/in	Wo haben sie das Praktikum gemacht?
1 Nils	im Zoo
2 Sezen	
3 Heike	
4 Dirk	
5 Alex	

2 Sprechen

You are in Germany staying with a German family. You ask your penfriend's father/mother about his/her job. Say you would like to do that kind of job and explain why. Try to persuade him/her to let you spend a few days at work with him/her.
Your teacher will play the part of the father/mother.

- Frag ihn/sie nach seinem/ihrem Beruf.
- Sag ihm/ihr, wie du diesen Beruf findest und warum.
- Versuch ihn/sie zu überreden, dass du ein Betriebspraktikum bei ihm/ihr machen darfst.

3 Lesen

Lies den Artikel. Was passt zusammen?
Beispiel
1c

1	Nur Jan	a	haben feste Berufsziele.
2	Michaela	b	hat schon einen Ausbildungsplatz.
3	Jan und Jasmin	c	besucht zur Zeit ein Gymnasium.
4	Nur Jasmin und Michaela	d	wollen nicht mehr in die Schule gehen.
5	Michaela und Peter	e	wird nächstes Jahr eine neue Schule besuchen.
6	Jasmin	f	werden Abitur machen.
7	Peter	g	hofft auf einen guten Ausbildungsplatz.

Ich habe vor in die Oberstufe zu gehen und Abitur zu machen. Danach werde ich an der Uni studieren und später vielleicht Anwalt werden. Wenn das nicht klappt, werde ich Meeresbiologe werden. Oder Flugzeugdesigner.
Jan, 16 Jahre, Gymnasium

Am Ende des Schuljahres verlasse ich die Realschule, aber ich werde bestimmt aufs Gymnasium gehen und dort Abitur machen. Später will ich an der Uni studieren, weil ich Lehrerin werden will.
Jasmin, 16 Jahre, Realschule

Ich will Informationselektroniker werden und werde Ende Juni die Schule verlassen. Hoffentlich werde ich bei einer guten Firma einen Ausbildungsplatz im EDV-Bereich finden. Dann werde ich nach der Ausbildung vielleicht einen festen Arbeitsplatz bekommen.
Michaela, 16 Jahre, Gesamtschule

Ich habe von der Schule die Nase voll und will nicht mehr in die Schule gehen. Ich habe einen Ausbildungsplatz als Koch bekommen. Wenn es mir nicht gefällt, werde ich in einer Bäckerei arbeiten.
Peter, 16 Jahre, Realschule

4 Schreiben

Schreib einen Brief an einen deutschen Freund zum Thema ‚Berufswahl'. Schreib 100 Wörter auf Deutsch.

- In welcher Branche möchtest du arbeiten? Warum?
- In welcher Branche möchtest du nicht arbeiten? Warum nicht?
- Hast du ein Berufspraktikum gemacht?
- Was wirst du nächstes Jahr machen?

Selbstlernkassette

1 Aussprache

Hör gut zu und wiederhole.

Fernsehindustrie,
Praktikumsplätze,
Sportartikelfabrik,
computergesteuert,
Kindergärtnerin,
Naturwissenschaftlerin,
leistungsorientiert,
beurteilten,
Arbeitsschützer,
Entbindungspfleger.

2 Seifenoper

Hör dir die siebte Episode der Serie an.

Zusammenfassung

Themen

		Seite	Vokabeln
1	Die Qual der Wahl	92-93	AB 116
2	Praktikum zu Ende	94-95	AB 119
3	Berufswünsche	98-99	AB 123
4	Und nächstes Jahr?	100-101	AB 127

Grammatik

	Seite	Arbeitsblatt	Grammatik
Dativ im Plural	92	–	10.2
Perfekt mit *haben*	95	118	2.9
Modalverben im Imperfekt (Ichform)	95	118	2.13
Die Zukunft	100	124	2.8

Besonderes

	Seite	Arbeitsblatt
Lesepause 1	96-97	120
Lesepause 2	102-103	128
Prüfungstraining	104-105	–
Extra	156	–

8 Zu Hause und außer Haus

LERNPUNKTE

- **Thema 1: Wegbeschreibungen**
  Ich bin hier fremd.

- **Thema 2: Um die Welt in 80 Tagen!**
  Wie fährt man?

- **Thema 3: Es war prima!**
  Wie waren die Ferien?

- **Thema 4: Hier ist nichts los!**
  Wie ist deine Gegend?

1 ▭ Das Einkaufszentrum Venezia

Sieh dir den Wegweiser an und hör zu. Sind Rolfs sechs Wegbeschreibungen richtig oder falsch? (Der Weg geht jeweils vom Eingang seiner Kabine aus.)

Beispiel
1 Richtig

Zeichenerklärung

1 die Telefonzelle
2 der Schnellimbiss
3 die Buchhandlung
4 das Zeitungsgeschäft
5 das Spielwarengeschäft
6 das Damenmodegeschäft (*Polly*)
7 das Restaurant
8 die Bibliothek
9 die Toiletten
10 das Fundbüro
11 der Musikladen
12 das Informationsbüro
13 das Süßwarengeschäft
14 das Reisebüro
15 das Eiscafé
16 die Bank
17 das Kleidergeschäft (*Nebettom*)
18 das Cyber-Café (*The Web*)
19 die Wurstbude
20 die Post
21 das Warenhaus (*Giudecca*)
22 die Polizeiwache
23 das Schuhgeschäft
24 das Sportgeschäft
25 die Galerie

Einkaufszentrum Venezia Wegweiser

Lerntipp

Präpositionen nur mit dem Dativ

an ... entlang	an ... vorbei
aus	bei
gegenüber (von)	mit
nach	seit
von	zu

Präpositionen mit dem Akkusativ oder Dativ

an	auf	hinter
in	neben	über
unter	vor	zwischen

Siehe Grammatik, 8

2 Nützliche Ausdrücke

Sieh dir die Ausdrücke unten an und hör noch einmal zu.
Welche Ausdrücke hörst du?
Beispiel

a, ...

a Gibt es hier eine Buchhandlung?
b Mal sehen ... ja, es ist hier auf der Karte.
c Es tut mir Leid, aber ich bin hier fremd.
d Wie komme ich zum Süßwarengeschäft?
e Sie können sie nicht verfehlen.
f Wenn Sie die Buchhandlung sehen, sind Sie zu weit gegangen.
g Es tut mir Leid, aber ich weiß es nicht.
h Können Sie mir bitte helfen, das Kleidergeschäft *Nebettom* zu finden?

3 Notizen für den Paketdienst

Rolf hat für den Paketdienst aufgeschrieben, wie man zu jedem Geschäft kommt. Aber die Namen der Geschäfte fehlen! Welches Geschäft ist das jeweils?
Beispiel
1 das Schuhgeschäft

1 Gehen Sie geradeaus und durch die Große Halle. Dann gehen Sie an der Großen Uhr vorbei und über zwei Kreuzungen. Sie nehmen also die dritte Straße links nach der Großen Halle und es liegt auf der linken Seite, neben dem Sportgeschäft und gegenüber der Galerie.

2 Gehen Sie geradeaus, nehmen Sie die erste Straße rechts und gehen Sie wieder geradeaus. Gehen Sie an der Telefonzelle und am Schnellimbiss vorbei und es liegt auf der rechten Seite, zwischen der Buchhandlung und dem Spielwarengeschäft.

3 Gehen Sie durch die Große Halle und nehmen Sie die erste Straße rechts. Gehen Sie am Fundbüro und am Musikladen vorbei und nach ein paar Metern liegt es auf der rechten Seite, zwischen dem Informationsbüro und dem Reisebüro.

4 Gehen Sie geradeaus und durch die Große Halle. Danach gehen Sie an der Großen Uhr vorbei, nehmen Sie die zweite Straße rechts und gehen Sie am Cyber-Café *The Web* vorbei. Es liegt dann auf der rechten Seite neben der Post. Wenn Sie das Warenhaus sehen, sind Sie zu weit gegangen.

5 Gehen Sie geradeaus und durch die Große Halle. Dann gehen Sie an der Großen Uhr vorbei und nehmen Sie die erste Straße links. Gehen Sie an den Toiletten vorbei und es liegt dann auf der linken Seite, gegenüber vom Eiscafé und zwischen dem Damenmodegeschäft und der Bibliothek.

4 Der beste Weg

Der Paketdienst hat auch Pakete für einige andere Geschäfte. Sieh dir die Liste links an und schreib den kürzesten Weg auf.
Beispiel

das Damenmodegeschäft Polly
das Reisebüro
die Galerie
der Musikladen

Gehen Sie geradeaus und durch die Große Halle. Danach gehen Sie ...

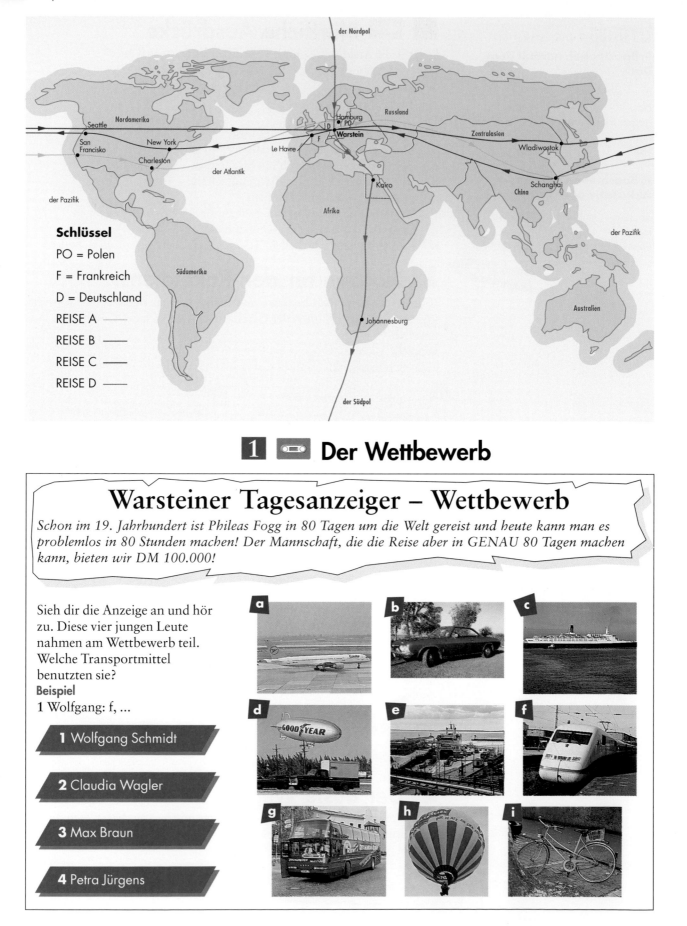

Schlüssel

PO = Polen

F = Frankreich

D = Deutschland

REISE A ——

REISE B ——

REISE C ——

REISE D ——

1 ▭ **Der Wettbewerb**

Warsteiner Tagesanzeiger – Wettbewerb

Schon im 19. Jahrhundert ist Phileas Fogg in 80 Tagen um die Welt gereist und heute kann man es problemlos in 80 Stunden machen! Der Mannschaft, die die Reise aber in GENAU 80 Tagen machen kann, bieten wir DM 100.000!

Sieh dir die Anzeige an und hör zu. Diese vier jungen Leute nahmen am Wettbewerb teil. Welche Transportmittel benutzten sie?

Beispiel

1 Wolfgang: f, …

1 Wolfgang Schmidt

2 Claudia Wagler

3 Max Braun

4 Petra Jürgens

Achtung!
Verben im Präsens mit
Zukunftsbedeutung

Wir **fahren** mit dem Auto.
Wir **fliegen** dorthin.
Zuerst **fahren** wir mit dem Zug.

Siehe Grammatik, 2.8

2  Die Reisen

Hör noch einmal zu und sieh dir die Weltkarte an. Welche Reise
beschreiben sie?
Beispiel
Wolfgang – Reise C

3 Wie fahren sie?

Lies diese Texte und sieh dir die Lösungen zu Übungen 1 und 2 an. Wie
fährt jede Mannschaft?
Beispiel
Wolfgangs Mannschaft fährt **mit dem Zug** und **dem Heißluftballon.**

Wolfgangs Mannschaft
Sie fahren in östlicher Richtung nach Wladiwostok und dann über
die Vereinigten Staaten und den Atlantik.

Claudias Mannschaft
Sie fahren in westlicher Richtung nach Le Havre. Von dort aus
fahren sie nach New York, durch die Vereinigten Staaten und dann
von Seattle nach Schanghai. Zum Schluss fahren sie durch China
usw. nach Deutschland zurück.

Max' Mannschaft
Sie fahren in südlicher Richtung und besuchen unterwegs Kairo
und Johannesburg. Dann fahren sie über den Süd- und Nordpol
nach Deutschland zurück.

Petras Mannschaft
Sie fahren durch Polen, Russland, Zentralasien und China. Dann
fahren sie nach San Francisko, durch die Vereinigten Staaten und
von dort aus nach Hamburg. Ab Hamburg fahren sie direkt wieder
nach Warstein.

4 Deine Reise

Beschreib eine lange Reise oder eine Weltreise. Wenn du willst, kannst
du Tom und Jerry sein und eine Reise durch den Garten beschreiben!
Versuch so viele Transportmittel wie möglich zu erwähnen.
Beispiel
Meine Reise beginnt am Haus.

Lesepause 1

Das Autorennen von Peking nach Paris

1907 beschrieb eine französische Zeitung ein Autorennen von Peking nach Paris. Anfangs hörte sich das sicher nicht so schlecht an – aber damals gab es für den größeren Teil der Reise keine Straßen (!) oder Brücken und die Autos mussten auch durch Sümpfe und über Berge fahren. Damals hielt man das für verrückt!

Es gab fünf Teilnehmer, alle mit Autos längst vergessener Marken – vier Franzosen, mit *De Dion* (zwei), *Spyker* und *Pons*, und ein Italiener, Prinz Scipione Borghese, mit einem *Itala*.

Das Rennen begann am 10. Juni 1907 und der erste Teil des Rennens führte 800 Meilen durch Kalgan, eine gebirgige Gegend fast ohne Straßen. Man musste die Autos mit Seilen auf die Berge ziehen und die Mannschaften mussten auch häufig mit Macheten einen Weg durch das Gebüsch hacken!

Hinter den Gebirgen kam das endlose mongolische Flachland und hier schied der erste Teilnehmer (der *Pons*) aus. Die anderen kamen relativ problemlos voran und nach zwei Wochen erreichten sie am 25. Juni die russische Grenze. Von hier aus waren die Gleise der Transsibirischen Eisenbahn die einzige verfügbare ‚Straße‘!

Der *Itala* von Prinz Borghese lag zu dieser Zeit in Führung, aber in den Steppen hatte er eine Panne – ein Rad brach. Zum Glück waren die Räder aus Holz und ein sibirischer Schmied baute ein neues Rad für das Auto, das dem Prinzen Borghese den Sieg ermöglichte.

Als der Prinz am 10. August nach genau 60 Tagen in Paris ankam, waren die anderen immer noch in Russland! Die drei übrigen Autos kamen 21 Tage später zusammen an.

DAS ERBE DES TRABIS

Dieses Bild ist in den neuen Bundesländern keine Seltenheit. Von Rostock bis Zwickau, ob in einem seltsamen Waldstück oder auf einer belebten Kreuzung in Ostberlin: Überall stehen alte Trabis. Die Besitzer haben sie einfach stehenlassen.

Geld ist den Trabifahrern wichtiger als die Natur in der Ex-DDR. Schrotthändler verlangen nämlich 200 Mark für die Entsorgung eines Trabants.

Die meisten Besitzer eines Trabis verdienen kaum mehr als 1.000 Mark im Monat – darum überlegen sie sich diese Geldausgabe zweimal.

Das qualmende und stinkende Symbol des Sozialismus belastet die Umwelt. Auch dann noch, wenn es gar nicht mehr fährt.

Jetzt haben ostdeutsche Wissenschaftler eine umweltfreundliche Entsorgung des Trabis entwickelt: Bazillen, die das Kunststoffauto fressen, kurz ‚Trabizillen'.

Ein Test war schon erfolgreich. Die Bakterien haben einen zerkleinerten Trabi in knapp zwei Wochen ‚verspeist'. Schwer zu schlucken, aber wahr.

· Pack die Sonne in den Tank! ·

Bald ist's wieder soweit: Große Tour de Sol in der Schweiz! Die Sonnenautos aus aller Welt, einst noch belächelt, befinden sich auf Erfolgskurs.

Die Solarmobile haben Elektroantrieb und sehen wie komische fahrende Eier aus! Über 60 fast lautlose Minimobile überqueren den steilsten Pass der Schweiz und die Insassen schauen vergnügt hinaus, obwohl sie manchmal mit nur 50 km/h dahinrollen!

‚Solarmobile und Leicht-Elektromobile sind sonnige Vorboten einer neuen umweltfreundlicheren Gesellschaft!', sagt stolz Urs Muntwyler, Geschäftsführer der ‚Tour de Sol'.

Die Autos rollen sanft und leise. Kein Motor brüllt, die Luft riecht nicht nach Öl und heißen Reifen. ‚Sonnenenergie und Solarmobile – das sind Beispiele dafür, wie die Technik mit der Natur versöhnt werden kann!', sagt Urs Muntwyler.

Eine für uns lebenswichtige Versöhnung! Denn in etwa 100 bis 250 Jahren, so schätzen die Wissenschaftler, sind die Vorräte der Erde und damit die herkömmlichen Energiequellen aufgebraucht ...

1 🎞 Onkel Wilfrieds Dias

Hör gut zu und sieh dir die Bilder an. Wie ist die richtige Reihenfolge?
Beispiel
E, ...

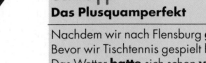

Lerntipp

Das Plusquamperfekt

Nachdem wir nach Flensburg **gefahren waren**, sind wir nach Kiel gefahren.
Bevor wir Tischtennis gespielt haben, **hatten** wir **gegrillt.**
Das Wetter **hatte** sich schon **verschlechtert**, als wir dort angekommen sind.

Siehe Grammatik, 2.14

2 Was passt zusammen?

Stell diese Satzteile zusammen. Alle Sätze findest du in der Geschichte.
Beispiel
1c

1 Nachdem Onkel Wilfried nach Flensburg gefahren war,
2 Bevor er Tischtennis gespielt hat,
3 Bevor er gelesen hat,
4 Nachdem er geschwommen war,
5 Das Wetter hatte sich schon verschlechtert,
6 Bevor er *Scrabble* gespielt hat,

a hatte er Kakao getrunken.
b als Onkel Wilfried in Travemünde angekommen ist.
c ist er nach Kiel gefahren.
d hatte er den Hafen besucht.
e hatte er gegrillt.
f hat er sich gesonnt.

3 🔲 Ferientage zu Hause

Dieses Jahr ist Onkel Wilfried zu Hause geblieben. Er beschreibt einen Ferientag. Hör gut zu und wähl die richtige Antwort aus.
Beispiel
1c

1 Bevor er aufgestanden ist,
  a) war er zum Einkaufszentrum gegangen.
  b) hatte er vor dem Fernseher gesessen.
  c) hatte er im Bett Radio gehört.

2 Bevor er zu Mittag gegessen hat,
  a) war er einkaufen gegangen.
  b) war er ins Bett gegangen.
  c) hatte er einen Spaziergang im Garten gemacht.

3 Nachdem er zu Mittag gegessen hatte,
  a) hat er im Garten gearbeitet.
  b) ist er nach Hause gegangen.
  c) hat er einen Spaziergang im Garten gemacht.

4 Nachdem er zu Abend gegessen hatte,
  a) hat er ferngesehen.
  b) hat er einen Spaziergang im Garten gemacht.
  c) hat er ein Buch gelesen.

5 Er war schon sehr müde geworden,
  a) als er aufgestanden ist.
  b) als er ins Bett gegangen ist.
  c) als er im Garten gearbeitet hat.

4 Noch etwas!

Sieh dir die Antworten zu Übung 3 an und beschreib Onkel Wilfrieds Tag schriftlich.
Beispiel
Er ist um halb zehn aufgewacht. Nachdem er im Bett Radio gehört hatte, ist er ...

5 Der Folgenkreis

Erfinde einen Folgenkreis. Die letzte Idee in jedem Satz ist jeweils die erste im nächsten Satz.
Wie viele Sätze kannst du im Plusquamperfekt bilden?
Beispiel

Nachdem wir ausgegangen waren, sind wir nach Hause gekommen.

Nachdem wir nach Hause gekommen waren, haben wir ferngesehen.

Nachdem wir ferngesehen hatten, sind wir ausgegangen.

1 Die Zukunftskiste

Die Schüler(innen) auf dem Theodor-Reuß-Gymnasium in Warstein machen eine Zukunftskiste, die man erst im Jahre 2200 öffnen darf. Sie füllen die Kiste mit Briefen usw. und vergraben sie dann im Schulhof. Lies diesen Brief aus der Kiste.

Warstein, den 5.März 1998

Liebe Leser/Leserinnen,

ich wohne in einem großen Einfamilienhaus auf dem Land, am Rande eines kleinen Dorfes in der Nähe von Warstein. Das Haus ist alt, aber gemütlich und hat einen großen Garten. Das Dorf ist schön und in der Dorfmitte gibt es viele Fachwerkhäuser und eine alte Kirche. Die Landschaft in dieser Gegend ist etwas flach, aber dafür ziemlich schön, und das Klima ist warm, aber auch sehr feucht. Es gibt nicht viel für Jugendliche (d.h. keine Jugendzentren, keine Kinos, keine Schwimmbäder usw.). Eigentlich werden abends hier die Bürgersteige hochgeklappt! Im Dorf gibt es fast keine gesellschaftlichen Probleme und es gibt eigentlich nur einen Polizisten! Dafür gibt es aber auch keine Jobs und wenn ich erwachsen bin, werde ich deshalb in die Stadt ziehen müssen, wo es zwar nicht schön ist, aber zumindest was los ist.

Viele Grüße aus der Vergangenheit,

Maria Theiding (15)

Lerntipp

Es gibt/gibt es

Es gibt viele Kinos und Geschäfte in Mainz.
In Mainz **gibt es** einen Hauptbahnhof.

Siehe Grammatik, 7

2 Groß, klein, alt, neu

Wie viele unterschiedliche Adjektive kannst du in Marias Brief finden? Mach eine Liste.
Beispiel
groß(en)

3 Marias Dorf

Bilde so viele Sätze wie möglich über Marias Dorf. Die Wörter im Kästchen helfen dir dabei.
Beispiel
Maria wohnt in einem Einfamilienhaus am Rande eines kleinen Dorfes.

Maria wohnt in ...   Ich wohne in ...   Dort gibt es ...   Hier ist ...

Es gibt ...   Die Landschaft ist ...   Das Klima ist ...   Das Dorf ist ...

4 Noch etwas!

Schreib Sätze über deine Gegend. Benutz die Wörter im Kästchen noch einmal.
Beispiel
Es gibt viel Arbeitslosigkeit und viele Probleme.

5 ▭ Turguts Kassettenbrief

In der Kiste gibt es einen Kassettenbrief von Turgut. Hör zu und mach dir Notizen über ihn.
Beispiel

*   wohnt in einer Wohnung in Warstein

6 Ein Vergleich

Wie viele Unterschiede kannst du zwischen Turguts und Marias Leben finden? Schreib sie auf.
Beispiel

Maria	Turgut
wohnt in einem Dorf	wohnt in der Stadtmitte

7 Brief aus der Zukunft

Im Jahre 2200 findet jemand die Zukunftskiste. Lies diesen Brief.

4. JANUAR 2200

Liebe Vorfahren,

hallo aus der Zukunft! Hier in Warstein wohnen wir jetzt meistens unter der Erde. Oben gibt es kein Gras mehr und nur wenige Pflanzen. Nach dem fünften Weltkrieg ist der Himmel meistens grau und orange und es gibt fast ununterbrochen sauren Regen und orangenfarbigen Nebel.

Hier unter der Erde ist das Leben aber nicht so schlecht. Wir wohnen in einer kleinen Wohnung und ich teile ein großes Zimmer mit meiner Schwester. Unsere Wohnung liegt in einem Vorort der Stadt, ungefähr 40 Kilometer von der Stadtmitte entfernt.

Hier gibt es unheimlich viel für Jugendliche. Fast jeden Abend gibt es ein großes Virtual-Reality-Konzert in der Stadt und in unserer Straße gibt es auch viele Jugendklubs und Sportzentren.

Es gibt keine Kriminalität (wir werden überall von Polizeivideokameras bewacht) und jede Person bekommt einen Job für das ganze Leben.

Alles in allem ist das Leben im 23. Jahrhundert nicht schlecht.

Kai Hartmann, 180 Mondmonate alt

8 Im 23. Jahrhundert

Lies Kais Brief und beantworte folgende Fragen:
Beispiel
1   (Sie wohnen) unter der Erde.

1   Wo wohnen die Leute im 23. Jahrhundert?
2   Warum?
3   Wie findet Kai das Leben dort?
4   Wo liegt Kais Wohnung genau?
5   Hat Kai ein eigenes Zimmer oder muss er es mit jemandem teilen?
6   Beschreib zwei Freizeitbeschäftigungen, an denen Kai teilnehmen kann.
7   Warum gibt es wenige gesellschaftliche Probleme im 23. Jahrhundert?
8   Warum gibt es keine Arbeitslosigkeit?

9 Dein Kassettenbrief

Nimm einen Brief an eine zukünftige Generation auf Kassette auf. Mit Hilfe der Texte oben mach dir Notizen im Voraus.
Beispiel

Ich wohne in einem Einfamilienhaus am Stadtrand von ...

Lesepause 2

o AUFSTIEG GEN HIMMEL! o

Vor mehr als 250 Jahren wurde er geboren: Jean-Etienne, einer der beiden berühmten Brüder Montgolfier. Als Erfinder des Heißluftballons gingen die beiden französischen Papierfabrikanten in die Geschichte der Luftfahrt ein.

Winter 1782: Jean-Etienne Montgolfier starrte verblüfft auf den Unterrock seiner Frau. Die so genannte ‚Krinoline' hing zum Trocknen über dem Ofen und bauschte sich dabei immer mehr auf. Dann, ganz langsam, hob sich der rundliche Rock, begann zu schweben, stieg immer höher und höher, bis er endlich oben an der Zimmerdecke angelangt war.

Vor kurzem erst hatte Montgolfier etwas über die Erforschung von Gasen gelesen. Und vielleicht bewirkten auch hier Gase den Antrieb? Heute wissen wir freilich, dass es keine Gase waren, sondern die erwärmte Luft, die aufstieg und den Unterrock in die Höhe hob.

Mit seiner falschen Theorie kam Montgolfier dennoch zum richtigen Ergebnis! Zunächst einmal begeisterte er seinen Bruder Joseph-Michel für seine Idee eine mit Gasen gefüllte ‚Halbkugel' herzustellen. Beide gingen in ihrer Papierfabrik sofort ans Werk: So entstanden die ersten Heißluftballons.

Aus den ersten Versuchsmodellen wurden schon bald bis zu 20 und 30 Meter hohe Ballons, die aus Leinen und manchmal sogar aus Seide waren. Auf dem Äußeren der Ballonhülle prangten die fantastischsten Bilder.

Tausende von Zuschauern jubelten im September 1783 der ersten ‚bemannten' Ballonfahrt zu: Ein Hammel, ein Hahn und eine Ente waren die Passagiere.

Diesem Experiment folgte noch im gleichen Jahr der erste Aufstieg einer ‚Montgolfière' mit Menschen an Bord. Zunächst wollte der König nur Gefängnisinsassen die Mitfahrt erlauben. Doch setzten sich schließlich zwei adlige Herren durch, die als erste menschliche Passagiere in die Geschichte der Ballonfahrt eingingen.

Ohne Lenker fing alles an!

Die ersten Fahrräder
Die ersten Fahrräder tauchten um 1817 auf und hatten weder Kettenantrieb noch Pedale. Ihre Räder waren aus Holz oder Eisen und sie ließen sich außerdem kaum lenken.

Hochräder
Um 1870 begann die Zeit der Hochräder. Bei manchen Modellen befand sich der Fahrer fast drei Meter über dem Boden! Doch wurde diese gefährliche Situation schließlich durch Räder mit niedrigeren Rahmen wieder abgelöst.

Moderne Fahrräder
Mit der Zeit gab es immer mehr Verbesserungen: luftgefüllte Gummireifen, stabile Rahmen, zuverlässige Bremsen usw. Heute sind sie auf Grund ihrer Umweltfreundlichkeit sehr gefragt!

1

Die ,Draisine', das hölzerne Laufrad des Freiherrn von Drais. Man musste laufen um damit voranzukommen. Schon 1817 rollte der Freiherr so von Karlsruhe nach Kehl. Für 70 Kilometer brauchte er vier Stunden.

2

Was hier ein bisschen wie eine Tretmühle aussieht, ist ebenfalls ein Fahrrad: Der Fahrer sitzt in der Mitte eines großen Eisenrades und muss mit Hilfe von Fußhebeln Tempo erzeugen.

3

Von 1884 bis 1886 fuhr der Engländer Thomas Stevens mit einem Hochrad um die Welt. Zur gleichen Zeit wurden bereits die bequemeren Niedrigräder entwickelt, die sich schließlich durchsetzen sollten.

4

Ende des 19. Jahrhunderts wurden die ersten Niederräder gebaut, die bereits heutigen Rädern ähnelten. Um 1880 waren Fahrräder besonders gefragt, da sich mit ihnen viel transportieren ließ.

5

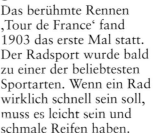

Das berühmte Rennen ,Tour de France' fand 1903 das erste Mal statt. Der Radsport wurde bald zu einer der beliebtesten Sportarten. Wenn ein Rad wirklich schnell sein soll, muss es leicht sein und schmale Reifen haben.

6

Das Mountainbike ist in Sachen Federung der Spitzenreiter. Weil es speziell für unebenes Gelände gebaut ist, hat es eine besonders gute Bodenhaftung. An Vorder- und Hinterrad sitzen richtige Stoßdämpfer.

👤 Prüfungstraining

1 📼 Hören

Wo liegt der Bahnhof? Hör gut zu und wähl den richtigen Plan aus (A, B oder C).

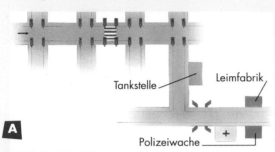

Zeichenerklärung

▌	= Ampel
+	= Krankenhaus
)(	= Brücke
☰	= Zebrastreifen

2 Sprechen

Describe a recent holiday (real or imaginary). Where did you go? What did you do? Describe the journey and one or more days of the holiday.

Beispiel

Dieses Jahr bin ich nach Paris gefahren und dort habe ich den Eiffelturm besichtigt. Nachdem ich den Eiffelturm besichtigt hatte, bin ich....

3 Lesen

Lies den Dialog und beantworte die Fragen auf Seite 119.

Beispiel

1 Er war hinter Karl auf der Autobahn.

Karl und Petra ziehen um. Karl kommt mit einigen Möbeln im PKW am neuen Haus an.
Petra ist schon mit einem kleinen Lastwagen dort angekommen und will auspacken.

Petra: Hi, Karl. Wo ist der Möbelwagen?

Karl: Ich weiß nicht. Auf der Autobahn war er hinter mir, aber als ich von der Autobahn abgefahren bin, habe ich ihn verloren. Seit einer halben Stunde habe ich ihn nicht mehr im Rückspiegel gesehen.

Petra: Das macht nichts. Er hat die Nummer deines Handys. Guck mal, ich habe diese Möbel schon in den Garten gebracht. Wir können sie ins Haus bringen, während wir warten. Hast du den Schlüssel?

Karl: Er ist unter einem Stein neben der Tür ... nein, nicht dort – zwischen dem Gartenzwerg und der Blume. Ach, Mist, er ist nicht da. Wo ist der andere Schlüssel?

Petra: Im Möbelwagen.

Karl: Was? Aber hör mal, das Telefon klingelt. Hier ist Karl Voß ... ja. Was? Mist. Na ja, OK, tschüss.

Petra: Was ist los?

Karl: Er war in Kaltenbrunn. Vor dem Rathaus.

Petra: Kaltenbrunn? Das ist fast 100 Kilometer weg!

Karl: Der rechte Blinker unseres Autos war kaputt und er hat die Ausfahrt verpasst. Er hat erst bei Kaltenbrunn abfahren können.

Petra: Er ist aber schon wieder unterwegs, oder?

Karl: Nein. Er kommt nicht unter einer zu niedrigen Brücke durch. Er wird erst in frühestens drei Stunden ankommen.

Petra: Ach, was soll's? Wir können diese Möbel abdecken und zu meiner Großmutter gehen. Wir können bei ihr warten. Wo ist die Plastikplane?

Karl: Im Möbelwagen. Und guck mal. Es fängt an zu regnen.

Fragen zum Dialog

1 Wo war der Möbelwagen, als Karl ihn zum letzten Mal gesehen hat?
2 Was hat Petra schon gemacht?
3 Wo sind die zwei Haustürschlüssel?
4 Wo ist der Möbelwagen im Moment?
5 Warum hatte der Fahrer die Ausfahrt verpasst?
6 Wann wird er da sein?
7 Wo können Petra und Karl vielleicht warten?
8 Warum ist der Regen ein Problem für die beiden?

Selbstlernkassetten

1 🔲 Aussprache

Hör gut zu und wiederhole.

1 *Wenn der Pott aber nu en Loch hat, lieber Heinrich, lieber Heinrich? Stopp's zu, liebe, liebe Liese, liebe Liese, stopp's zu!*

2 *Womit soll ich's denn aber zustoppen …? Mit Stroh …*

3 *Wenn's Stroh aber nu zu lang ist …? Hau's ab …*

4 *Womit soll ich's aber abhaue' …? Mit'm Beil …*

5 *Wenn's Beil aber nu zu stumpf ist …? Mach's scharf …*

6 *Womit soll ich's denn aber scharf machen …? Mit'm Stein …*

7 *Wenn der Stein aber nu zu trocken ist …? Mach'n nass …*

8 *Womit soll ich'n aber nass mach'n …? Mit Wasser …*

9 *Womit soll ich denn aber's Wasser schöpfe' …? Mit'm Pott …*

10 *Wenn der Pott aber nu en Loch hat …? Lass es sein, dumme, dumme Liese, dumme Liese, lass es sein!*

2 🔲 Seifenoper

Hör dir die achte Episode der Serie an.

4 Schreiben

Schreib einen Bericht über deinen Wohnort.
Du darfst **entweder**:

- den Ort so reizend wie möglich darstellen (z.B. für einen Prospekt);

oder:

- den Ort als langweilig und hässlich darstellen (z.B. für eine Firma, die eine riesige Fabrik am Ende deiner Straße bauen möchte!).

Beispiel

Ich wohne in Schrotthaufendorf. Das ist aber wirklich der hässlichste Ort der Welt …

Zusammenfassung

Themen

		Seite	Vokabeln
1	Wegbeschreibungen	106-107	AB 133
2	Um die Welt in 80 Tagen!	108-109	AB 137
3	Es war prima!	112-113	–
4	Hier ist nichts los!	114-115	AB 143

Grammatik

	Seite	Arbeitsblatt	Grammatik
Präpositionen mit dem Akk./Dat.	107	131	8
Verben im Präsens mit Zukunftsbedeutung	109	–	2.8
Das Plusquamperfekt	112	139, 140	2.14
Es gibt/gibt es	114	142	7

Besonderes

	Seite	Arbeitsblatt
Lesepause 1	110-111	138
Lesepause 2	116-117	146
Prüfungstraining	118-119	–
Extra	158	–

9 Die Arbeitswelt

LERNPUNKTE

- **Thema 1: Stellenanzeigen**
  Das kann ich!
- **Thema 2: Bewerbungen**
  Wie mache ich das richtig?
- **Thema 3: Im Büro**
  Kannst du Verantwortung übernehmen?
- **Thema 4: Realistische Berufsziele?**
  Sollten wir nicht mehr träumen?

1 Der neue Job

Hör gut zu und sieh dir die Bildergeschichte an.

2 Was passt zusammen?

Schreib eine Zusammenfassung der Bildergeschichte.
Beispiel
1   Danny muss einen Job suchen, weil seine Frau schwanger ist.

1 Danny muss einen Job suchen,	ob man Vaterschaftsurlaub bekommt.
2 Es ist ihm egal,	weil das Geld eine wichtige Rolle spielt.
3 Er fragt nach dcm Gehalt,	weil seine Frau schwanger ist.
4 Er will auch wissen,	dass er eine neue Stelle hat.
5 Der Chef der Firma will wissen,	obwohl er die Stelle beim Magazin nicht bekommt.
6 Danny ist zufrieden,	wie gut er Englisch kann.
7 Er kann seiner Frau erzählen,	dass er keine Ausbildung hat.

3 ▭ Was hat man gefragt?

Lies die Fragen unten. Hör dann zu und wähl jeweils die richtige Frage.
Beispiel
1C

A Wie ist die Arbeitszeit?   **B** Wie hoch ist das Gehalt?   **C** Muss man eine Ausbildung haben?

D Muss man Erfahrung haben?   **E** Welchen Schulabschluss braucht man?   **F** Wie viel Urlaub bekommt man?

G Wann könnte ich anfangen?   **H** Würden Sie mir bitte ein Bewerbungsformular schicken?

4 Ich habe einige Fragen

Macht einen Dialog zu zweit. Person A benutzt die Fragen oben.
Person B benutzt die Antworten unten.
Beispiel
A: Wie ist die Arbeitszeit?
B: Von acht Uhr abends bis vier Uhr morgens.

Das ist flexibel. Wann möchten Sie anfangen?   Ja. Geben Sie mir bitte Ihre Adresse.   Man braucht Abitur.

Zweitausend Mark im Monat.   Nein. Erfahrung ist nicht nötig.   Nein. Wir bilden Sie aus.

Sechs Wochen im Jahr.   Von acht Uhr abends bis vier Uhr morgens.

5 Deine Fassung

Schreib eine neue Fassung der Bildergeschichte auf Seite 120. Ändere
möglichst viele Informationen. Füg auch neue Informationen hinzu.
Beispiel
Barbara: Danny, das Baby wird in drei Wochen da sein. Wir
werden mehr Geld brauchen. Du musst unbedingt eine Stelle
bekommen.

(ein/e) Journalist/in
(ein/e) Steward/Stewardess
(ein/e) Raumfahrer/in bei der
NASA
Fußballspieler bei FC Bayern
München
(dein Traumberuf)

bei Ihrer Personalabteilung
bei der Berufsberatung

die Martin-Luther-Hauptschule
die Sophie-Scholl-Gesamtschule
das Käthe-Kollwitz-
Gymnasium

dem Abitur
dem Hauptschulabschluss

kreativen Beruf
Beruf im Dienstleistungsbereich
Beruf im Sport
usw.

1 Bewerbung

Lies den Bewerbungsbrief und den Lebenslauf.

Stefanie Frommann
Bahnhofstr. 27
67305 Neustadt
Tel. 0978/659823
Neustadt, den 18. 1. 2001

Elektro GmbH
Personalabteilung
Postfach 4321
67305 Neustadt

Bewerbung um einen Ausbildungsplatz als EDV-Technikerin

Sehr geehrte Damen, sehr geehrte Herren,

beim Arbeitsamt hat man mir gesagt, dass Ihre Firma auch in diesem Jahr Auszubildende einstellt. Ich möchte mich deshalb bei Ihnen um einen Ausbildungsplatz als EDV-Technikerin bewerben.

Zur Zeit besuche ich die Thomas-Meyer-Realschule und werde sie im Juni dieses Jahres mit dem Realschulabschluss verlassen.

Ich interessiere mich besonders für einen elektrotechnischen Beruf. Ich habe mein Berufspraktikum bei der Nielsen GmbH gemacht und habe dort erfahren, welche Arbeiten eine EDV-Technikerin erledigt. Ich habe mich auch bei der Berufsberatung darüber informiert.

Ich würde mich darüber freuen, wenn Sie mich zu einem Vorstellungsgespräch einladen würden.

Anbei sende ich Ihnen meinen Lebenslauf, eine Kopie des letzten Schulzeugnisses und ein Passfoto.

Mit freundlichen Grüßen

Stefanie Frommann

Stefanie Frommann

Lebenslauf

Name:	Stefanie Frommann
Adresse:	Bahnhofstr. 27, 67305 Neustadt
Geburtsdatum:	16. November 1984
Geburtsort:	Neustadt
Vater:	Gotthard Frommann, Künstler
Mutter:	Inken Frommann, Industriekauffrau
Geschwister:	eine jüngere Schwester
Schulbildung:	ab 1995 Thomas-Meyer-Realschule, Neustadt
Berufspraktikum:	bei Nielsen GmbH (Neustadt)
Kurse:	EDV-Kurs an der Volkshochschule
Schwerpunktfächer:	Englisch und Mathematik
Hobbys:	Lesen, Sport (Bogenschießen, Volleyball)

2 Alles klar?

Lies den Brief noch einmal und beantworte folgende Fragen.

Beispiel

1   Sie hat das beim Arbeitsamt erfahren.

1   Woher weiß Stefanie, dass die Firma Auszubildende einstellt?
2   Worum bewirbt sich Stefanie?
3   Wann wird sie die Schule verlassen?
4   Mit welchem Schulabschluss wird sie die Schule verlassen?
5   Wofür interessiert sich Stefanie besonders?
6   Hat sie schon Erfahrungen im elektrotechnischen Bereich gemacht?
7   Wie hat sie weitere Informationen bekommen?
8   Worüber würde sie sich freuen?

Achtung!
Reflexivverben mit
Präpositionen + Pronomen

Ich bewerbe mich **darum**.
Ich interessiere mich **dafür**.
Ich freue mich **darüber**.
Ich informiere mich **darüber**.

Lerntipp

Reflexivverben mit Präpositionen (Akkusativ)

sich bewerben	-> Ich bewerbe mich **um**	den/einen Ausbildungsplatz.
sich interessieren	-> Ich interessiere mich **für**	die/eine Firma.
sich freuen	-> Ich freue mich **über**	das/ein Vorstellungsgespräch.
sich informieren	-> Ich informiere mich **über**	die Möglichkeiten.

Siehe Grammatik, 2.3

---

3 🔲 Das Vorstellungsgespräch

Katharina, Björg, Heidi, Stefan und Zehra haben sich um eine Stelle beworben. Hör gut zu und beantworte folgende Fragen für jede Person:

a)   Hat er/sie den Schulabschluss? (Ja/Nein.)
b)   Hat er/sie ein Berufspraktikum gemacht? (Ja/Nein.)
c)   Hat er/sie einen guten Brief geschrieben? (Ja/Nein.)
d)   Bekommt er/sie eine Einladung zum Vorstellungsgespräch? (Ja/Nein.)

Beispiel
Katharina· a) Ja, b) ...

4 🔲 Noch etwas!

Hör noch einmal zu. Mach dir Notizen zu den Themen ‚Schulabschluss‘ und ‚Berufspraktikum‘.
Beispiel

	Schulabschluss	Berufspraktikum
Katharina	Realschulabschluss	im elektrotechnischen Bereich

5 Ein Traumberuf

Wähl einen Traumberuf aus und schreib einen Bewerbungsbrief dafür. Der Brief und die Kästchen auf Seite 122 helfen dir dabei. Erwähne:

- warum du dich bewirbst
- deinen Schulabschluss
- dein Berufspraktikum
- wie du dich über die Stelle informiert hast.

Werbung in eigener Sache

,Was mache ich nach dem Abitur?' Diese Frage war für Christian von Freeden (22) klar: Der Hamburger hatte einen genauen Plan. Er wollte Werbekaufmann werden. Nicht irgendwo, sondern bei einer ganz bestimmten Agentur.

Doch welcher Weg führt zum Erfolg? Christian hatte eine Idee. Er mietete einen Platz auf einer Litfaßsäule. Die stand der Agentur genau gegenüber. Auf die Litfaßsäule klebte er ein großes buntes Bewerbungsplakat mit den Wörtern ,LEHRSTELLE BEI LINTAG GESUCHT' und seiner Telefonnummer darauf.

Der Erfolg ließ nicht lange auf sich warten. Schon nach wenigen Stunden klingelte das Telefon. Der Personalchef bat den jungen Mann zum Gespräch. Auch darin bewies Christian, dass er Eigenwerbung beherrscht. Nach wenigen Tagen hatte er den Ausbildungsplatz.

Wehrdienst in der Bundesrepublik Deutschland

Was wirst du mit 18 Jahren machen? Einen Ausbildungsplatz suchen? Auf die Uni gehen? In Deutschland geht das nicht so einfach ... zumindest nicht für die Jungs. In der Bundesrepublik müssen alle Männer ab 18 Jahren Wehrdienst leisten. (Frauen ist der Dienst mit der Waffe verboten.) Der Wehrdienst dauert 12 Monate. Man bekommt bei der Bundeswehr eine dreimonatige Grundausbildung und wird dann in eine bestimmte Einheit versetzt.

Alternativ zum Wehrdienst kann man sich für zehn Jahre bei der Feuerwehr oder beim Roten Kreuz verpflichten. Wenn man den Dienst in der Bundeswehr aus Gewissensgründen ablehnt, kann man auch Zivildienst leisten.

Immer mehr junge Männer wollen Zivildienst statt Militärdienst leisten. (Frauen müssen weder Militärdienst noch Zivildienst leisten.) Die Experten streiten sich über die Ursachen dieses Trends.

Am Zivildienst selbst liegt es wahrscheinlich nicht. Er dauert drei Monate länger als der Militärdienst.

Auch die Arbeit gefällt nicht jedem: zum Beispiel kranke und alte Menschen versorgen, Behinderte betreuen oder Essen für Arme ausfahren. Die Zivildienstleistenden (,Zivis' genannt) müssen sich ihre Zivildienststelle selbst suchen und sie erhalten keine Ausbildung für ihre Arbeit. Doch in der Öffentlichkeit gelten die ,Zivis' oft als Drückeberger.

Trotzdem steigt die Zahl der ,Zivis'. Vielleicht sind es Bilder von Kriegen, die wir täglich im Fernsehen erleben. Die Jugendlichen stellen die Bundeswehr mehr und mehr in Frage und erachten karitative Arbeit als nützlicher als den Wehrdienst.

Jung, dynamisch, erfolglos? –
JUGENDLICHE UND ARBEITSLOSIGKEIT

Im Saarland sind 12,4 Prozent der unter 25-Jährigen arbeitslos. Warum? Im Prinzip gibt es auf dem Arbeitsmarkt immer noch genügend Ausbildungsplätze – nur gibt es häufig Plätze für Berufe, die keiner ergreifen will, wie beispielsweise Fleischer, Bäcker, Köche ... Dagegen wollen sehr viele Jugendliche ins Bankgewerbe. Aber gerade dort sollen in den nächsten zehn Jahren 100.000 Stellen abgebaut werden.
Jochen Nußbaum, Berufsberater

Viele Jugendliche haben noch nicht kapiert, wie schwierig es geworden ist eine Stelle oder einen Ausbildungsplatz zu bekommen. Wenn mir einer seine Bewerbung zeigt und da ein Schreibfehler drin ist, fragt er: ‚Muss ich das wirklich korrigieren?' Und nicht nur Hauptschüler denken so – auch Abiturienten.
Christa Kellmann, Berufsberaterin

Langzeitarbeitslose verlieren an Motivation. Je länger es dauert, desto weniger kann man sich vorstellen früh aufzustehen oder eine Ausbildung zu machen. Einige arbeitslose Jugendliche kommen schnell auf die schiefe Bahn: Alkohol, Drogen, Diebstahl. Damit sind ihre Chancen auf dem Arbeitsmarkt praktisch gleich null.
Janine Borchert, Lehrerin am Ausbildungszentrum, Auerbach

Klodeckel = Kunstwerk

Der 33-jährige Uwe aus München hat einen neuen Beruf erfunden: ‚Klodeckeldesigner'. Seine Klodeckel sind Kunstwerke aus Acryl, die ganz unerwartete Sachen enthalten: Gummibärchen, kleine Stofftiere, alles Mögliche ... In einigen Hotels können sich jetzt frisch Verheiratete auf Rosen setzen. In einer Firma setzen sich jetzt Manager im Zeitstress auf einen Klodeckel mit eingebauter Uhr.
Was für Sachen würdest du in einen Klodeckel einsetzen?

© Photo: dpa

1 📼 Stress bei der Arbeit

Manche Auszubildende übernehmen schnell viel Verantwortung. Das kann manchmal stressig sein. Hör gut zu und sieh dir die Fotogeschichte an.

Martina, ich habe jetzt eine Besprechung mit dem Direktor der Firma. Sie kommen bestimmt alleine klar!

Hilfe!

Piiiiiiip!

Piiiiiiip!

Drrrrrrr!

Hier Frau Lockweiler. Ich will mich beschweren! Sie sollten mir vor drei Tagen eine Preisliste zugeschickt haben. Wo ist sie?

Ich, äh ... Ich weiß es nicht. Meine Chefin ist ... äh ... Moment mal. Bitte nicht auflegen. Nicht auflegen.

Hilfe!

Piiiiiiip!

Drrrrrrr!

TIPP: Gerate nicht in Panik!

Wie bitte? Haben Sie die Gebrauchsanweisung nicht gelesen? Lesen Sie zuerst die Gebrauchsanweisung und dann rufen Sie uns zurück und entschuldigen Sie sich! Wir sind bis sechs Uhr zu erreichen. Auf Wiederhören.

Ich will mich beschweren! Wir haben gerade zehn Computerterminals von Ihnen erhalten und keins funktioniert. Sie müssen die Terminals sofort kostenlos ersetzen. Sonst zahlen wir nicht.

Piiiiiiip!

Drrrrrrr!

TIPP: Reagiere nicht arrogant!

Ich will mich beschweren! Wir warten seit drei Wochen auf Ihre Bezahlung! Verbinden Sie mich sofort mit Ihrem Chef.

Piiiiiiip!

Drrrrrrr!

Leider ist meine Chefin in Südamerika. Aber machen Sie sich bitte keine Sorgen. Wir haben das Geld am achtzehnten abgeschickt. Es ist wahrscheinlich schon heute auf Ihrem Konto.

TIPP: Lüg nicht!

Ich will mich beschweren! Sie haben vor sechs Monaten 20 Computerterminals bei uns installiert. Jetzt ist das ganze System außer Betrieb!

Das tut mir Leid. Leider ist meine Chefin momentan nicht hier. Geben Sie mir bitte Ihren Namen, Ihre Telefonnummer und Ihre Kontonummer oder Ihre Bestellnummer und ich richte meiner Chefin sofort aus, dass Sie ein Problem haben. Sie ruft Sie bestimmt sofort zurück.

Piiiiiiip!

Drrrrrrr!

TIPP: Hab Verständnis für den Kunden.

Guten Tag. Hier ist unser Anrufbeantworter. Sprechen Sie bitte nach dem Ton.

Ich will mich beschweren!

Piiiiiiip!

Drrrrrrr!

TIPP: Wenn die ersten vier Tipps dir nicht helfen, sei kreativ. Und dann hol deinen Chef oder deine Chefin.

Lerntipp

Formelle und informelle Sprache

Sie	du
Sie kommen alleine klar	**du** kommst alleine klar
er ruft **Sie** zurück	er ruft **dich** zurück
machen **Sie** sich keine Sorgen	mach **dir** keine Sorgen
Ihre Telefonnummer	**deine** Telefonnummer

Siehe Grammatik, 1 →

aggressiv

Bezahlung

diplomatische

Hardware

helfen

unzufrieden

Kontonummer

lügt

Panik

treffen

Verantwortung

2 Analyse

Lies die Fotogeschichte und füll die Lücken unten aus. Benutz die Wörter im Kästchen. Pass auf! Zwei Wörter brauchst du nicht.

Beispiel

1 Verantwortung

In dieser Situation muss Martina die ...(1)... für das Büro übernehmen. Die erste Kundin ist sehr ...(2)..., weil sie keine Preisliste erhalten hat. Martinas Reaktion ist ...(3)... . Sie kann der Kundin überhaupt nicht ...(4)... .

Als ein zweiter Kunde sich über die ...(5)... beschwert, reagiert Martina ...(6)... .

Der dritte Kunde wartet immer noch auf seine ...(7)... . Leider ist Martinas Reaktion in dieser Situation sehr dumm – sie ...(8)... .

Als die vierte Kundin anruft, hat Martina ihre Panik unter Kontrolle und sie gibt eine ...(9)... Antwort. Hier macht sie es richtig.

3 ▭ Logisch?

Hör gut zu. Sind die Antworten logisch oder unlogisch?

Beispiel

1 unlogisch

4 Telefonieren

Übt den Dialog unten zu zweit. Dann wählt einen Umgangston (arrogant, sauer, hilflos oder diplomatisch) und macht neue Dialoge mit Hilfe der Wörter in den Kästchen.

Beispiel

A: Hier ist Frau/Herr Grasdorf von Infosystems. Wir möchten ...

A: Hier ist Frau/Herr Grasdorf von Infosystems. **Ich will mich beschweren.** Kann ich bitte mit Frau/Herrn Hesselbein sprechen?

B: Moment bitte. **Ich verbinde.** ... Es tut mir Leid. Sie/Er ist **momentan nicht da.** Kann ich etwas ausrichten?

A: Richten Sie ihr/ihm bitte aus, dass alles außer Betrieb ist.

B: Das mache ich. Soll sie/er Sie zurückrufen?

A: Ja. Ich bin im **Büro** zu erreichen. Auf Wiederhören.

B: Auf Wiederhören.

Wir warten noch auf unsere Bezahlung.
Ich bin mit Ihrem Service sehr zufrieden.
Wir möchten 500 Computer bestellen.

Bleiben Sie dran.
Legen Sie nicht auf.
Ich weiß nicht, ob er/sie da ist.

bis Freitag in Japan
beim Direktor
im Augenblick nicht im Büro

Kann ich Ihnen helfen?
Möchten Sie es später noch einmal versuchen?

unter der Nummer 01325 74823
in Hannover
bis sieben Uhr

Ihre Produkte sehr gut funktionieren.
Ihre Gebrauchsanweisungen total blöd sind.
wir immer noch auf unser Geld warten.
ich sie/ihn treffen möchte.

1 Realistische Berufsziele?

Lies den Artikel aus KLARO-Magazin und schlag unbekannte Wörter im Wörterbuch nach.

In Deutschland haben nur 11% der Männer und 2% der Frauen ihren Traumberuf ergriffen. Anscheinend ist es einfacher realistische Ziele zu erreichen als Träume zu verwirklichen. Sollten wir also unsere Träume aufgeben? Das hat KLARO gefragt.

Das Leben ist hart. Wenn man arbeiten will, muss man realistische Ziele haben. Der Arbeitsmarkt verlangt einen guten Schulabschluss und eine gute Ausbildung oder ein abgeschlossenes Studium. Es nervt mich, wenn meine Klassenkameraden sagen: ‚Ich will Schriftstellerin werden' oder ‚Ich will Modedesigner werden'. Sie haben absolut keine Chance. Und weil sie ständig von unrealistischen Berufen träumen, konzentrieren sie sich zu wenig auf die Schule. Und wenn sie dann den Schulabschluss nicht schaffen, können sie sich für nichts bewerben. Es gibt sowieso zu viele arbeitslose Träumer in der Welt.
Jochen, 16 Jahre, Berlin

Wenn mir jemand sagt: ‚Ich will Künstlerin oder Naturwissenschaftlerin werden' finde ich das eigentlich ganz in Ordnung. Es ist wichtig zu träumen. Aber man muss auch eine Ahnung davon haben, was man machen könnte, wenn das alles nicht klappt. Vielleicht hört sich das ein bisschen langweilig an, aber wir können nicht alle Raumfahrer werden. Ich persönlich möchte gern Schauspielerin werden, aber wenn das nicht hinhaut, weiß ich, dass ich ein gutes Schulzeugnis habe und dass ich mich für ein Studium bewerben kann.
Fatma, 16 Jahre, Frankfurt an der Oder

Ich will bei einem internationalen Orchester spielen. Man darf nie aufhören den großen Traum zu träumen. Vielleicht schafft man es nicht den Traum zu verwirklichen, aber man kann nachher immer sagen: ‚Ich habe es versucht'. Es ist viel zu einfach zu sagen: ‚Wenn ich die Wahl hätte, würde ich Musiker bei der Berliner Philharmonie werden, aber ich weiß, dass es nur ein Traum ist. Also bewerbe ich mich um einen Ausbildungsplatz bei *Volkswagen*.' Wenn alle so denken würden, hätten wir bald überhaupt keine Musiker, keine Künstler, keine Fußballprofis, nichts. Nur Büro- und Fabrikarbeiter. Stellt euch das mal vor.
Hubert, 16 Jahre, Goisern

2 Wer meint das?

Lies den Artikel noch einmal. Wer meint das?
Beispiel
1   Jochen

1   Wenn man einen Beruf möchte, sollte man ein realistisches Ziel haben.
2   Wenn niemand seinen Traumberuf ergreifen würde, wäre die Welt sehr langweilig.
3   Wenn ich meinen Traum nicht verwirkliche, ist es nicht so schlimm.
4   Wenn man unrealistische Träume hat, leistet man weniger in der Schule.
5   Wenn man keine Qualifikationen hat, bekommt man wahrscheinlich keinen Job.
6   Wenn man Träume hat, muss man aber auch eine realistische Alternative haben.
7   Wenn es nicht klappt, hat man es wenigstens versucht.

3 Wie findest du sie?

Wie würdest du Jochen, Fatma und Hubert beschreiben? Schreib drei oder vier Sätze über jede Person.
Beispiel
Einerseits finde ich Jochen ein bisschen pessimistisch. Andererseits …

| Einerseits Andererseits Dazu Dagegen | finde ich | [Name] ihn sie | ziemlich relativ (nicht) sehr unheimlich (nicht) besonders ein bisschen wirklich (nicht) (nicht) zu echt | realistisch. idealistisch. vernünftig. langweilig. ehrgeizig. zielbewusst. ausgeglichen. egoistisch. pessimistisch. |
| | ist | [Name] er sie | | |

---

ausgeglichener
egoistisch
ehrgeizig
idealistischer
langweiliger
pessimistisch
realistischer
vernünftig
zielbewusster

4 🔲 Vergleiche

Jochen, Fatma und Hubert reden übereinander. Lies die Sätze, hör gut zu und füll die Lücken mit Wörtern aus der Liste aus.
Beispiel
1 ausgeglichener

Ich bin …(1)… als die zwei Jungs, aber ich bin bestimmt …(2)… als Jochen.

Fatma

Ich bin viel …(3)… als Jochen, aber ich bin nicht so …(4)… wie Fatma.

Hubert

Ich bin nicht so …(5)… wie Hubert, aber ich bin ….(6)… als die beiden.

Jochen

Lerntipp
Wenn

Hauptsatz	**Nebensatz**
Man muss realistische Ziele haben,	**wenn** man arbeiten will.

ODER

Nebensatz	**Hauptsatz**
Wenn man arbeiten will,	muss man realistische Ziele haben.

 Siehe Grammatik, 4.1

5 Find' ich auch

Lies den Artikel auf Seite 128 noch einmal. Schreib die Meinungen auf, mit denen du übereinstimmst und mit denen du nicht übereinstimmst.
Beispiel

Finde ich auch!	Quatsch!
Es ist wichtig zu träumen.	Das Leben ist hart.

6 Was meinst du?

Schreib deine Meinung zu diesem Thema. Erwähne auch, was deine Eltern/deine Schulkameraden und deine Lehrer/innen meinen.
Beispiel
Man muss ziemlich realistisch sein …

7 Präsentation

Schreib ein paar Kernpunkte aus deinem Artikel auf und mach eine Präsentation.

Prüfungstraining

1 🔲 Hören

Katjas Chef erklärt ihr, was sie heute machen muss.
Hör zu, sieh dir die Bilder an und ordne sie.

Beispiel
d, ...

2 Sprechen

You work at Spendax Ltd. Your boss gives you this memo with the details on and asks you to phone Frau Reuth at Rotpunkt Computer Systems, Düsseldorf.

- Sag, wer du bist und wo du arbeitest.
- Erklär das Problem.
- Erklär, wie wichtig die Computerterminals für dich sind.
- Bestehe darauf, dass Frau Reuth das Problem löst.
- Verlange, dass sie zurückruft.

> · M E M O ·
>
> We want to complain.
>
> The computer terminals have arrived but they don't work.
>
> We need them for our work.
>
> Find out what they will do about it. Insist on action.
>
> Ask them to call you back within thirty minutes.

3 Lesen

Unglaublich! 79% von allen, die einen Beruf haben, sind mit ihrer Arbeit zufrieden. Das ergab eine Umfrage der Zeitschrift ‚JUFO'. Lies die Statistik.

11% der Männer und 2% der Frauen haben ihren Traumberuf ergriffen. Als Traumberuf nannten junge Männer am häufigsten Naturwissenschaftler (15%), Ingenieur oder Manager (8%) und junge Frauen Künstlerin (17%) und Modedesignerin (7%). Einerseits ist es anscheinend für die Männer einfacher ihre Berufsträume zu verwirklichen, andererseits sind ihre Träume vielleicht nicht so ausgefallen wie die der Frauen.

Und wo möchten sie arbeiten? Am liebsten beim Staat (29%). Das ist für viele der sicherste Arbeitgeber. Aber gleich danach kommen die Fluggesellschaft *Lufthansa* (18%), die Medien (16%) und (vor allem bei den Männern) der Elektrokonzern *Siemens* (10%) und die Autofirma *Daimler-Benz* (9%).

Konkrete Wünsche gibt es auch bei der Arbeitszeit. 75% wollen Teilzeitarbeit. Und 42% wünschen sich mehr Urlaub. Wieso denn nur 42%? *Das* finde ich wirklich unglaublich!

Füll die Lücken aus. Schreib jeweils eine Zahl auf.

1. __9__ % wollen eine Karriere in der Kfz-Produktion.
2. ____ % wollen bei der Presse, beim Rundfunk oder beim Fernsehen arbeiten.
3. ____ % wollen längere Ferien.
4. ____ % wollen einen Arbeitsplatz beim sichersten Arbeitgeber.
5. ____ % haben eine akzeptable Berufswahl getroffen.
6. ____ % wollen nicht Vollzeit arbeiten.

4 Schreiben

> Gesucht: Kellner/innen für August.
> Schüler/in od. Student/in 16+ Jahre.
> Bewerbung mit Foto an: Herrn Glocke,
> Hotel Maifelder, Maifelderplatz 27-29,
> Unzmarkt, Österreich.

Du hast diese Anzeige gelesen und möchtest dich um den Job bewerben. Schreib einen Brief an Herrn Glocke.

Gib Informationen über:
- deine Deutschkenntnisse
- die Dauer deiner Ferien
- deine Berufserfahrung
- dein Berufspraktikum.

Sag,:
- warum diese Stelle dich interessiert.
- welches Studium/welche Ausbildung dich interessiert.
- wann du anfangen kannst und wie viele Wochen du frei hast.

Frag,:
- wie viele Stunden du pro Tag arbeiten musst.
- wie viel du verdienen wirst.
- ob du eine Unterkunft bekommst.

Selbstlernkassetten

1 Aussprache

Hör gut zu und wiederhole.

*Arbeitstherapie,
EDV-Technikerin,
Vaterschaftsurlaub,
Verkaufserfahrung,
Vorstellungsgespräch,
Verdienstmöglichkeiten,
Textverarbeitungskenntnisse.*

2 Seifenoper

Hör dir die neunte Episode der Serie an.

Zusammenfassung

Themen

		Seite	Vokabeln
1	Stellenanzeigen	120-121	AB 151
2	Bewerbungen	122-123	AB 155
3	Im Büro	126-127	AB 160
4	Realistische Berufsziele	128-129	AB 163

Grammatik

	Seite	Arbeitsblatt	Grammatik
Reflexivverben mit Präpositionen (Akkusativ)	123	154	2.3
Formelle und informelle Sprache (*Sie/du*)	126	159	1
wenn	129	162	4.1

Besonderes

	Seite	Arbeitsblatt
Lesepause	124-125	156
Prüfungstraining	130-131	–
Extra	159	–

10 Themen ohne Grenzen

LERNPUNKTE

- **Thema 1: Globale Probleme**
  Was ist das größte Problem?
- **Thema 2: Die Umwelt**
  Wie grün bist du?
- **Thema 3: Hoffnungen**
  Geld oder Leben?
- **Thema 4: Nachrichten**
  Kurioses aus aller Welt

1 Globale Probleme

Einige Jugendliche beantworten die Frage: ‚Was sind die größten globalen Probleme?' Lies ihre Briefe an JUFO-Magazin und schlag unbekannte Wörter nach.

Es gibt viele Sachen, die mich beunruhigen: Kriege, die Dritte Welt, AIDS …
In den Sommerferien bin ich zu meiner Tante nach Köln gefahren und dort habe ich freiwillig in ihrem Dritte-Welt-Laden gearbeitet. Das Geld geht nicht an Zwischenhändler, sondern an die Menschen, die diese Produkte herstellen. Ich versuche auch die Umwelt zu respektieren. Meine Mitschüler haben den Bürgermeister in einem Brief gebeten Container für Recycling im Pausenhof aufzustellen und er hat dies gemacht.
Jan, 15, Bad Salzdetfurth

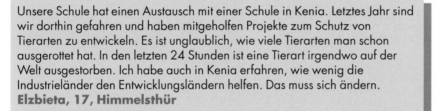

Unsere Schule hat einen Austausch mit einer Schule in Kenia. Letztes Jahr sind wir dorthin gefahren und haben mitgeholfen Projekte zum Schutz von Tierarten zu entwickeln. Es ist unglaublich, wie viele Tierarten man schon ausgerottet hat. In den letzten 24 Stunden ist eine Tierart irgendwo auf der Welt ausgestorben. Ich habe auch in Kenia erfahren, wie wenig die Industrieländer den Entwicklungsländern helfen. Das muss sich ändern.
Elzbieta, 17, Himmelsthür

Das AIDS-Risiko ist in den letzten Jahren auch gestiegen. Ich habe mir vorgenommen nie eine HIV-Infektion zu riskieren und habe mich gut darüber informiert. Niemand weiß, wo dieser Virus hergekommen ist. Meine Mutter ist der Meinung, dass Wissenschaftler den Virus als Biowaffe entwickelt haben und dass er irgendwie aus dem Labor entkommen ist. Theorien hin oder her: Niemand ist jetzt sicher vor diesem Virus.
Marcel, 16, Sarstedt

Es gibt so viele globale Probleme: die Arbeitslosigkeit, AIDS, die Dritte Welt, die Umwelt … Letztes Jahr hat man in Deutschland vier Milliarden Getränkedosen weggeworfen. Das ist ja verrückt. In der Schule habe ich das Recyceln von Papier und Aludosen organisiert. Ich habe mich auch entschieden Getränke nur in Mehrwegflaschen zu kaufen. Im Mai sind viele von uns nach Berlin gefahren und wir haben gegen das Abholzen des Regenwaldes demonstriert.
Ramona, 15, Holle

2 Alles klar?

Lies die Briefe noch einmal und beantworte folgende Fragen:
Beispiel
1   Er ist zu seiner Tante nach Köln gefahren.

1   Wohin ist Jan in den Sommerferien gefahren?
2   Was hat er dort für die Entwicklungsländer gemacht?
3   Was hat der Bürgermeister für Jans Schule gemacht?
4   An welcher Aktion hat Elzbieta in Kenia teilgenommen?
5   Was hat sie in Kenia über die reichen Länder der Welt gelernt?

6   Was hat Marcel beschlossen?
7   Was hat er gemacht um sich zu schützen?
8   Warum hat Ramona in der Schule eine Umweltaktion organisiert?
9   Was wird sie nicht mehr machen?
10 An welcher Protestaktion haben sie und ihre Freunde teilgenommen?

3 📼 Interessierst du dich dafür?

Hör den sechs Teenagern gut zu und fass ihre Antworten zusammen. Benutz die Tabelle unten. Notiere dir jeweils die Buchstaben und schreib dann einen Satz.
Beispiel
1 d, k: Ich habe in der Schule viel über globale Probleme gelernt.

Ich habe	a) mir keine Gedanken darüber	g) diskutiert.
	b) in Büchern darüber	h) teilgenommen.
	c) mit anderen Jugendlichen viel darüber	i) gemacht.
	d) in der Schule viel über globale Probleme	j) gesammelt.
	e) an Protestaktionen gegen Waffen	k) gelernt.
	f) Geld für karitative Zwecke	l) gelesen.

Lerntipp
Das Perfekt

Hilfsverb (*haben*) an 2. Stelle	Partizip am Ende	Hilfsverb (*sein*) an 2. Stelle	Partizip am Ende
ich habe	gemacht.	ich bin	
du hast	entwickelt.	du bist	
er/sie/es/(*usw.*) hat	organisiert.	er/sie/es/(*usw.*) ist	gefahren.*
wir haben	gebeten.*	wir sind	hergekommen.*
ihr habt	erfahren.*	ihr seid	ausgestorben.*
Sie haben	weggeworfen.*	Sie sind	
sie haben		sie sind	
	* unregelmäßige Verben		

Siehe Grammatik, 2.9, 2.10

4 Deine Meinung

Was meinst du zum Thema ‚globale Probleme'? Was für Erfahrungen hast du in diesem Bereich? Nimm die Briefe auf Seite 132 zu Hilfe und schreib einen Artikel.
Beispiel
Es gibt so viele globale Probleme, zum Beispiel die Dritte Welt. Ich habe in Erdkunde gelernt, wie wenig die Industrieländer den Entwicklungsländern helfen.

5 Präsentation

Schreib ein paar Schlüsselwörter aus deinem Artikel auf und mach eine Präsentation anhand deiner Notizen.
Beispiel
viele globale Probleme:
• Industrieländer/Dritte Welt
• Umwelt/Recycling
• AIDS-Risiko
• gefährdete Tiere

1 JUFO-Umfrage: Wie grün ist dein Zuhause?

Mit unserem Fragebogen kannst du feststellen, wie grün dein Zuhause ist.
Lies den Text und notiere jeweils deine Punktzahl. Dann lies die Auswertung unten.

1 *Benutzt deine Familie Klopapier, …?*

a) das aus 100% Altpapier ist [4 Punkte]

b) das teilweise aus Altpapier ist [2 Punkte]

c) das kein Altpapier enthält [0 Punkte]

2 *Sammelt ihr diese Sachen um sie zu recyceln oder kauft ihr sie überhaupt nicht?*

a) Gläser/Glasflaschen [2 Punkte]

b) Plastikabfälle/Plastiktüten [2 Punkte]

c) Zeitungen/Zeitschriften/Papier [2 Punkte]

d) Aluminium/Aludosen [2 Punkte]

3 *Wie viele Küchengeräte habt ihr?*

a) 12 und mehr [0 Punkte]

b) fünf bis 11 [2 Punkte]

c) weniger als fünf [6 Punkte]

4 *Wenn du als letzte Person das Zimmer verlässt, schaltest du das Licht aus?*

a) immer [6 Punkte]

b) oft [2 Punkte]

c) nie [0 Punkte]

5 *Was für Deodorants benutzt ihr?*

a) Spray [0 Punkte]

b) Roll-on oder Stift [2 Punkte]

c) Deodorant mit Pumpmechanismus [4 Punkte]

6 *Tankt ihr …?*

a) bleifrei [2 Punkte]

b) bleihaltiges Benzin oder Diesel [0 Punkte]

c) überhaupt nicht, da ihr kein Auto habt [6 Punkte]

7 *Ein Freund wohnt zwei Kilometer von euch entfernt. Wie kommst du dahin?*

a) Du machst das zu Fuß oder mit dem Fahrrad. [6 Punkte]

b) Du fragst jemanden, ob er/sie dich mit dem Auto hinbringen kann. [0 Punkte]

c) Du fährst mit dem Bus, der Straßenbahn oder der U-Bahn. [2 Punkte]

AUSWERTUNG

0–6 Punkte	O je! Deine Familie hat noch viel zu tun.
8–14 Punkte	Nicht schlecht, aber ihr könntet bestimmt mehr tun.
16–26 Punkte	Gut. Deine Familie ist schon ziemlich grün.
28–40 Punkte	Ihr seid eine vorbildliche Familie!

2 📼 Jan-Hendrik und Martin

Jan-Hendrik macht die JUFO-Umfrage auf Seite 134 mit Martin.
Hör zu. Wie sind Martins Antworten?
Beispiel
1a

3 Was passt zusammen?

Schreib sieben vernünftige Sätze.
Beispiel
1   Ich fahre oft mit dem Rad und halte mich dabei auch in Form.

1 Ich fahre oft mit dem Rad	weil sie oft FCKW enthalten.
2 Meine Eltern tanken bleifrei,	obwohl es ein bisschen grau aussieht.
3 Wir recyceln Plastikflaschen,	und halte mich dabei auch in Form.
4 Wir benutzen keine Spraydeodorants,	obwohl wir mit dem Auto dahin fahren müssen.
5 Wir lassen das Licht nie an,	aber wir fahren immer noch zu viel Auto.
6 Ich kaufe recyceltes Papier zum Schreiben,	aber es wäre besser nur Mehrwegflaschen zu benutzen.
7 Wir bringen Altpapier zum Container,	weil man damit sowohl Geld als auch Strom spart.

4 Wir müssen alle grüner sein!

Wie könnte deine Familie grüner sein? Schreib fünf bis zehn Vorschläge
auf. Die Tabelle hilft dir dabei.
Beispiel
Wir sollten öfter bleifrei tanken.

Wir	könnten sollten müssen	nie mehr weniger immer keine öfter	recyceltes Papier zum Schreiben Neupapier mit dem Auto Einwegflaschen Mehrwegflaschen Glas Plastiktüten mehrmals umweltfreundliche Produkte Aludosen bleifrei	recyceln. kaufen. fahren. tanken. wegwerfen. benutzen.

5 Partnerarbeit

Stell deinem/deiner Partner/in folgende Fragen:
Beispiel

A Was für Benzin tanken deine Eltern?   **B** Sie tanken immer bleifrei.

```
 1  Was für Benzin tanken deine Eltern?
 2  Was für Deodorants benutzt du?
 3  Was für Klopapier benutzt deine Familie?
 4  Was für Papier kaufst du, wenn du einen Brief schreiben willst?
 5  Was sammelt deine Familie fürs Recycling?
 6  Wie oft fährst du mit dem Rad zur Schule?
 7  Wie oft fährst du kleine Strecken (weniger als zwei Kilometer) mit dem Auto?
 8  Wie oft lässt du das Licht an, wenn du als Letzte/r aus dem Zimmer gehst?
 9  Wie könntest du grüner sein?
10  Wie könnte deine Familie grüner sein?
```

Lesepause 1

Jeden Tag werfen die Japaner 32 Millionen Essstäbchen weg. Die Essstäbchen sind alle aus wertvollem Holz aus den Regenwäldern von Malaysia.

Neu gebaute Häuser in Schweden sind zwei- bis dreimal besser isoliert als die in Deutschland.

Norwegen erzeugt seinen Strom zu 99% aus erneuerbarer Energie. In Deutschland liegt die Quote bei 6%.

Die Industrieländer erzeugen 80% des gesamten Kohlendioxids, obwohl dort nur 25% der Weltbevölkerung wohnen.

Jeden Tag produziert Deutschland so viel Müll, dass man damit den ganzen Alexanderplatz in Berlin bedecken könnte – fast bis zur Spitze des Fersehturms!

1953 hat man den letzten Lachs im Rhein gefangen.

Eine Durchschnittsfamilie in den Industrieländern verbraucht in der Woche ungefähr 2.300 Liter Wasser. 33% davon sind für die WC-Spülung.

Im Jahre 1965 gab es 50 Millionen Autos auf der ganzen Welt. Bald werden es über 1.000 Millionen sein.

Auf der Erde leben 20–50 Millionen Tierarten. Die Experten nehmen an, dass pro Tag eine Tierart ausstirbt.

Schweden hat über 4.000 Seen, in denen kein Fisch mehr schwimmt. Ursache: saurer Regen aus den Industrieländern Europas.

Wir sind ein Teil der Erde

Der Staat Washington im Nordwesten der USA war die Heimat der Duwanisch, eines Indianervolkes. Im Jahre 1855 wollte Franklin Pierce, der Präsident der USA, den Duwanisch das Land abkaufen. Die Indianer verstanden das nicht. Der Mensch ist ein Teil der Erde. Wie kann er sie also besitzen? Chief Seattle, der Häuptling der Duwanisch, antwortete Franklin Pierce mit einer langen Rede. Hier einige Auszüge ...

„... Wie kann man den Himmel kaufen oder die Wärme der Erde? Wenn wir die Frische der Luft und das Glitzern des Wassers nicht besitzen – wie könnt ihr sie von uns kaufen? ...

... Jede glitzernde Tannennadel, jeder sandige Strand, jeder Nebel in den dunklen Wäldern, jede Lichtung, jedes summende Insekt ist heilig in den Gedanken und Erfahrungen meines Volkes ...

... Gott liebt euer Volk und hat seine roten Kinder verlassen. Er schickt Maschinen um dem weißen Mann bei seiner Arbeit zu helfen und baut große Dörfer für ihn. Bald werdet ihr das Land überfluten, wie Flüsse nach einem unerwarteten Regen ...

... Wir wissen, dass der weiße Mann unsere Art nicht versteht. Er ist ein Fremder. Er kommt in der Nacht und nimmt von der Erde, was immer er braucht. Die Erde ist nicht sein Bruder, sondern sein Feind ...

... Ich bin ein Wilder und verstehe es nicht anders. Ich habe tausend verrottende Büffel gesehen, vom weißen Mann aus einem vorbeifahrenden Zug erschossen. Ich bin ein Wilder und kann nicht verstehen, wie das qualmende Eisenpferd wichtiger sein soll als der Büffel. Was ist der Mensch ohne die Tiere? ...

... Die Erde ist unsere Mutter. Die Erde gehört nicht dem Menschen, der Mensch gehört zur Erde. Alles ist miteinander verbunden, wie das Blut, das eine Familie vereint. Was die Erde befällt, befällt auch die Kinder der Erde ...'

Chief Seattle, 1855

1 Hoffnungen

Sechs Jugendliche beantworten die Frage: ‚Was wünschst du dir in der Zukunft?'
Lies den Artikel aus GAUDI-Magazin.

Ich möchte um die Welt reisen und dort leben, wo es mir gefällt. Ich würde gern in einem Flugzeug wohnen. Ich habe das mal in Amerika gesehen. Mein Vater sagt mir ständig: ‚Das wirst du nie schaffen.' Er wird aber echt gaffen, wenn ich einziehe.

Claudia, 17 Jahre

Mein größter Wunsch ist es, mein Studium gut zu beenden. Dann wünsche ich mir ein flottes Auto, ein großes Haus und viel Geld. Viele Menschen machen sich Sorgen um die Zukunft und die Umwelt und so. Ich nicht. Mir ist es egal, ob in hundert Jahren die Luft total verpestet ist. Ich werde sowieso schon tot sein.

Matthias, 19 Jahre

Ich möchte in Ruhe und Harmonie mit der ganzen Welt leben. Frei von allen Sorgen und Problemen der Gegenwart, zum Beispiel AIDS, Ausländerfeindlichkeit und Arbeitslosigkeit. Es ist ein großer Traum, der vielleicht nie in Erfüllung gehen wird, aber es bringt nichts, wenn man pessimistisch ist.

Danja, 16 Jahre

Meine größte Hoffnung ist der Erfolg des Songs ‚Nichts ohne Liebe', den ich bald aufnehmen werde. Man schreibt das Lied gerade für mich und die Studioaufnahmen werden irgendwann in den kommenden Monaten stattfinden. Dann werdet ihr alle die CD kaufen und ich werde berühmt sein!

Yvonne, 17 Jahre

Ich träume von einem Leben ohne Krieg, ohne Krankheit und ohne Umweltverschmutzung. Ich möchte auch wissen, wie lange ich leben werde. Ich möchte bis zu einem bestimmten Alter leben und dann sagen: ‚Jetzt habe ich mein Leben gelebt. Danke und tschüss!' Ich glaube jedoch, wir werden nie den Zeitpunkt unseres Todes im voraus wissen können.

Carsten, 18 Jahre

Es ärgert mich, dass die Industrieländer Waffen an die Dritte Welt verkaufen. Ich hoffe, dass wir irgendwann in einer Welt leben werden, in der kein Mensch mehr hungern muss. Sonst gibt es nichts, was ich mir wünsche.

Rainer, 17 Jahre

2 Weißt du das?

Beantworte folgende Fragen:
Beispiel
1 Sie möchte vielleicht in Amerika leben, weil sie gern in einem Flugzeug wohnen würde.

1 Warum möchte Claudia vielleicht in Amerika leben?
2 Was meint Claudias Vater zu ihren Träumen?
3 Warum macht sich Matthias keine Sorgen um die Welt in hundert Jahren?
4 Was ist Danjas Meinung über ihren Traum?
5 Was wird Yvonne in den kommenden Monaten machen?
6 Was möchte Carsten wissen?
7 Warum ist Rainer unzufrieden?

3 📼 Eltern reden über ihre Kinder

Du hörst jetzt die Mutter oder den Vater von Claudia, Matthias, Danja, Yvonne, Carsten und Rainer. Hör gut zu. Wer spricht jedes Mal?
Beispiel
1   Carstens Vater

1	egoistisch
2	Das Leben ist ein Abenteuer.
3	fleißig
4	idealistisch
5	lässt sich nicht entmutigen
6	sensibel

Lerntipp
Die Zukunft

werden an 2. Stelle	Infinitiv am Ende
ich werde	
du wirst	leben.
er/sie/es/(usw.) wird	kaufen.
wir werden	schaffen.
ihr werdet	sein.
Sie werden	
sie werden	

Siehe Grammatik, 2.8

---

4 📼 Noch etwas!

Wie haben die Eltern ihre Kinder beschrieben? Lies die Beschreibungen in der Liste links und entscheide jeweils, wer das ist.
Dann hör noch einmal zu. Hast du recht?
Beispiel
1   Matthias

5 Du auch?

Lies den Artikel ‚Hoffnungen' und schreib die Träume und Hoffnungen ab, mit denen du dich identifizieren kannst.
Beispiel
1   Ich möchte um die Welt reisen.

6 Umfrage

Lies den Artikel ‚Hoffnungen' und schreib zehn Fragen über Träume, Pläne und Hoffnungen auf, die man mit ‚ja' und ‚nein' beantworten kann. Dann mach eine Umfrage. Interviewe mindestens zehn Leute in der Klasse.
Beispiel

1	Möchtest du gern in einem Flugzeug wohnen?	✗	✗	✗	✓	✗	✓	✓	✗	✓	✗
2	Träumst du von einer Welt ohne Kriege?	✓	✓	✓	✗	✓	✗	✓	✓	✓	✓

JUFO

Meine Hoffnungen

7 Meine Hoffnungen

Schreib einen Artikel für JUFO-Magazin. Schau dir die Sätze aus dem Artikel auf Seite 138 an, wenn du Hilfe brauchst.
Beispiel
Meine größte Hoffnung ist ein Leben ohne Krieg, weil ...
Ich wünsche mir auch ... , obwohl ...

1 Nachrichten aus aller Welt

Eine der folgenden Geschichten ist nicht wahr. Welche?

A

Sydney, Australien – Die 65-jährige Flughafenanrainerin Nancy Clark konnte den ständigen Fluglärm nicht mehr ertragen. Sie ärgerte sich so sehr über den Lärm, dass sie sich an den Fluggästen rächte. Sie malte auf das Dach ihres Hauses in Riesenbuchstaben ‚WELCOME TO MELBOURNE'. Mit dieser Begrüßung versetzte sie die Fluggäste im Landeanflug nun regelmäßig in Panik: Melbourne ist nämlich 800 Kilometer weit entfernt und viele Passagiere glaubten, sie seien in die falsche Maschine eingestiegen.

B

Benin – Ein Golfspieler im westafrikanischen Staat Benin vernichtete die gesamte Luftwaffe des Landes. Er traf mit seinem Golfball eine Möwe. Leider stürzte der Vogel auf die Cockpitscheibe eines Militärjets, der sich gerade in der Startphase befand. Dadurch erschrak der Pilot so sehr, dass er eine Notbremsung durchführte, die Kontrolle über die Maschine verlor und dabei die vier Jagdflugzeuge der Luftwaffe von Benin rammte. Diese gingen binnen weniger Minuten in Flammen auf. Gesamtschaden: 85 Millionen Mark.

C

Dänemark – Einen Auto-Klau-Boom löste eine Zeitschrift in Dänemark aus, nachdem sie 240.000 Werbebroschüren verteilt hatte. In der Broschüre befand sich ein Autoschlüssel mit dem Text: ‚Mit diesem Schlüssel können Sie vielleicht bald Ihr neues Auto starten.' Nur einer der 240.000 Schlüssel passte bei einem neuen Auto, das die Zeitschrift verschenken wollte. Leider passten jedoch alle 240.000 Schlüssel bei fast allen älteren Ford-Autos im Land. Die Zahl der Autodiebstähle stieg in den folgenden Tagen drastisch.

D

Lüttich, Belgien – Zwei Tierärzte, Paul van Klinken und Piet Verhoeven, hatten tierisch Pech. Sie mussten eine Kuh behandeln, die an Darmbeschwerden litt. Der eine Tierarzt führte ein Röhrchen ein um die Darmgase herauszulassen. Dabei hielt der andere ein brennendes Streichholz ans Ende des Röhrchens. Leider explodierte das austretende Gas. In wenigen Sekunden brannte der ganze Bauernhof. Die Kuh starb.

Drei der vier Texte aus: *Das Buch der 1000 Sensationen* © 1993 Loewe Verlag GmbH, Bindlach

Lerntipp

Das Imperfekt (dritte Person)

	Regelmäßige Verben	Modalverben	Unregelmäßige Verben
	glauben	*wollen*	*treffen*
er/sie/es/(usw.)	glaubte	wollte	traf
sie	glaubten	wollten	trafen

Siehe Grammatik, 2.12, 2.13

2 Richtig, falsch oder nicht im Text?

Beispiel
A1 Falsch

A 1 Nancy Clark malte den Namen ihrer Stadt aufs Dach.
2 Die Piloten gerieten im Landeanflug in Panik.
3 Es gab oft Panik unter den Passagieren.
4 Niemand war im falschen Flugzeug.

B 5 Der Golfspieler zerstörte fünf Flugzeuge.
6 Er traf ein Militärflugzeug mit seinem Golfball.
7 Der Pilot konnte nicht bremsen.
8 Die gerammten Flugzeuge fingen Feuer.

C 9 Ein Magazin verteilte 240.000 Schlüssel an Autodiebe.
10 Die Zeitschrift wollte einen Neuwagen verschenken.
11 Die Schlüssel passten bei allen Autos in Dänemark.
12 Niemand gewann den Neuwagen.

D 13 Zwei Tierärzte litten an Darmbeschwerden.
14 Sie verursachten eine Explosion.
15 Der Bauernhof ging in Flammen auf.
16 Der Kuh geht's jetzt wieder gut.

3 📼 Radiobericht

Im Radiobericht hörst du Informationen, die nicht in den Zeitungsartikeln stehen. Hör gut zu. Zu welchen Texten passen die neuen Informationen?
Beispiel
1C

4 📼 Kurioses aus Österrreich

Lies die zwei Berichte und füll die Lücken mit Verben aus dem Kästchen links aus. (Pass auf! Drei Verben bleiben übrig.) Dann hör zu. Hast du recht?
Beispiel
1 hatten

brannte
erschraken
explodierten
gab gingen
hatten
starb
konnte
malte
mussten rammte
traf stürzte
verlor wurde

Wien – Zwei Polizisten ...(1)... Pech, als ein Papagei auf die Windschutzscheibe ihres Polizeiwagens ...(2)... Beide Polizisten ...(3)... so sehr, dass der Fahrer dabei die Kontrolle über das Auto ...(4)... und eine Imbissstube ...(5)... . Die Polizisten ...(6)... die Nacht im Krankenhaus verbringen.

Salzburg – Es ...(7)... einen Brand in der Stadtmitte, als zwei Computerterminals in der Kommerzbank ...(8)... . In wenigen Minuten ...(9)... die ganze Bank. Glücklicherweise ...(10)... niemand verletzt. Doch mehr als öS 1.000.000 in Bargeld und Reiseschecks im Wert von öS 500.000 ...(11)... in Flammen auf. Die Feurwehr ...(12)... leider nichts retten.

5 Du bist Journalist/in

Schreib die folgende Geschichte weiter. Benutz Ideen aus den Berichten oben und auf Seite 140 und füg womöglich eigene Ideen hinzu.
Beispiel
Es gab Chaos in der Stadtmitte, als es Geld vom Himmel regnete. Ein Lottogewinner ...

Lesepause 2

Eine kurze Geschichte der Zukunft

Im Jahre 1965 erschien in Kalifornien der Bericht ‚P-2982' von Olaf Helmer und T.J. Gordon. Der Bericht enthielt detaillierte Vorhersagen über die Zukunft. Helmer und Gordon versuchten die Welt in den Jahren 1984, 2000 und 2100 darzustellen. Welche ihrer Vorhersagen sind wirklich eingetreten?

BIS 1984...

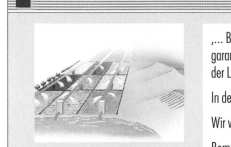

Landwirtschaft in der Sahara-Wüste im Jahre 1984.

‚... Bis 1984 werden wir die Ernährung für die Weltbevölkerung von 4,3 Milliarden Einwohnern garantieren können. Dies wird durch die Bewässerung der Wüsten und durch die Automatisierung der Landwirtschaft erfolgen.

In der Medizin werden wir künstliche Organe herstellen und einpflanzen können.

Wir werden eine Forschungsstation auf dem Mond bauen.

Bemannte Raumschiffe werden an Mars und Venus vorbeifliegen. Doch werden Landungen erst gegen Ende des Jahrhunderts stattfinden ...'

BIS 2000...

Forschungsstation auf dem Mars im Jahre 2000.

‚... Wir werden eine Weltbevölkerung von 5,1 Milliarden durch die automatisierte Ausbeutung der Ozeane sowie die Produktion von synthetischem Protein ernähren können.

Wir werden das Wetter kontrollieren können. Doch wird die Kontrolle des Wetters zu militärischen Zwecken nicht möglich sein.

Computer werden Aufgaben lösen, die einen hohen Intelligenzgrad verlangen.

Wir werden alle eine weltweit gültige Universalsprache sprechen.

Wir werden alle Formen von Bakterien- und Viruskrankheiten durch allgemeine Impfung beseitigen. Genetische Defekte werden wir durch ‚genetische Ingenieurskunst' auch beseitigen.

Einige Regierungen werden Massen von Medikamenten und Rauschmitteln missbrauchen um die Persönlichkeit ihrer Staatsbürger zu kontrollieren.

Wir werden auf dem Mars landen und eine unbemannte Forschungsstation zurücklassen. ...'

BIS 2100...

New York im Jahre 2100.

‚... Die Weltbevölkerung wird 8 Milliarden erreichen.

Die durchschnittliche Lebenserwartung wird mehr als 100 Jahre sein.

Es wird möglich sein neue Organe oder Glieder am oder im Körper wachsen zu lassen.

Haushaltsroboter und elektronisch gesteuerter Autoverkehr werden in allen Ländern der Welt selbstverständlich sein.

Man wird das menschliche Gehirn direkt mit Computern verbinden können.

Eine Expedition nach einem anderen Sonnensystem wird unterwegs sein. Die Mitglieder dieser Multigenerationsexpedition werden nach mehreren Jahrzehnten an Altersschwäche sterben und Neugeborene werden die Steuerung des Raumschiffes übernehmen ...'

Mitleidiger Einbrecher

Saarbrücken – Ein Dieb hatte Mitleid mit seinem Opfer. Er hatte die Tür aufgebrochen und stand in einer kleinen Wohnung. Die war so ärmlich eingerichtet, dass man daraus nichts stehlen konnte. Der Einbrecher war so entsetzt, dass er dem Bewohner, einem armen Rentner, Geld und einen Zettel auf den Tisch legte. Auf dem Papier stand: ,Opa, du sollst nicht so arm leben. Verzeih mir wegen der aufgebrochenen Tür. Hier ist etwas Geld als Entschädigung.'

Traum

Mein größter Traum ist Glück. Jemanden finden, mit dem ich die ganze Welt kennen lernen und erobern kann.

Edda, 16 Jahre

Ich möchte so gerne ...

Ich möchte so gerne
einmal
ein Adler sein.
Mit ausgebreiteten Schwingen
gleiten.
Sanft in der Luft schweben.
Mich immer höher schwingen,
zur Sonne hin.
Die Erde vergessen,
schwerelos sein.
Raum und Zeit verlassen,
frei sein.

KARIN, 16 JAHRE

Prüfungstraining

1 ▭ Hören

Sechs Jugendliche reden über globale Probleme. Wer
redet über welches Thema? Trag die Tabelle in dein
Heft ein und füll sie aus.

Beispiel

1	Anna redet über	Tierschutz
2	Björn redet über	
3	Claudia redet über	
4	Daniela redet über	
5	Erdal redet über	
6	Frank redet über	

AIDS	Arbeitslosigkeit	die Dritte Welt

die Umwelt	Kriege	Tierschutz

2 Sprechen

*You are talking to your German penfriend, who
thinks you are not very 'green'. Refer to the pictures
and tell him/her about the things you do to help
the environment.*

3 Lesen

Lies den Text und ordne die Sätze.

Beispiel

d, ...

Freitagabend kurz vor 20 Uhr. Auf dem Münchner
Odeonsplatz stieg ein Norweger in ein Taxi. Für den
Fahrer, Gotthard Schnarr (45), begann eine
Schreckensfahrt quer durch Deutschland. Sie endete
erst 12 Stunden später.

Der Norweger wollte zuerst nach Berlin fahren um
seinen ‚Bruder' vom Flughafen Tegel abzuholen. Als
der Taxifahrer auf der Rückfahrt nach München eine
Nachzahlung forderte, holte der Norweger einen
Revolver heraus. Der Taxifahrer erschrak, verlor die
Kontrolle über seinen Wagen und rammte eine
Telefonzelle. Der etwa 25-jährige Norweger warf den
Fahrer aus dem Auto und fuhr selber weiter.

Die Polizei fand das Taxi am folgenden Tag in einem
Vorort von München. Der Norweger und sein
‚Bruder' verschwanden anscheinend spurlos.

a   Sie fuhren nach Berlin.

b   Der Taxifahrer wollte mehr Geld.

c   Nach einem Autounfall stieß der
Norweger den Fahrer aus dem
Wagen.

d   Ein Taxifahrer holte einen
Norweger in München ab.

e   Niemand weiß, wo der Norweger
und sein ‚Bruder' sind.

f   Sie holten jemanden in Berlin ab.

g   Der Norweger drohte dem Fahrer
mit einer Waffe.

4 Schreiben

Schreib an deinen/deine Briefpartner/in über deine Träume, Pläne und Hoffnungen.

Schreib über die Umwelt und ein globales Problem und deine Meinungen und Hoffnungen zu diesen Themen.

Erklär ihm/ihr, warum du diese Meinungen und Hoffnungen hast.

Frag ihn/sie nach seinen/ihren Meinungen zu diesen Themen.

Selbstlernkassetten

1  Aussprache

Hör gut zu und wiederhole.

Flughafenanrainerin,
Umweltverschmutzung,
Arbeitslosigkeit,
Mehrwegflaschen,
Entwicklungsländer,
Plastikabfälle,
FCKW,
umweltfreundlich,
Ausländerfeindlichkeit.

2 Seifenoper

Hör dir die letzte Episode der Serie an.

Zusammenfassung

Themen

		Seite	Vokabeln
1	Globale Probleme	132-133	AB 168
2	Die Umwelt	134-135	AB 171
3	Hoffnungen	138-139	AB 176
4	Nachrichten	140-141	AB 178

Grammatik

	Seite	Arbeitsblatt	Grammatik
Das Perfekt	133	166	2.9, 2.10
Die Zukunft	139	174	2.8
Das Imperfekt (dritte Person)	140	177	2.12, 2.13

Besonderes

	Seite	Arbeitsblatt
Lesepause 1	136-137	172
Lesepause 2	142-143	179
Prüfungstraining	144-145	–
Extra	161	–

Extra

KAPITEL 1

1 Wahlfächer, Pflichtfächer ...

Lies den Artikel ‚Wahlfächer‘ auf Seite 8 noch einmal.
Dann füll die Lücken aus ohne dir den Artikel
anzusehen. Wähl Wörter aus der Liste unten aus.
(Zwei Wörter bleiben übrig.)
Beispiel
a Psychologie

Natalie lernt seit drei Wochen ...(a)... . Sie interessiert
sich für ...(b)..., aber Psychologie ist nicht Natalies
...(c)... . Fremdsprachen gefallen Stefan gut. In ...(d)...
mag er die Diskussionen. Und in Englisch bekommt er
nie schlechte ...(e)... . Elise hat auch ...(f)... gewählt.
Und sie macht gern ...(g)... . Die ...(h)... in Deutsch
gefällt Christian gut. Die ...(i)... findet er ganz nett.
Aber im Moment lesen sie ein seltsames ...(j)... .

Buch Computerarbeit *Deutschlehrerin*
eine Fremdsprache **Gruppenarbeit**
Lieblingsfach Klassenkameraden
Noten *Menschen* ***Sozi*** *Psychologie*
Projekt

2 Mein Computer ist im Eimer!

Björns Computer funktioniert nicht richtig. Kannst
du seine Arbeit richtig schreiben?

Ich st©h© g©wöhnlich Ωm s©chs ®uf, w©il d©r
SchΩlbΩs sch%n Ωm h®lb ®cht fährt.
N%rm®l©rw©is© k%mmt d©r BΩs g©g©n z©hn v%r
®cht ®n. D©r Unt©rricht fängt Ωm ®cht ®n. Di©
©rst© P®Ωs© ist Ωm h®lb z©hn Ωnd d®Ω ©rt z©hn
MinΩt©n. Es gibt ©in© läng©r© P®Ωs© Ωm z©hn
n®ch ©lf. Um ©in Uhr ist di© SchΩl© ®Ωs.
G©st©rn bin ich ®b©r zΩ spät ®Ωfg©st®nd©n,
w©il m©in W©ck©r nicht g©kling©lt h®t. Ich h®b©
mich g®r nicht g©dΩscht %d©r g©frühstückt Ωnd
bin zΩr BΩsh®lt©st©ll© g©l®uf©n, ®b©r ich
h®tt© d©n BΩs v©rp®sst. Ich bin ©rst Ωm zw®nzig
v%r n©Ωn in d©r SchΩl© ®ng©k%mm©n. M%rg©n
w©rd© ich ©in bissch©n früh©r ®Ωfst©h©n.

3 Schulzeit

Du hast zwei Minuten Zeit. Wie viele Wörter kannst
du finden, die mit ‚Schul-‘ anfangen?
Beispiel
Schulbus, Schulheft, ...

4 Schulvorschriften

Schreib zehn neue Vorschriften für deine Schule.
Beispiel
1 Die Lehrer/innen dürfen keine Hausaufgaben
geben.

5 Gute Noten für die Schule

Lies den Text und sieh dir die Sätze unten an. Sind sie
richtig, falsch oder sind die Informationen nicht im
Text?

Langweiliger Unterricht, doofe ‚Pauker‘ und
lästige Schularbeiten. So denken wohl die
meisten Schüler über die Schule, oder? Falsch!
Eine Umfrage unter Deutschlands Schülern
bringt ganz andere Ergebnisse: 75% sind mit
ihrer Schule zufrieden. Positive Kommentare:
‚Der Unterricht macht Spaß.‘ ‚Wir behandeln
aktuelle Themen.‘ ‚Selbst der Geschichts-
unterricht ist lebendig.‘ Nur jeder Vierte ist unzufrieden. Kritikpunkte: ‚zu strenges Notensystem‘
und ‚autoritäre Lehrer‘.

%	
51%	gehen mit einem Gefühl der Gelassenheit zur Schule
20%	freuen sich auf die Schule
4%	fühlen Begeisterung
17%	haben gemischte Gefühle
6%	spüren Ekel
2%	spüren Angst

1 Die meisten Schüler sind mit der Schule
zufrieden.
2 Es gibt positive Kommentare über Geschichte.
3 29% der Schüler haben große Probleme mit der
Schule.
4 Die meisten Lehrer sind mit dem Schulsystem
zufrieden.
5 Viele Schüler finden den Schultag zu lang.
6 Für einige Schüler ist das Notensystem ein
Problem.
7 Einige Schüler finden die Lehrer zu streng.
8 51% der Schüler gehen alleine zur Schule.

6 Das österreichische Notensystem

Lies den Text und wähl die richtigen Buchstaben aus.

Beispiel

1 b, …

Das österreichische Notensystem

1	sehr gut
2	gut
3	befriedigend
4	genügend
5	nicht genügend

Es gibt viele Unterschiede zwischen dem deutschen und dem österreichischen Schulsystem, z.B. heißt die Abschlußprüfung in deutschen Gymnasien ‚Abitur' und in österreichischen Gymnasien ‚Matura'. Wie in Deutschland bekommen Schüler in österreichischen Schulen Noten und Zeugnisse. In Österreich bekommt man als beste Note eine 1, doch als schlechteste Note eine 5. (In Deutschland ist die schlechteste Note eine 6.) Wenn ein Schüler oder eine Schülerin in zwei oder mehr Fächern eine 5 hat, muss er oder sie, genau wie in Deutschland, ‚sitzen bleiben' (d. h. er oder sie muss in allen Fächern das Jahr wiederholen).

Wie in Deutschland haben viele österreichische Schüler und Schülerinnen große Angst davor sitzen zu bleiben, in erster Linie, weil sie mit ihren Freunden in einer bestimmten Klasse bleiben wollen, aber auch weil Eltern sehr enttäuscht und sogar sehr sauer werden können. Die Schulen machen viel um bei Problemen mit Zeugnissen zu helfen. Man hat auch in vielen Städten ein Sorgentelefon, eine Nummer, die man wählen kann, wenn man Probleme in der Schule hat. Die Anrufe sind kostenlos und wer anruft braucht seinen Namen nicht zu sagen. Mann kann sich mit den Menschen am anderen Ende der Leitung unterhalten und sich beraten lassen. Man kann aber auch darum bitten, dass jemand mit zu den Eltern kommt um die Situation zu besprechen.

1 Nenne zwei Unterschiede zwischen dem deutschen und dem österreichischen System.
   a) In Österreich bekommt man keine Zeugnisse.
   b) Das Notensystem ist in Österreich anders.
   c) Es gibt in Österreich kein Sitzenbleiben.
   d) Die österreichische Abschlussprüfung hat einen anderen Namen.

2 Warum haben Schüler(innen) Angst vor dem Sitzenbleiben? (Zwei Gründe)
   a) Weil sie fit bleiben wollen.
   b) Weil sie sauer auf ihre Eltern werden können.
   c) Weil sie mit ihren Schulkameraden in der Klasse bleiben wollen.

   d) Weil Eltern oft böse werden, wenn ihre Kinder sitzen bleiben.
   e) Weil sie nichts gelernt haben.

3 Nenne drei Vorteile des Sorgentelefons.
   a) Es kostet nichts.
   b) Man darf anonym anrufen.
   c) Es ist unterhaltend.
   d) Man kann sich beraten lassen.
   e) Wenn man anruft, muss man nicht mehr sitzen bleiben.

KAPITEL 2

1 Letztes Jahr

Lies den Text und beantworte die Fragen über Michael.

Beispiel

1 Er machte gar keine Hausaufgaben.

Letztes Jahr war mein Leben furchtbar! Ich war unwahrscheinlich faul – ich machte fast keine Hausaufgaben, ich sah zu viel fern und ich hörte ganz oft laute Rockmusik und am Wochenende stand ich erst um elf Uhr morgens auf. Ich ging erst um Mitternacht ins Bett und half meinen Eltern gar nicht im Haushalt. Ich trieb keinen Sport und ich aß allerlei furchtbares Essen (d. h. viele Hamburger und fette Sachen wie Pommes frites, Würstchen, Schokolade usw.). Außerdem trank ich ständig Cola, Limo usw. Igitt!

1 Wie viele Hausaufgaben machte Michael letztes Jahr?
2 Was für Musik hörte er?
3 Wann stand er am Wochenende auf?
4 Wann ging er ins Bett?
5 Wie oft half er seinen Eltern im Haushalt?
6 Wie oft spielte er Fußball?
7 Was aß er?
8 Was trank er?

2 Dieses Jahr

Jetzt hat Michael eine neue Freundin und sein Leben ist ganz anders! Schreib ein paar Sätze um sein heutiges Leben zu beschreiben. Der Text oben hilft dir dabei.

Beispiel

Heute ist mein Leben ganz anders! Jetzt bin ich sehr fleißig. Jeden Abend mache ich drei Stunden Hausaufgaben …

3 Erinnerungen (fortgesetzt)

Schreib einen Artikel oder ein Gedicht über deine Erinnerungen (siehe *Lesepause 1*, Seite 24).

Beispiel

Schon mit anderthalb Jahren aß ich Schokolade.

4 Fernsehen

Was sind die Vor- und Nachteile des Fernsehens? Mach zwei Listen.

Beispiel

Nachteile	Vorteile
Bildschirm bei Sonnenschein nicht sichtbar.	Sehr entspannend. Man muss beim Fernsehen nicht viel denken.

5 Feste bei uns

Welche Feste feierst du? Schreib einen kurzen Aufsatz darüber.

Beispiel

Bei uns feiern wir Weihnachten.

6 Komische Feste!

Drei Leute beschreiben ihre Bräuche, aber nur eine Beschreibung ist wahr. Lies die Texte. Welcher ist wahr – A, B oder C?

A Bei uns zu Hause feiern wir das Fest der Seife. Alle Leute in der Stadt stehen sehr früh auf und waschen sich mit parfümierter Seife. Der größere Teil des Festes findet am Vormittag statt. Große Mengen Seife werden in den Fluss gepumpt, sodass es überall schöne Seifenblasen gibt, und die Leute tragen bunt gefärbte Kleider und springen in den Fluss, wo sie dann drei Stunden lang herumschwimmen. Der Höhepunkt des Festes ist die so genannte ‚Seifenoper‘. Man isst das Mittagessen mitten im Fluss. Ein Blasorchester steht auch im Fluss und spielt schöne Musik. Erst nach dem Essen dürfen die Teilnehmer/innen aus dem Fluss kommen und dann verbringen sie den Rest des Tages in ihren nassen Kleidern, wobei sie ab und zu mit Seifenblasen bedeckt werden.

B In meiner Gegend feiern wir das Fest des Schuppens. Hier baut man schon seit dem fünfzehnten Jahrhundert Schuppen und jedes Jahr am 21. September (d. h. am Ende der Schuppenverkaufszeit) findet das Fest statt. Die ältesten und die jüngsten Ehepaare der Stadt werden als Tauben verkleidet und sie verbringen den ganzen Tag im Schuppen. Dort essen sie Leckereien wie Regenwürmer und Schnecken. Um acht Uhr abends werden sie als ‚Schuppenkönige/-königinnen‘ für das kommende Jahr gekrönt und erst dann dürfen die anderen Leute anfangen zu feiern. Dann wird bis spät in die Nacht um die Schuppen am Marktplatz getanzt und um Mitternacht kommt der Höhepunkt des Festes: Die ‚Schuppenglocke‘, die im Kirchturm hängt, läutet nur einmal im ganzen Jahr – jetzt. Seit 1467 findet das Fest jedes Jahr statt (außer 1944 und 1945 wegen des Zweiten Weltkrieges).

C Schon seit mehr als 200 Jahren findet einmal im Jahr das so genannte ‚Käserollen‘ statt. Draußen vor der Stadt liegt ein Hügel und jedes Jahr am Pfingstmontag wird ein ganzer Käse (Gewicht: 4 kg) von der nahe liegenden Käsefabrik zum Gipfel des Hügels gebracht und von dort aus wird er von einer bekannten Person aus der Gegend angeschoben (z. B. dem Pfarrer, der Direktorin der Schule). Diese Person zählt von eins bis vier und bei drei wird der Käse losgelassen. Erst bei vier dürfen die mehr als 3.000 Teilnehmer dem Käse nachlaufen. Das Ziel ist entweder den Käse aufzuhalten oder als Erste/r den Fuß des Hügels zu erreichen. Die Person, die das Rennen gewinnt oder den Käse fängt, bekommt den Käse als Preis. Es passiert nur selten, dass der Käse beschädigt oder zerquetscht wird, da er gut eingepackt ist.

7 San Seriffe

Neulich bist du Diktator/in in einer zentralamerikanischen Republik geworden. Erfinde einige Bräuche für die Republik.

Beispiel

Hier in San Seriffe rollt man Toast …

KAPITEL 3

1 Jugendrechte

Mach eine Liste von möglichen Jugendrechten und -pflichten. Die Fragen unten helfen dir dabei.

Beispiel

Jugendliche haben das Recht in ihrer Freizeit nicht arbeiten zu müssen.

> Welche Rechte haben Jugendliche?

> Welche Pflichten haben Jugendliche? Wofür sind sie verantwortlich?

> Sollten Jugendliche im Haushalt helfen?

> Sollten Jugendliche einen Nebenjob haben?

> Haben Jugendliche das Recht Taschengeld zu bekommen? Wenn nicht, woher sollten sie ihr Geld bekommen?

> Sollten Jugendliche für ihr Zimmer, ihre Kleider, ihr Geld usw. verantwortlich sein?

> Welche Pflichten und Rechte haben Eltern gegenüber ihren Kindern?

2 Eine Einkaufsliste

Schreib eine Einkaufsliste. Achtung! Jedes Wort muss mit dem letzten Buchstaben des vorigen Wortes anfangen.

Beispiel

Cornflakes, Seife, Eier, ...

3 Logikspiel (I)

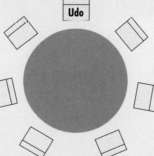

Heute Abend kommen sieben Gäste und Udo hat einen runden Tisch. Einige Gäste verstehen sich aber nicht gut miteinander. Lies die Infos. Kannst du einen Sitzplan entwerfen?

- Dennis und Dagmar verstehen sich sehr gut.
- Dagmar versteht sich sehr gut mit Torsten, aber sie streitet sich oft mit Udo.
- Otto versteht sich gut mit Lotte, aber nicht mit Rainer.
- Rainer kann Dagmar nicht leiden, aber er versteht sich gut mit Dennis.
- Udo versteht sich gut mich Otto, aber er streitet sich manchmal mit Lotte.

4 Logikspiel (II)

Schreib dein eigenes Logikspiel. Du hast Besuch, aber einige Gäste verstehen sich nicht gut miteinander. Schreib die Informationen über die Personen auf. Dein/e Partner/in soll dann einen Sitzplan entwerfen.

Beispiel

- Amanda versteht sich gut mit Parveen, aber nicht mit Jason.
- Jason streitet sich oft mit ...

5 Eine besondere Einkaufsliste

Du kaufst für Freunde/Freundinnen ein, die besondere Interessen haben (z. B. für Fußballfans oder für eine Person, die gern bunte Kleider trägt). Was hast du im Einkaufswagen? Mach eine Liste. Schreib auch auf, was für Interessen die Personen haben.

Beispiel

Im Einkaufswagen habe ich einen Fußball, ein Fußballhemd, ...

6 Was für eine Party!

Gestern Abend hast du die beste Party deines Lebens gegeben. Aber heute kommen deine Eltern wieder zurück. Was musst du jetzt machen um alles wieder in Ordnung zu bringen? Schreib es auf.

Beispiel

Ich muss ... die Katze aus dem Ofen nehmen; die Küche anstreichen; ...

7 Ein verrückter Tag

Finde die Fehler in diesem Bericht. Kannst du sie dann korrigieren?

Beispiel

Am Wochenende helfe ich **sehr viel** im Haushalt.

> Am Wochenende helfe ich gar nicht im Haushalt. Ich helfe beim Abspülen, beim Tischdecken, beim Staubsaugen usw. Samstags gehe ich um acht Uhr abends ins Bett.
>
> Nach dem Frühstück helfe ich meinem Vater beim Tischdecken und vor dem Frühstück helfe ich beim Abspülen.
>
> Wenn das Haus besonders sauber ist, helfe ich beim Staubsaugen, aber normalerweise machen meine Eltern das.
>
> Samstagabends machen meine Eltern normalerweise die Hausarbeit und ich helfe ihnen gar nicht. Ich helfe meiner Mutter beim Putzen, hänge die schmutzige Wäsche auf usw.
>
> Am Abend bin ich dann meist sehr müde, weil ich so wenig gemacht habe, und ich gehe sehr spät ins Bett.

KAPITEL 4

1 Kleinanzeigen

Lies die Kleinanzeigen und sieh dir die Sprechblasen
an. Was passt zusammen?
Beispiel
1c

KLEIDER
a Brautkleid, dreimal getragen, für Hochzeiten, Partys usw. DM 300. Tel: 756 48 57
b Lederjeans, Gr. 102, DM 380. Tel: 756 23 67
c Zerrissene Jeans und T-Shirts zu verkaufen. Liste gegen Rückporto. Tel: 298 4594
d Ungetragenes, weißes Brautkleid für nur DM 100 zu verkaufen. Gr. 40/42. Tel: 967 54 63
e Verkaufe wegen Unfall Supermankostüm. Zerrissene Knie. Angebote? 765 09 29
f Modedesignerin mit Talent und jeder Menge Ideen näht Ihre Traumkleider. Tel: 967 54 63
g Verkaufe wegen Geldmangel massenhaft alte Schuhe und Krimskrams. Tel: 459 02 47
h Kaninchenkostüm zu verkaufen. Billig. Tel: 967 54 63
i Verkaufe wegen Talentmangel einmal getragene Fußballschuhe. Pantera Gr. 43. Angebote? Tel: 971 50 27
j Verkaufe authentische USA-Jeans. Bester Zustand. Angebote? Tel: 971 25 12

1 Ich trage gern Jeans mit zerrissenen Knien. Das sieht ganz cool aus.

2 Ich heirate bald und ich suche ein neues Brautkleid zu einem günstigen Preis.

3 Ich trage gern schicke Kleidung, aber in den Geschäften finde ich nie interessante Sachen.

4 Ich gebe nicht gern zu viel Geld für meine Sportkleidung aus, besonders nicht für Markenprodukte.

5 Ich suche eine gute Jeans zu einem guten Preis.

6 Ich gehe auf eine Party, wo man sich als Tier verkleiden muss.

2 Was haben sie gesehen?

Lies den Dialog und sieh dir die Bilder an. Was haben
Herr und Frau Wagner gesehen – Bild A, B oder C?

Polizist:	Was haben sie denn gesehen?
Frau W:	Total rot. Er trug einen roten Anzug.
Polizist:	Einen roten Anzug.
Herr W:	Sie trugen alle rote Anzüge.
Polizist:	Sie? Wie viele waren es denn?
Frau W:	Drei.
Polizist:	Könnten Sie den Anzug genauer beschreiben?
Frau W:	Das ist schwer.
Polizist:	Versuchen Sie es mal.
Herr W:	Eine Hose.
Polizist:	Farbe?
Frau W:	Rot. Alles war rot.
Polizist:	So ...
Herr W:	Bist du sicher, Liebling?
Frau W:	Todsicher.
Polizist:	Andere Details?
Frau W:	Die hatten alle diese komischen Helme auf.
Herr W:	Ja. Sie trugen alle Helme.
Polizist:	Farbe?
Beide:	Silber.
Polizist:	OK. Sonst noch etwas?
Herr W:	Sie haben miteinander gesprochen.
Polizist:	Und was haben sie gemacht?
Frau W:	Das konnte ich nicht so einfach sehen.
Herr W:	Es war dunkel. Und es gab so viel Rauch.
Polizist:	Rauch?!
Frau W:	Und auch dieses helle Licht.
Polizist:	Rauch und helles Licht?
Beide:	Ja.
Polizist:	Danke!

3 Tote Hose?

Was passt zusammen? Finde zwölf Kleidungsstücke.
Du darfst jeden Wortteil nur einmal benutzen.

Beispiel
Arbeitskrawatte, ...

Arbeits...	...anzug
Cocktail...	...bluse
Fußball...	...handschuhe
Hockey...	...helm
Jeans...	...hemd
Leder...	...hose
Mini...	...hut
Party...	...jacke
Ski...	...kleid
Sonnen...	...krawatte
Taucher...	...rock
Trainings...	...schuhe

4 Gesundheit

Kannst du das Poster zum Thema ‚Gesundheit'
fertigmachen?

G ute Ernährung: Das ist wichtig!
E ....
S ....
U ....
N ....
D ....
H ....
E ....
I ....
T raining: Wir sollten alle zweimal
pro Woche trainieren.

5 Die Rockgruppe SMRT im Krankenhaus

Lies den Dialog, in dem alle Partizipien fehlen. Wähl
Wörter aus dem Kästchen aus (manche brauchst du
zweimal). Versuch den Dialog aufzuschreiben ohne
dir den Text auf Seite 58 anzusehen.

Beispiel
a geschnitten

Ärztin:	Was ist mit ihm los?
Krankenpfleger:	Er hat sich in die Hand ...(a)..., Frau Doktor.
Ärztin:	Wie ist das ...(b)...?
Krankenpfleger:	Beim Gitarrenspielen, Frau Doktor.
Ärztin:	OK. Guten Tag. Ich bin Doktor Steinforth. Sie haben sich ziemlich tief in die Hand ...(c)... Tut das weh?
Robert:	Auaaaaah! Das hat weh ...(d)...!
Ärztin:	Und er? Was hat er?
Sezen:	Er hat sich beim Küssen das Handgelenk ...(e)... .
Ärztin:	Beim Küssen?
Murat:	Das ist eine lange Geschichte. Eine Fan hat mich ...(f)... und wir sind zusammen ...(g)... .
Ärztin:	Und die Frau? Was ist mit ihr los?
Krankenpfleger:	Sie hat sich das rechte Bein ...(h)... .
Ärztin:	Auch beim Küssen?
Sezen:	Ich bin von der Bühne ...(i)... . Thomas' Synthesizer ist ...(j)... und er hat sich dabei die Finger ...(k)... . Ich bin zu Thomas ...(l)... und wir sind beide ins Publikum ...(m)... .

explodiert	*gebrochen*	*geküsst*
geschnitten	**passiert**	
gelaufen	getan	**verbrannt**	*verstaucht*
hingefallen	*gestürzt*	**gefallen**

6 Primafrau im Krankenhaus

Schreib den Dialog zwischen Primafrau und Captain
Positive.

Beispiel

Captain Positive:	Primafrau! Was ist denn passiert?
Primafrau:	Ach, ich habe mir beim ...

7 Die englische Schwitzkrankheit

Lies den Text. Sind die Sätze unten richtig, falsch oder sind die Infos nicht im Text?

Beispiel

1 Falsch

> Vor etwa 500 Jahren brach in England eine mysteriöse und tödliche Krankheit aus: ‚die englische Schwitzkrankheit'.
>
> Die ersten Symptome waren ähnlich wie bei einer Grippe: Kopfschmerzen, Schweißausbrüche und hohes Fieber. Doch waren die Ärzte völlig hilflos: Die Krankheit tötete alle Menschen, die angesteckt wurden.
>
> Als sie nach Deutschland übersprang, tötete sie innerhalb von einer Woche 7.000 Menschen. Im Jahre 1551 verschwand die englische Schwitzkrankheit ebenso schnell, wie sie gekommen war.
>
> Und seither ist sie nie wieder aufgetreten. Auch nicht in England.
>
> aus: *Das Buch der 1000 Sensationen*, © 1993 Loewe Verlag, Bindlach

1 Die englische Schwitzkrankheit brach nur in England aus.
2 Die Krankheit brach im Jahre 1550 aus.
3 Die ersten Symptome schienen nicht tödlich.
4 Die Ärzte konnten niemanden retten, der sich ansteckte.
5 Die Krankheit sprang nach Deutschland über.
6 In Deutschland starben pro Tag etwa tausend Menschen.
7 In den Städten war diese Krankheit ein besonderes Problem.
8 Die mysteriöse Krankheit verschwand allmählich.
9 Die Krankheit taucht alle hundert Jahre auf.

KAPITEL 5

1 Mein eigener Laden

Du bist Ladenbesitzer/in. Zeichne das Schaufenster deines Ladens mit Waren, Beschreibungen und Preisen. Du kannst wählen, was für ein Laden er ist.

2 Verkehrte Sauberkeit!

Auf dem Planeten 110/PG muss alles schmutzig sein, bevor man essen darf! Schreib die Regeln dafür.

Beispiel

Hände schmutzig machen; ...

3 Speisekarte

Du bist Restaurantbesitzer/in. Schreib die Speisekarte für dein Restaurant.

Beispiel

Speisekarte

Tomatensuppe: DM 7,-

4 Essen-Wettbewerb

Wettbewerb – Was isst du gern?

Wer dieselben Sachen gern isst, die auf unserer Geheimliste stehen, kann DM 500 gewinnen!!

Lies die Texte und dann sieh dir die Geheimliste an. Wer von den fünf Jugendlichen gewinnt den Preis?

Ich esse gern Obst, besonders Äpfel, Bananen und Melonen. Außerdem esse ich gern Wurst, Brot und Kekse. Am liebsten esse ich aber Schokolade.
Henning, 18, Chemnitz

Ich esse unheimlich gern Hamburger und Pommes frites. Ich esse auch gern Reis und Nudeln. Mein Lieblingsessen ist Kartoffelpüree.
Claudia, 19, Flensburg

Ich esse sehr gern Fleisch, am liebsten mit Bohnen, Möhren oder Erbsen. Ich esse auch gern Eis und Obst, aber am liebsten esse ich Bratwurst.
Heinz, 16, Bonn

Ich esse gern Spiegeleier mit Speck, Omeletts, gekochte Eier und Aufschnitt. Ich esse auch gern Kuchen und Kekse, aber am liebsten esse ich Roggenbrot.
Nawaz, 14, Duisburg

Ich esse gern allerlei Fisch am liebsten mit Pommes frites und Soße. Außerdem esse ich gern Salat und Brot und mein Lieblingsessen ist Pizza.
Martina, 17, Essen

5 Dialoge

Schreib den ersten Dialog ohne Unsinn auf. Füll die
Lücken im zweiten Dialog aus.

Beispiel

A: Guten **Tag**. Was darf es sein?

Im Gemüseladen

A: Guten Regenmantel. Was darf es sein?

B: Ich möchte bitte ein Kilo Wasser.

A: So ... bitte schön. Ist das Januar?

B: Nein. Haben Sie bitte Brücken?

A: So ... eine Brücke ... bitte schön. Sonst noch
Weihnachten?

B: Nein, danke, das ist gestern.

A: Also, das macht Sessel Mark Nachttisch.

B: So ... Sessel Mark Nachttisch. Bitte schön.

A: Und Ihr Meerschweinchen. Danke hässlich.

B: Danke hässlich. Auf Wiederschauen.

A: Auf Wiederschauen.

Am Frühstückstisch

A: Reich mir bitte _____ .

B: Hier, ein _____ . Möchtest du
_____ ?

A: Ja, bitte.

B: Bitte schön.

A: Noch etwas _____ ?

B: Nein, danke, das _____ .

A: Möchtest du etwas zu _____ ?

B: Ja, bitte. Für mich _____ . Und
möchtest du noch etwas _____ ?

A: Nein, danke. Ich bin schon _____ .

6 Gasthof zum Schaf – Speisekarte

Boris arbeitet als Kellner im Gasthof zum Schaf, aber
er arbeitet nicht gern dort und deshalb schreibt er oft
unsinnige Speisekarten. Kannst du seine Fehler
korrigieren?

Beispiel

Gasthof zum Schaf

Gasthof zum Mülleimer

Durchfall jeden Tag!

Preis (DM)

Unsere Spezialitäten

Wurmkotelett (mit Seife und Rosenkohl)	18,00
Bratlehrer (mit Schuldirektorin und Majonäse)	13,25
Walliser Kunststofftoast (mit Klebstoff überbacken)	12,05

Nachtisch

Holz nach Wahl (mit oder ohne Schmierstoff)	8,25
Erdekuchen (mit oder ohne Flügel)	7,95

Kalte Getränke

Bremsflüssigkeit	1,75
Schildkrötensaft	2,20
Motoröl vom Fass	2,85

Warme Getränke

Tasse Benzin	3,75
Kännchen Schlamm	4,25

Preise inkl. Diamanten u. Geldrückgabe

KAPITEL 6

1 Dialog im Verkehrsamt

Ordne den Dialog.

Beispiel

A: Guten Tag. Kann ich Ihnen helfen?

B: Nein, danke, das ist alles. Vielen Dank für Ihre
Hilfe.

A: Hier gibt es viele Jugendzentren, Kinos und
Theater.

B: Ja. Ich möchte gern wissen, was es hier für
Jugendliche gibt.

A: Guten Tag. Kann ich Ihnen helfen?

B: Und was für Sportmöglichkeiten gibt es?

A: Ein Busfahrplan … bitte schön. Haben Sie sonst noch einen Wunsch?

B: Danke. Haben Sie auch einen Busfahrplan?

A: Man kann schwimmen und Rad fahren. Hier ist ein Prospekt darüber.

2 Was soll dieser Unsinn?

Frau Lorenz hat ihre doofe Sekretärin gerade rausgeschmissen! Kannst du diesen unsinnigen Brief, den die Sekretärin getippt hatte, für Frau Lorenz in Ordnung bringen und richtig aufschreiben?

> Berlin, den 12. April
>
> An das Verkehrsamt Bananen
>
> Sehr geehrte Damen und Kaninchen,
>
> wir beabsichtigen im kommenden Regenmantel nach Bananen zu kommen und wären Ihnen sehr dankbar, wenn Sie einen Mülleimer für uns reservieren könnten.
>
> Wir möchten einen Schokoladenriegel mit Bad für zehn Jahre reservieren, für die Nachmittage vom 10.19. bis zum 24.23. inklusive.
>
> Außerdem möchten wir gern Informationsmaterial über die Polizei bekommen. Wir hätten auch gern einen Wellensittich, eine Einkaufsliste und Informationen über Käse.
>
> Für Ihren Blumenkohl bedanken wir uns im Voraus.
>
> Mit feindlichen Grüßen
>
> *Gerda Lorenz*

3 Welches Hotel passt?

Du arbeitest im Verkehrsamt und hast Informationen über Hotels in der Stadt. Drei Familien suchen Hotelzimmer. Welches Hotel empfiehlst du jeweils: Hotel Spandau oder Hotel Wagner?

HOTEL SPANDAU
Geschwister-Scholl-Straße 29, 49782 Kaltenberg

25 Einzelzimmer u. 75 Doppelzimmer, Zimmer mit fl. warm u. kalt. Wasser, Restaurant mit 45 Plätzen, Bierstube mit 40 Plätzen. Klimaanlage, kinder-/senioren-/hundefreundlich, Seniorenermäßigung, Kinderbetten, Frühstück bis 11 Uhr. Bahnhof 1 Minute, Blick auf den Bahnhof, Tischtennis, Pauschalangebote für Klubs und Vereine.

HOTEL WAGNER
Biegenstraße 32, 49782 Kaltenberg

Am Stadtrand gelegen. 100 Einzelzimmer u. 50

Doppelzimmer, Zimmer mit Bad/WC oder Dusche/WC, Mini-Bar, Zimmersafe, Selbstwähltelefon u. Balkon. Hallenbad, Sauna, Massage und Solarium, Kosmetik, med. Fußpflege. Kegelbahn, Fitnessraum, Diskokeller. Blick auf die Heide, Terrasse, Tiefgarage. Frühstücksbüffet, SAT-TV.

a
- Familie Riemschneider (+ 2 Kinder + Hund)
- frühstücken am liebsten sehr spät
- abends trinkt Herr R. gern ein Bier im Hotel
- Frau R. spielt gern Tischtennis

b
- Familie Palms
- sehen gern fern
- mögen ruhige Hotels mit schönem Blick auf die Landschaft
- Frau P. – Probleme mit den Füßen/hält sich gern fit

c
- Familie Rudnik
- sitzen gern draußen vor ihrem Zimmer/genießen den schönen Ausblick
- + Oldtimer (muss unbedingt drinnen abgestellt werden)

4 Welches Hotel passt nicht?

Du arbeitest immer noch im Verkehrsamt, aber heute bist du sehr schlechter Laune. Du empfiehlst diesen Leuten jeweils ein Hotel, das NICHT passt (entweder Hotel Spandau oder Hotel Wagner).

a
- Frau Petersilie – 72 Jahre alt (+ Hund)
- mag ruhige Hotels
- Hotel darf nicht zu warm sein
- schwimmt nicht gern

b
- Familie Otto
- Mitglieder eines Schachvereins
- buchen auch für die anderen Mitglieder des Vereins
- Verein versammelt sich am liebsten abends in der Hotelbierstube

c

- Herr Bassermann
- möchte Getränke im Zimmer haben
- + viel telefonieren
- + seine wertvollen Gegenstände im Zimmer aufbewahren
- kegelt gern

5 Danke fürs Auto, aber ...

Du hast dein Auto einem Freund, Willi, geliehen. Willi ist aber kein guter Fahrer und am folgenden Tag findest du das Auto draußen mit einem Zettelchen auf dem Sitz. Lies Willis Zettelchen und sieh dir die Bilder an. Welche Probleme gibt es?

Beispiel

c, ...

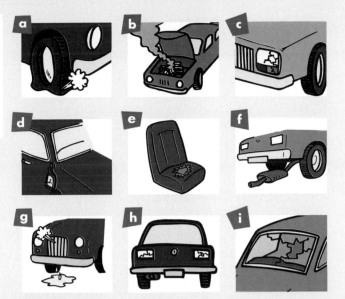

Heini,

danke fürs Auto. Es tut mir Leid, aber es gibt einige Kleinigkeiten, die jetzt nicht in Ordnung sind. Nichts Ernsthaftes, aber du solltest es so schnell wie möglich reparieren lassen, damit das Auto wieder sicher ist.

Der linke Blinker und der linke Scheinwerfer sind kaputt – ein kleiner Zusammenstoß mit einem Baum. Ich denke, die kannst du ganz billig reparieren lassen.

Außerdem sind beide Heckscheinwerfer kaputt (das war nicht meine Schuld – ich fuhr langsam rückwärts und da stand ein anderes Auto knapp hinter mir!).

Der rechte Außenspiegel ist auch kaputt – die Straßen in dieser Stadt sind viel zu eng!

Ich denke, der Auspuff könnte vielleicht auch kleine Schäden haben – hier gibt es wirklich zu viele Schlaglöcher auf den Straßen!

Außer diesen Kleinigkeiten gibt es nur noch ein größeres Problem ... ich denke, der Motor könnte kaputt sein. Ich kann es kaum glauben, aber es scheint, dass du den Ölstand nicht geprüft hast.

Danke noch einmal. Kannst du das Auto so schnell wie möglich in Ordnung bringen? Nächsten Freitag brauche ich es unbedingt wieder.

Tschüss!

Willi

6 Liebe Mutti

Du bist im Urlaub, aber alles geht schief. Es gibt jede Menge Probleme – mit dem Hotel, dem Essen, den Leuten, dem Strand usw. Schreib eine Postkarte und beschreib den Urlaub.

Beispiel

Liebe Mutti,
ich bin hier in Cleethorpes ...

7 Ich habe das verloren

Du hast etwas verloren. Beschreib es schriftlich für die Polizei. Gib so viele Infos wie möglich.

Beispiel

Ich habe meinen Fotoapparat verloren. Er ist schwarz und ...

KAPITEL 7

1 GAUDI-Magazin besucht Berufspraktikanten

Lies den Text und beantworte die Fragen. Pass auf! Manchmal musst du zwei Namen auswählen.

Beispiel

1 Susana und Mehmet

Montag, den 13. Oktober

Heute haben wir die erste Firma besucht: eine Kfz-Werkstatt, wo **Martin** arbeitet. Martin lässt sich nicht stören und schleift am Kotflügel eines alten BMW. ‚Ich habe schon die Nase voll vom Schleifen', meinte er. ‚Ich darf hier nichts anderes machen als schleifen. Es geht mir echt auf die Nerven.'

Dienstag, den 14. Oktober

Als nächste haben wir <u>Susana</u> besucht. Susana liebt Tiere und hat einen Praktikumsplatz auf einem Reithof bekommen. Sie wollte sehen, wie ein Tierpfleger arbeitet. Ich habe sie im Pferdestall mit Mistgabel und Gummistiefeln angetroffen. ‚Es ist hier astrein!', sagte sie sofort. ‚Ich bin hier ganz in meinem Element.' Einziger Kritikpunkt: ‚Ich möchte ein bisschen Verantwortung übernehmen. Der Tierpfleger ist immer dabei, falls ich etwas nicht schaffe. Sonst ist hier alles in Ordnung.'

Mittwoch, den 15. Oktober

<u>Jutta</u> haben wir im Rathaus besucht. ‚Eigentlich wollte ich in der Maske im Stadttheater arbeiten', erzählte sie. ‚Hier werde ich verrückt. Ich sitze drei Tage lang an einem Schreibtisch und darf die ganze Zeit nur Bleistifte spitzen oder Akten sortieren. Das ist halt nicht der Sinn des Berufspraktikums', schimpfte sie. ‚Zum Glück hat man mich gestern um 12 Uhr nach Hause geschickt.'

Donnerstag, den 16. Oktober

<u>Sasskia</u> hat einen Platz in einer Zahnarztpraxis bekommen. ‚Ich habe Glück gehabt, weil diese Plätze sehr gefragt sind', erzählte sie. ‚Es ist hier auch ganz toll. Schon am zweiten Tag durfte ich dem Zahnarzt helfen.' ‚Sie ist fleißig und verantwortungsfreudig', sagte mir der Zahnarzt. ‚Sie könnte ohne Probleme einen Beruf als Zahnarzthelferin oder Zahnärztin ergreifen.'

Freitag, den 17. Oktober

<u>Mehmet</u> arbeitet in einer Tierarztpraxis und hat bisher ziemlich schlechte Erfahrungen gemacht. ‚Sie verlangen zu viel von mir. Oft lassen sie mich alleine mit den Tieren und ich weiß gar nicht, was ich machen soll, wenn etwas schief geht. Einige Tiere können ganz toll beißen oder kratzen.'

1 Wer hat mit Tieren gearbeitet?
2 Wer hat sich gelangweilt?
3 Wer durfte schnell Verantwortung übernehmen?
4 Wer musste zu viel Verantwortung übernehmen?
5 Wer wollte etwas Verantwortung übernehmen?
6 Wer hat einen guten Eindruck gemacht?
7 Wer war mit dem Praktikum zufrieden?
8 Wer wollte etwas Kreatives machen?

2 Zu viel Verantwortung

Schreib fünf Schlagzeilen über Berufspraktikanten, die schnell viel lernen mussten.

Beispiel

PILOT WAR KRANK – BERUFSPRAKTIKANT MUSSTE FLIEGEN!

ÄRZTIN WAR KRANK – BERUFSPRAKTIKANTIN MUSSTE OPERIEREN!

3 Diebstahl in der Bäckerei

Lies den Text und beantworte die Fragen auf Deutsch.
Beispiel
1 jeden Morgen

Mein Berufspraktikum bei einer Bäckerei war recht interessant, doch nicht aus den üblichen Gründen. Jemand hat mir jeden Morgen fünf Brötchen vom Brötchenkorb auf der Theke gestohlen.

Nach einer Woche hat sich Herr Eichheim, der Bäcker, entschieden den Dieb zu fangen. Er hat lange Fäden in fünf Brötchen gebacken. Am folgenden Morgen hat er sie auf den Brötchenkorb gelegt. Die Fäden gingen bis in die Backstube. Dort mussten wir warten.

Kurz nach sieben Uhr ist ein junger Mann ins Geschäft gekommen und wollte die Brötchen ohne zu bezahlen mitnehmen. Herr Eichheim hat schnell an den Fäden gezogen und die Brötchen sind dem Dieb aus den Fingern gesprungen. Der Mann ist sofort aus der Bäckerei gelaufen – zwei Polizisten direkt in die Arme.

Sebastian Gärtner, Nürnberg

1 Wann sind diese Diebstähle passiert?
2 Wer wollte den Dieb fangen?
3 Wo haben Stefan und der Bäcker auf den Dieb gewartet?
4 Was hatte Herr Eichheim gemacht um den Dieb zu ertappen?
5 Wer hat draußen vor dem Laden gewartet?
6 Wer war der Dieb?

4 Wie geht das weiter?

Lies die Texte. Der letzte Satz fehlt jeweils. Die fehlenden Sätze findest du im Kästchen unten. Welcher Satz passt jeweils am besten? (Pass auf! Einen Satz brauchst du nicht.)

Beispiel
a5

a Ich interessiere mich überhaupt nicht für Bürohockerei. Ich könnte zum Beispiel nie beim Arbeitsamt arbeiten. Ich will Pilotin werden, weil ich mich natürlich für das Fliegen interessiere und weil ich viel reisen will. Ich will die Welt sehen. ....

b Ich bin ehrgeizig und fleißig. Ich möchte einen Beruf bei einer internationalen Firma, weil ich ein gutes Arbeitsklima suche, aber vor allen Dingen weil ich die Chance haben möchte viel Geld zu verdienen. Ich habe gute Textverarbeitungskenntnisse und kann drei Fremdsprachen. Und ich habe keine Angst vor Stress. ....

c So viele Leute wollen nur Geld verdienen und haben nie Zeit zum Leben. Interessante und sinnvolle Arbeit ist mir viel wichtiger als ein Riesengehalt. Ich will Krankenschwester werden, vor allen Dingen weil ich anderen helfen möchte. Ärztin würde ich nicht gern werden. ....

d Ich arbeite gelegentlich als Fotomodell. Das macht Spaß, aber langfristig werde ich etwas anderes machen. Ich bin sehr leistungsorientiert und will einen gut bezahlten und interessanten Beruf. Ich werde wahrscheinlich Ingenieurin werden, in erster Linie weil ich mich für die Technik interessiere, aber auch weil es eine große Herausforderung ist. ....

e Leistungsorientiert bin ich bestimmt nicht. Ich lasse mir gern Zeit. Ich mache nichts hastig. Ich bin geduldig. Ich bin sehr kreativ, aber ich suche einen gemütlichen Beruf. Nichts Stressiges. Handwerker will ich vielleicht werden, weil ich auch gern alleine arbeite. ....

f Ich interessiere mich nicht für modische Berufe wie Künstler oder Designer. Das ist nichts für mich. Ich weiß genau, was ich werden will. Ich will Polizist werden, weil ich etwas Sinnvolles machen will und weil ich in einem starken Team arbeiten möchte. ....

1	Das ist jetzt kein Männerberuf mehr.
2	Ein bisschen Gefahr muss auch dabei sein.
3	Also werde ich wahrscheinlich Exportmanager.
4	Das medizinische Studium ist viel zu lang.
5	Ich trage auch gern Verantwortung: z. B. für die Sicherheit von anderen Menschen.
6	Ich koche auch gern.
7	Ich interessiere mich besonders für Holz.

5 Jetzt weiß ich ...

Lies die Notizen aus den Tagebüchern von Peter und Kirsten und schreib jeweils einen Absatz über das Praktikum. Benutz alle Wörter unten.

Beispiel
Ich war mit dem Berufspraktikum gar nicht zufrieden. Ich ...

Peter	Kirsten
gar nicht	ganz interessant
musste stundenlang	durfte
durfte keine	viel gelernt
alleine	im Studio gearbeitet
sinn	gute Erfahrungen
müde	begeistert
jetzt weiß ich	Beruf ergreifen

6 Fünf kurze Vorstellungsgespräche

Schreib fünf Vorstellungsgespräche, die jeweils nicht länger als zehn Sekunden dauern.

Beispiel
A: Guten Tag. Warum wollen Sie Polizist werden?
B: Weil ich mich für schnelle Autos und schicke Uniformen interessiere.
A: Der nächste, bitte!

7 Arbeit und Wirtschaft

Lies den Text auf Seite 158. Welche Satzteile passen zusammen?

Beispiel
1c

Arbeit und Wirtschaft

Wie in vielen europäischen Ländern arbeiten immer weniger Menschen in Deutschland in den Bereichen der Landwirtschaft und der Produktion. Immer mehr Menschen arbeiten im Dienstleistungsbereich. Sie produzieren keine Waren, sondern sie arbeiten zum Beispiel als Kellnerin, Busfahrer, Bankkauffrau, Frisör oder Tierärztin.

In Deutschland produziert man viele Waren für den Export. Die wichtigsten Exportprodukte sind Autos, Maschinen, Produkte der Elektrotechnik und Chemie.

Die wichtigsten Handelspartner Deutschlands sind die Staaten der Europäischen Gemeinschaft und die USA. Die fünf wichtigsten Länder sind Frankreich, die USA, die Niederlande, Großbritannien und Italien.

1	Immer weniger Deutsche	a	sind wichtige Exportprodukte.
2	Deutsche im Dienstleistungssektor	b	produzieren keine Waren.
3	Deutsche Firmen	c	wollen in der Landwirtschaft arbeiten.
4	Autos	d	handeln mit Deutschland.
5	Frankreich und Großbritannien	e	produzieren viele Exportwaren.

KAPITEL 8

1 Albtraumdorf

Du wohnst im Albtraumdorf. Beschreib es. Bekommt man dort einen guten Job? Wie ist die Landschaft? Das Klima? Wie sind die Leute?

Beispiel

Ich wohne in Kuhfladendorf. Dort ist gar nichts los.

2 Weltreise!

Neulich warst du auf einer Weltreise (oder sogar auf dem Mond!). Welche Transportmittel hast du benutzt? Beschreib die Reise.

Beispiel

Ich bin mit dem Zug nach Dover gefahren.

3 Wegbeschreibungen

Du arbeitest im Verkehrsamt deiner Stadt/deines Dorfes, aber du arbeitest nicht gern dort. Zeichne einen Stadtplan und schreib falsche Wegbeschreibungen für die Besucher auf. Kann dein/e Partner/in die Fehler finden?

Beispiel

Um zum Bahnhof zu kommen gehen Sie geradeaus ...

4 Prospekte

Micha schreibt einen Prospekt über Sachsendorf für das Verkehrsamt. Auf seiner alten Tastatur sind die Buchstaben aber schwer zu lesen und deshalb macht er manchmal Fehler. Kannst du den Prospekt für ihn richtig schreiben?

Beispiel

Zu dieser Jahreszeit ist das Dorf besonders schön.

Sachsenburf
— Ihre ersfe Wahl für gufe Ferien!

Zu bieser Jahreszeif isf bas Burf besunbers schün. In ber Burfmiffe gibf es viele schüne Fachwerkhäuser, bie abenbs im Sonnenlichf bis späfen Herbsfes gebabef werben, unb bie bann wunberschün aussehen.

Hier gibf es eine alfe Kirche, bie im 12. Jahrhunberf gebauf wurben isf. Bie Lanbschaff, bie bas Burf umgibf, isf hügelig unb schün, mif schünen wilben Blumen, bie auf ber viuleffen Heibe wie bunfe Sommersprussen verstreuf sinb.

Abenbs gibf es viel für Jugenbliche zu tun – es gibf einen Jugenbklub in ber Kirche, ber sich zweimal in ber Wuche frifff. Außerbem gibf es einen kleinen Park unb einen Fennisplafz.

Hier gibf es fasf keine gesellschafflichen Prubleme unb Arbeifslusigkeif isf auch kein Problem, ba es eine gruße Schuhfabrik ganz in ber Nähe gibf.

Kummen Sie nach Sachsenburf um bie Ferien Ihres Lebens zu genießen!

5 Nachdem

Schreib einen kurzen Bericht über einen Tag in deinem Leben (wahr oder erfunden). Gib Infos über mindestens fünf Freizeitbeschäftigungen. Benutz das Wort ‚nachdem' so oft wie möglich.

Beispiel

Ich bin um sieben Uhr aufgestanden. Nachdem ich aufgestanden war, habe ich gefrühstückt.

KAPITEL 9

1 Lebenslauf

Lies Bettinas Lebenslauf und beantworte die Fragen.

Beispiel

1 Sie hat eine Schwester und einen Bruder.

Bettina Schön,
Waldstr. 5
86167 Augsburg

Lebenslauf

Ich heiße Bettina Schön und wurde am 8. Juni 1984 als älteste Tochter von Lars und Maren Schön in Augsburg geboren. Mein Vater ist Mechaniker und meine Mutter arbeitet als Krankenschwester. Ich habe noch eine zwei Jahre jüngere Schwester und einen vier Jahre jüngeren Bruder.

Im September 1990 kam ich in die Grundschule, die ich vier Jahre lang besuchte. 1994 wechselte ich auf die Friedrich-Spee Realschule in Augsburg, die ich im Juli 2000 mit dem Realschulabschluss verlassen werde. Meine Schwerpunktfächer sind Naturwissenschaften und Erdkunde.

Mein Berufspraktikum habe ich bei der Apotheke Brandt absolviert.

In meiner Freizeit reite ich gern, höre gern Musik und mache gern Handarbeiten.

Augsburg, den 17. 3.

---

1 Wie viele Geschwister hat Bettina?
2 Was sind Bettinas Eltern von Beruf?
3 Was sind ihre Hauptfächer?
4 Mit welchem Schulabschluss wird sie die Schule verlassen?
5 Wo hat sie ihr Berufspraktikum gemacht?
6 Was macht sie gern in ihrer Freizeit?

2 Mein Lebenslauf

Schreib jetzt deinen eigenen Lebenslauf. Bettinas Lebenslauf hilft dir dabei.

Beispiel

Lebenslauf

Ich heiße Patrick Hennessy und wurde am 7. Juli …

---

3 Ein Vorstellungsgespräch

Füll die Lücken mit Wörtern aus dem Kästchen aus. Pass auf! Du brauchst nicht alle Wörter im Kästchen.

Beispiel

1 EDV-Kenntnisse

Was für …(a)… haben Sie? Arbeiten Sie gern am …(b)…? Haben Sie Erfahrung im …(c)…? Welchen …(d)… haben Sie? Warum möchten Sie bei dieser …(e)… arbeiten? Was für eine …(f)… haben Sie?

Arbeitsstunden	Computer	Bezahlung
Ausbildung	EDV-Kenntnisse	**Abschluss**
Firma	Urlaub	Medienbereich

4 Psychotest

Mach den Psychotest.

JUFO-Psychotest: Würdest du mit dem Arbeitsstress klarkommen?

Wie würdest du reagieren? Mach unseren Psychotest! Wähl jeweils a, b, c oder d aus. Dann zähl deine Punkte zusammen.

1 *Ein Kunde ruft an und beschwert sich in einem aggressiven Ton: ‚Sie haben vorgestern versprochen mir eine Preisliste zu faxen. Verdammt noch mal! Wo ist sie?' Wie würdest du antworten?*

a) Ich würde sofort auflegen. Solche Kunden brauchen wir nicht.

b) Ich würde mich entschuldigen und die Preisliste sofort faxen.

c) Ich würde sagen: ‚Alles klar. Das mache ich sofort.' Aber ich würde mich nicht entschuldigen, weil er so aggressiv war.

d) Ich wäre nicht aggressiv, sondern ich würde den Chef holen.

2 *Du arbeitest am Computer und brauchst mindestens drei Stunden um die Arbeit fertig zu machen. Deine Chefin kommt zu dir und verlangt: ‚Diese Arbeit muss in einer Stunde fertig sein.' Wie würdest du reagieren?*

a) Ich würde ‚kein Problem!' sagen, aber ich würde mich bei meinen Kollegen beschweren.

b) Ich würde es machen, aber ich würde mir einen neuen Arbeitgeber suchen.

c) Ich würde sagen: ‚Sind Sie verrrückt? Machen Sie's selber, wenn Sie es so dringend brauchen.'

d) Ich würde ihr erklären, dass ich wirklich drei Stunden benötige.

3 *Der Chef einer anderen Firma ruft an und will dringend mit deiner Chefin sprechen. Du weißt, dass deine Chefin nicht mit ihm sprechen will. Was würdest du machen?*

a) Ich würde meine Chefin holen.

b) Ich würde sagen: ‚Hier ist unser Anrufbeantworter. Bitte sprechen Sie nach dem Ton.'

c) Ich würde herausfinden, warum er mit meiner Chefin sprechen möchte, und dann auflegen.

d) Ich würde ihm ein Treffen mit meiner Chefin anbieten.

4 *Eine Kundin ruft an und beschwert sich, weil sie ein Produkt von deiner Firma gekauft hat, das überhaupt nicht funktioniert. Was würdest du sagen?*

a) ‚Das darf nicht wahr sein! Haben Sie die Gebrauchsanweisung gelesen?'

b) ‚Entschuldigung! Ich rufe Sie später zurück, wenn ich Zeit habe.'

c) ‚Kein Problem! Schicken Sie es zurück und wir ersetzten es kostenlos.'

d) ‚Haben Sie die Garantie? Ohne Garantie kann ich nichts machen.'

Wie viele Punkte hast du?

	a)	b)	c)	d)
1	0	5	4	3
2	0	1	2	5
3	3	0	1	5
4	0	1	5	1

Auswertung

0–6 Furchtbar. Wie lange willst du diesen Job noch machen?

7–10 Na ja. Du musst noch viel lernen!

11–16 Gar nicht schlecht. Nach und nach schaffst du es!

17–20 Du bist ausgeglichen und diplomatisch. In zwei Jahren wirst du bestimmt Chef/in sein!

5 E-Mail funktioniert nicht

Schreib die E-Mail richtig auf.

Hot∆l Vi∆r Jahr∆∫z∆it∆n
Oud∆nard∆r Str. 24
51064 KÖLN
T∆l∆fon: +221 / 96 23 67-0
T∆l∆fax: +221/ 96 23 68-0
∆-mail: hot∆lvi∆rj@compdi∆n∫t.co.d∆

An: Frau Suzann∆ Gaffn∆y
Firma: Wordwork∫ Int∆rnational
Adr∆∫∫∆:   word@wordwork∫.co.uk
Datum: 3. Januar
Uhrz∆it: 13 08

B∆trifft: Hot∆lr∆∫∆rvi∆rung

E∫ fr∆ut un∫ ∫∆hr, di∆ R∆∫∆rvi∆rung ∆in∆∫
Dopp∆lzimm∆r∫ mit Bad/Du∫ch∆ für di∆ Z∆it
vom 8. Juli bi∫ zum 11. Juli im Hot∆l Vi∆r
Jahr∆∫z∆it∆n zu b∆∫tätig∆n. Bitt∆ t∆il∆n Si∆
un∫ mit, ob Si∆ ∆in Rauch∆r- od∆r
Nichtrauch∆rzimm∆r wün∫ch∆n od∆r ob
and∆r∆ Sond∆rwün∫ch∆ b∆∫t∆h∆n. Da∫
UMWELT JETZT-Konf∆r∆nzc∆nt∆r b∆find∆t
∫ich ∆twa 2 km vom Hot∆l und i∫t mit d∆m
Taxi od∆r d∆r U-Bahn gün∫tig zu ∆rr∆ich∆n.

Wir akz∆pti∆r∆n all∆ Kr∆ditkart∆n.

Mit fr∆undlich∆m Gruß

Gotthard Schnarr

---

6 Das Wichtigste

Schreib das Wichtigste aus der E-Mail oben auf
Englisch auf.
Beispiel
Hotel Vier Jahreszeiten confirms reservation of ...

7 Fremdsprachen

Lies den Text und fasse ihn in 30-40 Wörtern
zusammen.

In vielen Berufsbereichen sind
Fremdsprachenkenntnisse besonders
vorteilhaft. Die wichtigsten Berufsbereiche mit
fremdsprachlichem Bedarf sind Fremden-
verkehr und Tourismus, Wirtschaft,
Naturwissenschaft und Technik, Organisation
und Verwaltung, Medien und Kultur.

Deutsche Fahrräder, Elektrogeräte und Autos,
deutsches Spielzeug, deutsche Sportkleidung
und tausend andere deutsche
Industrieprodukte sind überall auf der Welt
bekannt. Die deutsche Wirtschaft ist stark auf
Export eingestellt. Dadurch brauchen viele
Kaufleute, Ingenieure, Techniker und
Sekretärinnen Fremdsprachenkenntnisse.

Nicht nur die wichtigsten europäischen
Sprachen wie Englisch, Spanisch und
Französisch sind gefragt, sondern Sprachen
aus aller Welt wie zum Beispiel Chinesisch,
Japanisch, Russisch, Griechisch und Arabisch.
Fremdsprachenkenntnisse verbessern in der
Regel die Berufschancen. Wer Sprachen
beherrscht und im Ausland gelebt hat, hat
bessere Aufstiegsmöglichkeiten.

KAPITEL 10

1 SOS-Kinderdorf

Lies den Text und beantworte die Fragen.
Beispiel
1 Hermann Gmeiner

1949 gründete Hermann Gmeiner das
erste SOS-Kinderdorf in Tirol (Österreich). Seine Idee war elternlosen Kindern
ein neues Elternhaus zu schaffen. Ein
SOS-Kinderdorf besteht aus 12 bis 40
Familienhäusern, einem Kindergarten und
weiteren Gemeinschaftshäusern. Es leben
meist sechs Kinder mit einer Frau, die versucht ihnen die Mutter zu ersetzen, bis sie
selbstständig geworden sind. Als Hermann
Gmeiner 1986 starb, gab es in 85 Ländern
der Welt 223 SOS-Kinderdörfer. Inzwischen
ist die Zahl auf 280 Dörfer gestiegen.

---

1   Wer gründete das erste SOS-Kinderdorf?
2   Wem wollte er helfen?
3   Wie viele Kinder leben gewöhnlich in einem Haus
    im Dorf?
4   Welche Rolle spielt die Frau, die im Haus lebt?
5   Wann starb der Gründer der SOS-Kinderdörfer?
6   Wie viele SOS-Kinderdörfer gibt es jetzt?

2 Globale Probleme

Kannst du das Poster zum Thema ‚globale Probleme'
fertig machen?

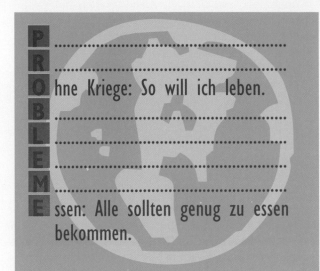

P
R hne Kriege: So will ich leben.
O
B
L
E
M
E ssen: Alle sollten genug zu essen
bekommen.

3 Eine umweltfreundliche Schule?

Wie könnte deine Schule grüner sein? Schreib eine
Liste.
Beispiel
Wir könnten vielleicht Aludosen recyceln, weil ...
Die Lehrer/innen sollten ... , weil ...
Die Schüler/innen sollten ..., weil ...

4 Umwelt

Du hast fünf Minuten Zeit. Schlag in einem
Wörterbuch zehn Wörter nach, die mit ‚Umwelt-'
anfangen.
Beispiel
Umweltkatastrophe, umweltfreundlich ...

5 Zwei Jugendliche

Lies die Texte. Was haben Cem und Susi gemeinsam?
Schreib jeweils ‚richtig' oder ‚falsch'.

Cem ist 17 Jahre alt. Er ist in Deutschland
geboren und lebt in Berlin. Seine Eltern sind
Türken. Er geht in die neunte Klasse einer
Freiburger Realschule. Er erzählt: ‚Die
meisten meiner Mitschüler haben eine andere
Religion als ich oder gar keine Religion. Ich
träume von einer friedlichen Welt, in der
niemand arm ist und alle genug zu essen haben.
Das Wichtigste ist, dass man im Leben den
richtigen Weg findet. Man muss ein gutes Leben
führen, anderen helfen und nicht die ganze
Zeit an sich selbst denken. Nach dem Tode gibt
es entweder Himmel oder Hölle. Und ich weiß,
wo ich hin möchte.'

Susi geht auf dieselbe Realschule wie Cem,
obwohl sie ein Jahr jünger ist als er. Sie
sieht das Leben etwas anders. ‚Ich glaube,
es geht nach dem Tode irgendwie weiter.
Vielleicht lebe ich als Tier weiter oder
als Pflanze. Ich glaube auch an Gott, aber
ich glaube nicht, dass es eine Hölle gibt.
Alle Menschen machen Fehler', sagt sie,
‚und es können doch nicht alle in die Hölle
kommen. Früher habe ich geglaubt, Gott
würde keine globalen Katastrophen erlauben.
Aber nach all den Umweltkatastrophen bin
ich sicher, dass wir selber die Umwelt
beschützen müssen. Ich bin Vegetarierin und
ich träume von einer Welt ohne Krieg,
Armut, Arbeitslosigkeit, Krankheit oder
Umweltverschmutzung.'

1   Sie sind beide 17 Jahre alt.
2   Sie besuchen dieselbe Schule.
3   Sie glauben an Gott.
4   Sie sind Christen.
5   Sie glauben an Himmel und Hölle.
6   Sie machen sich Sorgen über die Umwelt.
7   Sie essen kein Fleisch.
8   Sie träumen von einer Welt ohne Krieg.
9   Sie träumen von einer Welt ohne Armut.
10   Sie machen sich Sorgen über andere Menschen.

6 Schlagzeilen

Erfinde zehn sensationelle Schlagzeilen mit Hilfe der
Tabelle auf Seite 163.
Beispiel

SCHWEIN VERURSACHTE PANIK IM FLUGZEUG!

Außerirdische		Bauernhofbrand!
Diskobesucher		Umweltkatastrophe!
Käse		Auto-Diebstahl-Boom!
Schwein(e)		Notbremsung im Zug!
Brau	verhinderte/n	Panik in Dänemark!
Papagei		Chaos auf dem Schulhof!
Schüler/in		Banküberfall!
Polizist(en)		Fahrradunfall!
Kamel(e)	verursachte/n	Treibhauseffekt!
Rentnerin(nen)		Panik im Flugzeug!
Deutschlehrer/in		Magenbeschwerden!
Tierärzte		Zerstörung der Luftwaffe!

7 Die falsche Braut

Ordne diese Sätze um die Geschichte richtig zu
schreiben.

Beispiel

a, g, ...

a SCHOCK FÜR JUNGEN BRÄUTIGAM!

b Er ließ die Mutter fallen und alle vier Brüder
liefen davon.

c In seinen Armen lag die Mutter des Mädchens.

d Miroslav trug die Frau auf den Armen.

e Alle vier schlichen hinein und holten die
Braut heimlich heraus.

f Aber nach ein paar Schritten merkte er, dass
er die falsche Frau mitgenommen hatte.

g Der junge Miroslav versuchte seine Braut
heimlich aus dem Haus ihrer Eltern
wegzubringen, weil die Mutter des Mädchens
gegen die Verlobung war.

h In einer dunklen Nacht ging er mit seinen drei
Brüdern zusammen zum Haus, in dem das
Mädchen wohnte.

8 Autounfall auf der Hauptstraße

Lies die vier Berichte eines Autounfalls und schreib
einen Artikel im Imperfekt für die Stadtzeitung.
Schreib 80 bis 100 Wörter.

Beispiel

Kurz vor acht Uhr gab es einen Autounfall auf
der Hauptstraße. Ein blauer Mercedes ...

> Ich bin aus dem Parkhaus in der Hauptstraße rausgekommen und ein
> blaues Auto ist vorbeigerast. Ich habe einen Riesenkrach gehört. Ich
> habe mich umgedreht und ich habe gesehen, wie das Auto gegen die
> Telefonzelle vor der Post prallte. Der Fahrer hatte die Kontrolle über das
> Auto verloren, würde ich sagen. Zum Glück war niemand verletzt.
> **Frau Nina Mitteregger (34)**

> Es war kurz vor acht Uhr. Ich hatte es eilig, weil ich nicht zu spät zur
> Arbeit kommen wollte, aber ich habe das alles gesehen. Zum Glück war
> niemand in der Telefonzelle. Ich glaube, der Fahrer ist davongelaufen.
> Wenige Minuten später ist die Polizei gekommen.
> **Thomas Hagen (19)**

> Ich habe das Ganze gesehen. Meine Schwester Gabi war auch dabei.
> Plötzlich ist ein alter Mercedes unheimlich schnell vorbeigefahren. Und
> dann gab's so einen Riesenkrach und ich habe mir gedacht, der ist
> bestimmt tot. Doch ist der Fahrer aus dem Wagen gestiegen und
> weggelaufen. Gabi war's, die die Polizei angerufen hat. Die Telefonzelle
> ist total kaputt. **Susana Frey (17)**

> Ich dachte zuerst, er rasierte sich. Mit so einem Rasierapparat,
> verstehen Sie? Aber nein. Der Typ war am Telefonieren, verstehen Sie?
> Mit so einem Autotelefon. Unglaublich. Bei so einer Geschwindigkeit.
> Kein Wunder, dass er gegen etwas geprallt ist. Na ja. Ich weiß nicht, ob
> er verletzt war, aber die Polizei und die Feuerwehr waren schnell am
> Unfallort. Das Auto war bestimmt gestohlen. Bestimmt!
> **Herr Manfred Mertens (44)**

Grammatik

1 Subject, direct and indirect object pronouns

Subject pronouns (in the nominative case) show who or what is *doing* the action described by a verb (e.g. **ich** esse, **er** trinkt).

Direct object pronouns (in the accusative case) show who or what is having the action described by a verb *done to* them (e.g. er mag **mich**, ich sehe **dich**).

Indirect object pronouns (in the dative case) are mostly used as a shorthand way of saying *'to/from/for me'* etc. (e.g. gib **mir** das Buch, es reicht **ihm**).

Here is a listing of the pronouns you have learnt:

	Nominative		**Accusative**		**Dative**	
Singular						
1st person	ich	*(I)*	mich	*(me)*	mir	*(to/from/for me)*
2nd person	du	*(you, e.g. friend)*	dich	*(you)*	dir	*(to you, etc.)*
3rd person	er	*(he/it)*	ihn	*(him/it)*	ihm	*(to him/it, etc.)*
	sie	*(she/it)*	sie	*(her/it)*	ihr	*(to her/it, etc.)*
	es	*(it)*	es	*(it)*	ihm	*(to it, etc.)*
	man	*(one)*	einen	*(one)*	einem	*(to one, etc.)*
Plural						
1st person	wir	*(we)*	uns	*(us)*	uns	*(to/from/for us)*
2nd person	ihr	*(you, e.g. friends)*	euch	*(you)*	euch	*(to you, etc.)*
	Sie	*(you – formal)*	Sie	*(you)*	Ihnen	*(to you, etc.)*
3rd person	sie	*(they)*	sie	*(them)*	ihnen	*(to them, etc.)*

2 Verbs

Every sentence must contain a verb. This tells us what is happening in the sentence, and is usually listed in a dictionary or glossary in the *infinitive*, (the form of the verb meaning *'to _____'*, e.g. *'to do'*). In German, infinitives of verbs usually end in **-en** or **-n**.

2.1 The present tense

- **Regular (weak) verbs**

Regular verbs follow a standard pattern. To use a regular verb, you take the infinitive form, remove the **-en** or **-n** from the end to form the *stem*, and add the correct ending for the pronoun you are using, e.g:

ich	_____-e	(ich kauf**e**)	wir	_____-**en**	(wir kauf**en**)
du	_____-**st**	(du kauf**st**)	ihr	_____-**t**	(ihr kauf**t**)
er/sie/es/	_____-**t**	(er kauf**t**)	Sie	_____-**en**	(Sie kauf**en**)
(*usw.*)			sie	_____-**en**	(sie kauf**en**)

- ### Arbeiten, finden

Verbs which have a **-t** or a **-d** at the end of their stem generally have slightly different endings, e.g:

ich arbeite	ich finde
du arbeit**est**	du find**est**
er/sie/es/(*usw.*) arbeit**et**	er/sie/es/(*usw.*) find**et**
wir arbeiten	wir finden
ihr arbeit**et**	ihr find**et**
Sie arbeiten	Sie finden
sie arbeiten	sie finden

- ### Sammeln

Most verbs which end in **-eln** form their stem by removing the **-n** and adding the regular endings, except in the case of the first person singular (**ich**) which loses the first **e**, e.g. ich samm**le** *not* ich sammele.

ich samm**le**
du sammelst
er/sie/es/(*usw.*) sammelt
wir sammeln
ihr sammelt
Sie sammeln
sie sammeln

- ### Irregular (strong) verbs

Irregular verbs are different in the second (**du**) and third (**er/sie/es**) person singular forms. The endings are the same as those for regular verbs, but the vowel in the *stem* changes. The most common vowel changes are from **e** to **i,** from **e** to **ie** and from **a** to **ä**:

geben:	ich gebe	*aber*	du g**i**bst
sehen:	ich sehe	*aber*	er s**ie**ht
fahren:	ich fahre	*aber*	sie f**ä**hrt

2.2 Haben *and* sein

Haben *(to have)* and **sein** *(to be)* are irregular and are used frequently as *auxiliary verbs* when forming the perfect tense. See Section 2.9. Their forms are as follows:

haben	**sein**
ich habe	ich bin
du hast	du bist
er/sie/es/(*usw.*) hat	er/sie/es/(*usw.*) ist
wir haben	wir sind
ihr habt	ihr seid
Sie haben	Sie sind
sie haben	sie sind

2.3 Reflexive verbs in the present tense

Reflexive verbs consist of two parts: a *verb* and a *reflexive pronoun*. For reflexive verbs in the perfect tense see Section 2.11.

- ### Reflexive pronouns in the accusative

When the reflexive pronoun is the *direct object* of the sentence, it is in the *accusative*. These reflexive pronouns are similar, but not identical, to the direct object pronouns in the accusative case (see Section 1). For example, look at the verb on the right:

sich duschen – *to have a shower*	
ich dusche	**mich**
du duschst	**dich**
er/sie/es/(*usw.*) duscht	**sich**
wir duschen	**uns**
ihr duscht	**euch**
Sie duschen	**sich**
sie duschen	**sich**

Some other reflexive verbs with reflexive pronouns in the accusative are:

sich hinlegen	*to lie down*	Ich lege **mich** hin.
sich fühlen	*to feel*	Fühlst du **dich** nicht wohl?
sich erbrechen	*to be sick*	Sie erbricht **sich**.

- ### Reflexive pronouns in the dative

When the reflexive pronoun is the *indirect object* of the sentence, it is in the *dative*. These reflexive pronouns are similar, but not identical, to the indirect object pronouns (see Section 1). Another word in the *accusative* (often a part of the body) is used with the verb as well – this is the *direct object* of the sentence, e.g:

sich die Haare waschen – *to wash one's hair*		
ich wasche	**mir**	die Haare
du wäschst	**dir**	die Haare
er/sie/es/(*usw.*) wäscht	**sich**	die Haare
wir waschen	**uns**	die Haare
ihr wascht	**euch**	die Haare
Sie waschen	**sich**	die Haare
sie waschen	**sich**	die Haare

Some other reflexive verbs with reflexive pronouns in the dative are:

sich etwas verletzen	*to injure something*	ich verletze **mir** den Fuß
sich etwas brechen	*to break something*	er bricht **sich** den Arm
sich etwas verstauchen	*to sprain something*	sie verstaucht **sich** den Fuß

Not all reflexive verbs of injury have a direct object. Some use an *indirect object* pronoun, e.g:

Ich habe **mir in** die Hand geschnitten.	*I have cut my hand.*

Some reflexive verbs are used with other prepositions governing the accusative. Here are some examples:

sich interessieren **für** – *to be interested in*

ich interessiere mich für	den/die/das/ ... einen/eine/ein ...

2.4 Separable verbs in the present tense

Separable verbs have a *preposition* attached to them (e.g. **um-**, **aus-** or **auf-**). In the infinitive the preposition is joined to the *beginning* of the verb (e.g. **um**steigen, **aus**kommen, **auf**stehen). In the present tense the verb goes in *second* place and the preposition goes at the *end* of the sentence, e.g:

Er **steigt** in Bonn **um**.	*He changes trains in Bonn.*
Ich **komme** mit ihnen gut **aus**.	*I get on well with them.*

NB For separable verbs in the perfect tense see Section 2.10.

2.5 Modal verbs in the present tense

A modal verb generally works with another verb which is in the *infinitive*. The modal verb adds something to the meaning of the other verb (usually a mood or an attitude). The modal verb is the main verb in the sentence and goes in *second* place. The other verb (in the infinitive) goes at the *end* of the sentence, e.g:

Ich **muss** hier **umsteigen**.	*I have to change trains here.*
Sie **will** etwas **trinken**.	*She wants to drink something.*
Ich **kann** dir **helfen**.	*I can help you.*

Here are the modal verbs you have met, and their meanings:

dürfen *to be allowed to, 'may'*	**können** *to be able to, 'can'*

mögen *to like to*	**wollen** *to want to*	**müssen** *to have to, 'must'*

Modal verbs are irregular in the singular (their stems change and there are no endings on the **ich** and **er/sie/es** forms) but they are regular in the plural.

	dürfen	**können**	**mögen**	**müssen**	**wollen**
Singular	ich darf	ich kann	ich mag	ich muss	ich will
	du darfst	du kannst	du magst	du musst	du willst
	er/sie/es darf	er/sie/es kann	er/sie/es mag	er/sie/es muss	er/sie/es will

	dürfen	können	mögen	müssen	wollen
Plural	wir dürfen	wir können	wir mögen	wir müssen	wir wollen
	ihr dürft	ihr könnt	ihr mögt	ihr müsst	ihr wollt
	Sie dürfen	Sie können	Sie mögen	Sie müssen	Sie wollen
	sie dürfen	sie können	sie mögen	sie müssen	sie wollen

NB For modal verbs in the imperfect tense see Section 2.13.

2.6a The conditional

The conditional of **werden** is **würden**, which means 'would' in English. **Würden** is used as the main verb in *second* place with another verb in the *infinitive* at the end of the clause.

Ich **würde** eine Weltreise **machen**.	*I **would** travel around the world.*

2.6b *Mögen* and *gern haben*

You have also met **mögen** and **gern haben**, which both mean 'would like'.

würden – 'would'	möchten – 'would like'	hätten gern – 'would like'
ich würde	ich möchte	ich hätte gern
du würdest	du möchtest	du hättest gern
er/sie/es/(usw.) würde	er/sie/es/(usw.) möchte	er/sie/es/(usw.) hätte gern
wir würden	wir möchten	wir hätten gern
ihr würdet	ihr möchtet	ihr hättet gern
Sie würden	Sie möchten	Sie hätten gern
sie würden	sie möchten	sie hätten gern

2.7 Ich würde lieber

German uses **würden** (see above) with **lieber** and **am liebsten** to express preference, e.g:

Ich **würde** am liebsten die Schule ganz **verlassen**.	*Most of all I would like to leave school.*

Als meaning 'than' is used to make comparisons.

Ich **würde** lieber Schokolade **als** Gemüse **essen**.	*I would rather eat chocolate **than** vegetables.*

2.8 The future tense

There are two ways of expressing the future in German:

• The present tense with future meaning: the verb is like a normal present tense verb in form and usage (this is similar to English usage of the present tense), e.g:

Nächstes Jahr **fahre** ich nach Italien.	*I am going to Italy next year.*
Morgen **gehe** ich einkaufen.	*I am going shopping tomorrow.*

- **Werden** with another verb in the *infinitive* at the *end* of the clause. (This is similar to the English future tense which uses '*will*' or '*shall*' and a verb in the infinitive.) Here are some examples:

Ich **werde** berühmt **sein**.	*I will be famous.*
Wir **werden** massenhaft CDs **verkaufen**.	*We will sell lots of CDs.*
Wir **werden** nächstes Jahr nach Spanien **fahren**.	*We will go to Spain next year.*

The verb **werden** is irregular:

ich werde
du **wirst**
er/sie/es/(*usw.*) **wird**
wir werden
ihr werdet
Sie werden
sie werden

2.9 The perfect tense

The perfect tense is used to talk about completed actions in the past. It is mainly used for personal spoken accounts, e.g. in conversation. It is formed by using the *auxiliary* verb **haben** or **sein** and a *past participle*.

The auxiliary verb **haben** or **sein** counts as the main verb and so is in *second* place, and the past participle goes to the *end* of the clause, e.g:

Ich **habe** ein Geschenk für meine Mutter **gekauft**.	*I (have) bought a present for my mother.*
Ich **bin** mit dem Auto nach Berlin **gefahren**.	*I drove to Berlin.*

- **Regular (weak) verbs**

To form the past participle of a regular verb, you form the *stem* by removing the **-en** or **-n** from the end of the *infinitive*. You then add **ge-** to the beginning and **-t** or **-et** to the end, e.g:

(to play)	spielen	→	spiel-	→	**ge**spiel**t**
(to work)	arbeiten	→	arbeit-	→	**ge**arbeit**et**

- **Irregular (strong) verbs**

To form the past participle of an irregular verb, you add **ge-** to the beginning of the *infinitive* form, and you usually change the *vowel* in the stem itself, e.g:

(to write)	schreiben	→	**ge**schr**ie**ben
(to drink)	trinken	→	**ge**tr**u**nken

There is no set pattern for the vowel changes. See the Verb List on pages 184–185 for a list of irregular past participles.

- **Mixed verbs**

Several verbs are known as *mixed verbs*. In the perfect tense, you add **ge-** to the beginning of the *stem* but also change the *vowel* and add regular endings **-t** or **-et** to the end of the stem, e.g:

| *(to think)* | denken | → | **ge**da**ch**t | *(to know)* | wissen | → | **ge**wu**ss**t |

The past participles are also featured in the Verb List.

2.10 The perfect tense: separable verbs

To form the perfect tense of a separable verb, an auxiliary (**haben** or **sein**) is used in second place in the sentence. The *preposition* is added to the *front* of the past participle (before the **ge-**)at the end of the sentence. Here are some examples:

abfahren	Ich bin um Mitternacht **ab**gefahren.	*I set off at midnight.*
ankommen	Sie ist um zwei Uhr **an**gekommen.	*She arrived at two o'clock.*
aufstehen	Wir sind um sieben Uhr **auf**gestanden.	*We got up at seven o'clock.*

2.11 The perfect tense: reflexive verbs

- **Reflexive verbs with a direct object**

In the perfect tense, reflexive verbs with a direct object consist of an auxiliary verb, a reflexive pronoun in the accusative following the auxiliary verb, and the past participle of the verb at the end of the sentence. Here are some examples:

| Ich habe **mich** im Badezimmer **geduscht**. | *I had a shower in the bathroom.* |
| Er hat **sich erbrochen**. | *He was sick.* |

- **Reflexive verbs with an indirect object**

Reflexive verbs with an indirect object in the perfect tense consist of an auxiliary verb, a reflexive pronoun in the dative, followed by the direct object (in the accusative) and the past participle of the verb at the end of the sentence. Here are some examples:

Meine Mutter hat **sich** den Fuß **verstaucht**.	*My mother has sprained her foot.*
Ich habe **mir** das linke Bein **gebrochen**.	*I have broken my left leg.*
NB Ich habe **mir** *in die* Hand geschnitten.	*I have cut my hand.*

2.12 The imperfect tense

- **Usage**

The imperfect tense is mostly used in formal, written reports, e.g. newspapers, novels, and to describe repeated actions in the past. It is also used whenever English would use 'was' or 'were' to describe a continuous action, e.g. 'I was walking'. Here are some examples:

Ein Taxifahrer **rauchte** eine Zigarette.	*A taxi driver was smoking a cigarette.*
Sie **alarmierte** sofort eine Taxifirma.	*She alerted a taxi company at once.*
Jeden Tag **sagten** sie nichts zueinander.	*They said nothing to each other each day.*

NB Modal verbs and some common verbs such as **haben**, **sein**, **denken**, and **wissen** are often used in the imperfect in speech for the sake of simplicity. Here are some examples:

Plötzlich **war** das Kind da.	*Suddenly the child was there.*
Zum Glück **wusste** ich, was zu tun war.	*Luckily I knew what to do.*

- **Regular (weak) verbs**

To form the imperfect tense of regular verbs, take the stem by removing the **-en** or **-n** from the end of the infinitive, and then add the endings below:

spielen →	spiel-	→	spiel**te**

ich	—— **-te**	(ich spiel**te**)
du	—— **-test**	(du spiel**test**)
er/sie/es/(*usw.*)	—— **-te**	(er/sie/es/(*usw.*) spiel**te**)
wir	—— **-ten**	(wir spiel**ten**)
ihr	—— **-tet**	(ihr spiel**tet**)
Sie	—— **-ten**	(Sie spiel**ten**)
sie	—— **-ten**	(sie spiel**ten**)

- **Arbeiten, finden**

When there is a **-t** or a **-d** near the end of the stem of a verb, you need to put an extra **e** between the stem and the regular ending, e.g:

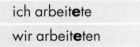

ich arbeit**e**te
wir arbeit**e**ten

- **Irregular (strong) verbs**

To form the imperfect tense of irregular verbs, you change the stem and add the endings below:

kommen →	komm-	→	kam

ich	——	(ich k**a**m)
du	—— **-st**	(du k**a**m**st**)
er/sie/es/(*usw.*)	——	(er/sie/es k**a**m)
wir	—— **-en**	(wir k**a**m**en**)
ihr	—— **-t**	(ihr k**a**m**t**)
Sie	—— **-en**	(Sie k**a**m**en**)
sie	—— **-en**	(sie k**a**m**en**)

NB For a full list of stem changes to irregular verbs in the imperfect tense, please see the Verb List.

- **Mixed verbs**

To form the imperfect tense of mixed verbs, take the stem and change the vowel (as with irregular verbs), but add the endings for regular verbs, e.g:

denken
ich dach**te**
du dach**test**
er dach**te**, *etc.*

For a full list of stem changes to mixed verbs, see the Verb List.

2.13 The imperfect tense: modal verbs

To form the imperfect tense of modal verbs, you usually change the vowel in the stem and then add the endings below. Here are the imperfect tenses of the modals you have met:

dürfen	können	mögen	müssen	wollen
ich d**u**rf**te**	ich k**o**nn**te**	ich m**o**ch**te**	ich m**u**ss**te**	ich woll**te**
du d**u**rf**test**	du k**o**nn**test**	du m**o**ch**test**	du m**u**ss**test**	du woll**test**
er/sie/es d**u**rf**te**	er/sie/es k**o**nn**te**	er/sie/es m**o**ch**te**	er/sie/es m**u**ss**te**	er/sie/es woll**te**
wir d**u**rf**ten**	wir k**o**nn**ten**	wir m**o**ch**ten**	wir m**u**ss**ten**	wir woll**ten**
ihr d**u**rf**tet**	ihr k**o**nn**tet**	ihr m**o**ch**tet**	ihr m**u**ss**tet**	ihr woll**tet**
Sie d**u**rf**ten**	Sie k**o**nn**ten**	Sie m**o**ch**ten**	Sie m**u**ss**ten**	Sie woll**ten**
sie d**u**rf**ten**	sie k**o**nn**ten**	sie m**o**ch**ten**	sie m**u**ss**ten**	sie woll**ten**

2.14 The pluperfect tense

This tense is used to talk about past actions which were completed before another action began. It is formed in much the same way as the perfect tense, with an auxiliary verb and a past participle. As with the perfect tense, the auxiliary verb is either **haben** or **sein**.

However, in this tense the *imperfect tense* form of **haben** or **sein** is used: **war/en** and **hatte/n**.

Ich **war** gegangen.	*I had gone.*
Er **hatte** gegessen.	*He had eaten.*
Sie **waren** geschwommen.	*They had swum.*

- **Separable and reflexive verbs**

The pluperfect tense of separable and reflexive verbs is also formed in exactly the same way as their perfect tense, except that **war/en** and **hatte/n** are used as auxiliaries:

Separable verb: **ankommen**	
Ich **war** um neun Uhr mit dem Bus angekommen.	*I had arrived by bus at nine o'clock.*

Reflexive verb: **sich duschen**	
Er **hatte** sich um acht Uhr geduscht.	*He had had a shower at eight o'clock.*

2.15 Conditional: *sollen*

The modal verb **sollen** is often used in the conditional to give the meaning 'should' or 'ought to'. In form, the imperfect subjunctive of **sollen** is identical to the imperfect tense. Here is the full paradigm:

Singular	**sollen**
	ich soll**te**
	du soll**test**
	er/sie/es/(usw.) soll**te**

Plural	sie soll**ten**
	ihr soll**tet**
	Sie soll**ten**
	sie soll**ten**

Man **sollte** gekochtes Essen immer in den Kühlschrank tun.	*You should always put cooked food in the fridge.*
Du **solltest** alle Tücher und Lappen jeden Tag wechseln.	*You should change all the towels and cloths every day.*

2.16 Verbal nouns

German verbs are often used as nouns to give the same idea as an English *gerund* ('do**ing**', 'drink**ing**', 'eat**ing**', etc.).

When verbs are used in this way, they are in the *infinitive* form. Because they are acting as nouns, they have a capital letter. Their gender is also always *neuter*.

das Snowboarden
das Skilaufen
das Abspülen

If the idea to be expressed is '*in –ing*', or '*whilst –ing*', this is translated in German by **beim**. Here is an example:

Er hat sich **beim Skilaufen** in die Nase geschnitten.	*He cut his nose whilst skiing.*

2.17 Overview of Tenses
• Regular verbs

Word order here is for main clauses. For subordinate clauses, move the verb from second place to the end of the clause e.g:

Es stimmt, dass ich jetzt in der Stadtmitte **wohne**./Es stimmt, dass ich in der Stadtmitte gewohnt **habe**.

The first person (**ich**) form only is given here. The ending on the verb may have to change if you change the subject of the sentence or clause, e.g:

Er wohn**t** jetzt in der Stadtmitte./Es stimmt, dass **er** jetzt in der Stadtmitte wohn**t**.

Regular verb: wohnen – to live

Tense		2nd place		at the end
Present: *I live; I am living*	Ich	**wohne**	jetzt	in der Stadtmitte.
(Alternative word order)	Jetzt	**wohne**	ich	in der Stadtmitte.
Future: *I will live*	Ich	**werde**	in der Stadtmitte	**wohnen.**
Present conditional: *I would live*	Ich	**würde**	in der Stadtmitte	**wohnen.**
Modal verb (Present): *I have (got) to live; I must live*	Ich	**muss**	in der Stadtmitte	**wohnen.**
Modal verb (Imperfect): *I had to live*	Ich	**musste**	in der Stadtmitte	**wohnen.**
Modal verb (Conditional): *I would have to live*	Ich	**müsste**	in der Stadtmitte	**wohnen.**
Perfect: *I lived; I have lived*	Ich	**habe***	in der Stadtmitte	**gewohnt.**
Pluperfect: *I had lived*	Ich	**hatte***	in der Stadtmitte	**gewohnt.**
Pluperfect subjunctive: *I would have lived*	Ich	**hätte***	in der Stadtmitte	**gewohnt.**
Imperfect: *I lived; I was living*	Ich	**wohnte**	in der Stadtmitte.	

NB Not all regular verbs take **haben**. Use **sein** with verbs that indicate movement from A to B, e.g. **reisen**.

• Irregular verbs

The imperfect tense and the past participles of irregular verbs should be checked in the Verb List.

Irregular verb: gehen – to go (to walk)

Tense		2nd place		at the end
Present: *I go; I am going*	Ich	**gehe**	jetzt	in die Stadtmitte.
(Alternative word order)	Jetzt	**gehe**	ich	in die Stadtmitte.
Future: *I will go*	Ich	**werde**	in die Stadtmitte	**gehen.**
Present conditional: *I would go*	Ich	**würde**	in die Stadtmitte	**gehen.**
Modal verb (Present): *I have (got) to go; I must go*	Ich	**muss**	in die Stadtmitte	**gehen.**

Irregular verb: gehen – *to go (to walk)*

Tense			2nd place		at the end
Modal verb (Imperfect): *I had to go*	Ich		**musste**	in die Stadtmitte	**gehen.**
Modal verb (Conditional): *I would have to go*	Ich		**müsste**	in die Stadtmitte	**gehen.**
Perfect: *I went; I have gone*	Ich		**bin***	in die Stadtmitte	**gegangen.**
Pluperfect: *I had gone*	Ich		**war***	in die Stadtmitte	**gegangen.**
Pluperfect subjunctive: *I would have gone*	Ich		**wäre***	in die Stadtmitte	**gegangen.**
Imperfect: *I went; I was going*	Ich		**ging**		in die Stadtmitte.

NB Not all irregular verbs take **sein**. Check against the Verb List if you are not sure.

2.18 Seit

Seit is similar in meaning to *'since'* in English, but it can also mean *'(for) how long'*. Unlike the English use of *'since'*, it is usually used with the **present tense**:

Seit wann wohnst du in Marburg?	*How long have you been living in Marburg?*
Ich wohne **seit** drei Jahren in Marburg.	*I've been living in Marburg for three years.*

3 Word order

German word order has a number of important rules. Some are listed below.

3.1 Main verb in second place

The main verb in a main clause must be in *second* place.

1	2	3		1	2	3	4
Ich	**spiele**	Fußball		Heute	**spiele**	ich	Fußball.

3.2 Time, manner, place

When information about when, how, and where things are being done is included in a clause, it must be given in the sequence *'time, manner, place'* or *'when, how, where (to)'*, e.g:

	1 Wann	2 Wie	3 Wo/Wohin	
Ich bin	um Mitternacht	mit der Bahn	nach Duisburg	abgefahren.
Wir sind	um zwei Uhr	mit dem Bus	in Paris	angekommen.

4 Conjunctions

A conjunction is a word which joins clauses or parts of sentences together. For example, the conjunctions **wenn**, **weil** and **dass** link a main clause with a subordinate clause. These conjunctions send the verb to the end of the subordinate clause, e.g:

Main clause	Subordinate clause
Wir spielen Tennis,	**wenn** es warm **ist**.

Here the conjunction always has a *comma* before it.
If the conjunction *starts* the sentence the verb is followed by a *comma* and then the *verb* of the main clause, e.g:

Subordinate clause	Main clause
Wenn es warm **ist,**	**spielen** wir Tennis.

4.1 Wenn

Wenn can mean *'if'*, *'when'* or *'whenever'*, e.g:

Wenn es **regnet, treffen** wir uns im Café.	*If it rains, we will meet in the café.*
Wenn ich unter einer Leiter **durchgehe**, **drück'** ich immer die Daumen.	*When I go under a ladder, I always cross my fingers.*
Ich **trage** immer rote Gummistiefel, **wenn** ich in die Stadt **gehe**.	*I wear red wellington boots whenever I go into town.*

4.2 Als

Als is also used to render the English word *'when'*, but it can only be used in *past tense* situations. A good test of whether **als** can be used is to see if it is possible to replace *'when'* with *'as'* in the English sentence:

When *he arrived, we were all in the living room.* = **As** *he arrived, we were all in the living room.*

The verbs used after **als** will always be in the imperfect or perfect tense.

Subordinate clause	Main clause
Als er ankam,	waren wir alle im Wohnzimmer.
Als ich jünger war,	wohnte ich in Peterborough.

4.3 Wann

The word **wann** means *'when'*. It may only be used in questions or other interrogative situations. **Wann** is used both in straightforward questions, e.g:

Wann wird er ankommen?	*When will he arrive?*

and in reported questions, e.g:

Ich weiß nicht, **wann** er ankommen **wird**.	*I don't know when he will arrive.*

In the latter, **wann** acts like other subordinating conjunctions.

4.4 Weil

Weil means '*because*', e.g:

Main clause	Subordinate clause
Mein Taschengeld reicht mir,	**weil** ich wenige Interessen **habe**.
Mein Taschengeld reicht mir nicht,	**weil** ich für ein Mofa **spare**.

4.5 Dass

Dass means '*that*'. It is used with verbs like **denken**, **sagen** and **glauben** to report what someone says or thinks, e.g:

Main clause	Subordinate clause
Die Eltern sagen,	**dass** sie gern eine Einladung **bekommen**.
72% denken,	**dass** laute Musik in Ordnung **ist**.

4.6 Bevor

Bevor means '*before*' and is often encountered with the pluperfect tense (see Section 2.14). Here are some examples of its use:

Subordinate clause	Main clause
Bevor wir gelesen haben,	*hatten wir ferngesehen.*
Bevor ich in die Stadt gehe,	*muss ich meine Hausaufgaben machen.*

4.7 Nachdem

Nachdem means '*after*' and is also often used in conjunction with verbs in the pluperfect tense (see Section 2.14). Here it is in use:

Subordinate clause	Main clause
Nachdem sie gelesen hatte,	*hat sie Tischtennis gespielt.*
Nachdem er ferngesehen hatte,	*ist er ins Bett gegangen.*

4.8 Um ... zu

In German, purpose or intention (for example: *I'm going shopping **in order to** buy some carrots*) is expressed by the phrase **um ... zu**. **Um** always starts the subordinate clause. This is followed by the other information. Then comes the word **zu** before the *infinitive*, which goes to the end of the sentence, immediately after **zu**.

Here are some examples:

Main clause	Subordinate clause
Ich stehe um halb fünf auf	**um** die Tiere **zu füttern**.
Ich gehe einkaufen	**um** ein Geschenk für meine Mutter **zu kaufen**.
Ich spare	**um** ein Mofa oder ein neues Rad **zu kaufen**.

5 Relative clauses

A relative clause is joined to a main clause by a *relative pronoun*, making one sentence where there could otherwise have been two. In English, the words used to do this may be *'who'*, *'which'*, *'that'*, or sometimes no words at all, e.g:

Clause 1	Clause 2
She has a cat.	It is called Murphy.

could become any of the following:

She has a cat **who** is called Murphy.

She has a cat **which** is called Murphy.

She has a cat **that** is called Murphy.

She has a cat called Murphy.

In German, there is only one way of linking two clauses together. You have to join them together with the same words as you would use to say *'the'*: **der**, **die** or **das**. These are called *relative pronouns*, e.g:

Clause 1	Clause 2
Ich habe eine Schwester.	Sie heißt Claudia.

becomes:

Ich habe eine Schwester, **die** Claudia **heißt**.

The two clauses are joined together to form one sentence. Here, **die** (feminine singular) corresponds with, and replaces, **Sie** (also feminine singular). The verb in the relative clause (here **heißt**) is always sent to the end of the clause.

The relative pronoun always corresponds to the *gender* and *number* of the thing that is being described in the relative clause. So:

		Pronoun		Verb
Masc. singular	Ich habe **einen Bruder**,	der	Richard	**heißt**.
Fem. singular	Ich habe **eine Schwester**,	die	zwei Jahre alt	**ist**.
Neut. singular	Er hat **ein Pferd**,	das	Beauty	**heißt**.
Plural	Sie hat **zwei Freunde**,	die	sehr nett	**sind**.

6 Possessive adjectives

The possessive adjectives (i.e. words for 'my', 'your', 'their', etc.) change according to the gender and case of the noun they are with. The endings are similar to those for **ein**, **kein**, etc. Here is a table of possessive adjectives in the nominative:

	Masc.	**Fem.**	**Neut.**	**Pl.**
my	mein	mein**e**	mein	mein**e**
your (e.g. friend)	dein	dein**e**	dein	dein**e**
his, its	sein	sein**e**	sein	sein**e**
her, its	ihr	ihr**e**	ihr	ihr**e**
its	sein	sein**e**	sein	sein**e**
our	unser	unser**e**	unser	unser**e**
your (e.g. friends)	euer	eu**re**	euer	eu**re**
your (formal)	Ihr	Ihr**e**	Ihr	Ihr**e**
their	ihr	ihr**e**	ihr	ihr**e**

Here are some examples of possessive adjectives:

Unsere Wohnung ist im sechsten Stock.	*Our flat is on the sixth floor.*
Wie heißen **eure** Haustiere?	*What are your pets' names?*
Ihr Pass, bitte!	*Your passport, please!*

7 Cases

So far you have met three cases in German: nominative, accusative and dative.

- **Nominative**
Words which are the *doer* (or subject) of the action described by a verb are in the *nominative* case, e.g:

Mein Bruder öffnet das Fenster.
Die Katze schläft auf dem Sessel.

- **Accusative**
Words which are having the action described by a verb *done to* them (the direct object) are in the *accusative* case, e.g:

Mein Bruder öffnet **das Fenster**.

- **Dative**
Words which come after certain prepositions are in the *dative* case. The dative case is also used as a shorthand way of saying *'to/from/for'* (the indirect object), e.g:

Die Katze schläft auf **dem Sessel**.	*The cat sleeps on the seat.*
Er sitzt hinter **einem Baum**.	*He sits behind a tree.*

The verb **sein** ('*to be*') will always be accompanied by a noun in the *nominative* case, e.g:

| Hier ist **ein** Kuli. | *Here is a pen.* |

The verb **haben** or the set expression **es gibt/gibt es** will, however, always be accompanied by a noun in the *accusative*, e.g:

| In meiner Tasche gibt es **einen** Kuli. | *There is a pen in my bag.* |
| In meiner Tasche habe ich **einen** Kuli. | *I have a pen in my bag.* |

8 Prepositions

• Prepositions governing the dative

Prepositions are words which describe the position of things (e.g. '*on*', '*in*', '*under*'. etc.) The prepositions on the right are always used with the dative, e.g:

| aus |
| bei |
| gegenüber von |
| mit |
| nach |
| seit |
| von |
| zu |

| mit **dem** Hund |
| gegenüber von **der** Kirche |
| nach **dem** Abendessen |
| aus **dem** Haus |

• Prepositions governing the accusative and dative

This group of prepositions is sometimes used with the accusative and sometimes with the dative, according to their meaning.

an	in	unter
auf	neben	vor
hinter	über	zwischen

These prepositions are used with the accusative when they are describing *movement* from one place to another and with the dative when they are describing the *position* of something, e.g:

Accusative	**Dative**
Er ist **in das** Wohnzimmer gegangen.	Er ist **in dem** Wohnzimmer.
He went into the living room.	*He is in the living room.*
Hast du sie **an die** Wand gehängt?	Hängen sie **an der** Wand?
Have you hung them on the wall?	*Are they hanging on the wall?*
Du hast sie **auf den** Tisch gelegt.	Sie sind nicht **auf dem** Tisch.
You put them on the table.	*They are not on the table.*

• Prepositions governing the accusative

This group of prepositions is always used with the accusative.

| für | durch | entlang | ohne | um |

- **Abbreviated forms of prepositions**

Some of these prepositions are shortened to an abbreviated form when followed by the dative forms of the definite article **dem** or **der**.

zu	+	**der**	=	**zur**	e.g.	**zur Kirche**	instead of	**zu der Kirche**
zu	+	**dem**	=	**zum**	e.g.	**zum Bahnhof**	instead of	**zu dem Bahnhof**
an	+	**dem**	=	**am**	e.g.	**am Rande der Stadt**	instead of	**an dem Rande der Stadt**
in	+	**dem**	=	**im**	e.g.	**im Haus**	instead of	**in dem Haus**
gegenüber von	+	**dem**	=	**vom**	e.g.	**gegenüber vom Dom**	instead of	**gegenüber von dem Dom**

9 Adjective endings

When adjectives are separated by a verb from the noun they describe they have no endings, e.g:

Der Koffer ist **braun**.	Das Auto ist **rot**.	Die Frau ist ziemlich **alt**.

However, when an adjective comes in front of the noun it describes, the adjective takes an agreement ending. These endings change according not only to the gender, case and number of the noun they are with, but also according to what kind of article, if any, they are used with.

9.1 Adjective endings with the indefinite article

The following set of adjective endings are used with the *indefinite* article **ein/eine/ein** and with **kein/keine/kein** and plural **keine**.

	Masculine	Feminine	Neuter	Plural
Nom.	ein alt**er** Mann	eine alt**e** Frau	ein alt**es** Dorf	keine alt**en** Frauen
Acc.	einen alt**en** Mann	eine alt**e** Frau	ein alt**es** Dorf	keine alt**en** Frauen
Dat.	einem alt**en** Mann	einer alt**en** Frau	einem alt**en** Dorf	keinen alt**en** Frauen

9.2 Adjective endings with the definite article

The following set of adjective endings are used with the *definite* article **der/die/das** (plural **die**).

	Masculine	Feminine	Neuter	Plural
Nom.	der alt**e** Mann	die alt**e** Frau	das alt**e** Dorf	die alt**en** Frauen
Acc.	den alt**en** Mann	die alt**e** Frau	das alt**e** Dorf	die alt**en** Frauen
Dat.	dem alt**en** Mann	der alt**en** Frau	dem alt**en** Dorf	den alt**en** Frauen

9.3 Comparatives and superlatives

- **Comparatives**

Making the comparative of an adjective (e.g. '*big – big***er**') in German is often similar to making it in English. With some adjectives you add **-er** to the end of the word, e.g:

trocken	→	trocken**er**

There are other ways of forming the comparative, depending on the adjective being used. Here are some examples:

- Adjectives with **a**, **o**, **u** or **au** as their first vowel sound usually add an umlaut to this vowel and add **-er** to the end, e.g:

kalt	→	k**ä**lt**er**		warm	→	w**ä**rm**er**

- Adjectives with other first vowel sounds usually just ad **-er,** e.g:

schön	→	schön**er**		kühl	→	kühl**er**

- Some comparatives are irregular, and have to be learnt, e.g:

gut	→	besser		viel	→	mehr

If you are comparing two things with each other, you use the word **als** to translate '*than*', e.g:

London ist größer **als** Berlin.	*London is bigger **than** Berlin.*

- **Superlatives**

To form the superlative ('*biggest*', '*tallest*', etc.) in German, you add an umlaut if you would have done for the comparative, and then add **-ste** or **-este** to the end. This does not change for the masculine, feminine or neuter forms, e.g:

groß	der/die/das größ**te**	*the biggest*
klein	der/die/das klein**ste**	*the smallest*
heiß	der/die das heiß**este**	*the hottest*
warm	der/die/das wärm**ste**	*the warmest*

If the adjective has an irregular comparative form, it also usually has an irregular superlative form, e.g:

gut	→	besser	→	der/die/das **beste**
viel	→	mehr	→	der/die/das **meiste**

When you use the superlative with a verb, you change it slightly by putting **am** in front of it and an **-n** on the end, e.g:

am wärmste**n**	am kühlste**n**	am beste**n**	am meiste**n**

Er findet Musiksendungen am interessanteste**n**.	*He finds music programmes the most interesting.*

10 Plurals of nouns

In German there are a number of ways of making plurals, and although they fall into some broad groupings which follow similar patterns, the most reliable way to get them right is to learn them at the same time as you learn the singular form of a noun and its gender! Here are some of the ways of forming plurals:

Add **-e**	ein Hund	→	zwei Hund**e**
Add **-n**	eine Katze	→	zwei Katze**n**
Add **-en**	ein Papagei	→	zwei Papage**ien**
Add **-s**	ein Kuli	→	zwei Kuli**s**
Add **Umlaut** *to main vowel*	eine Tochter	→	zwei T**ö**chter
Add **Umlaut** *to main vowel and* **-er**	ein Fach	→	zwei F**ä**ch**er**

10.2 Dative plural

In the dative, an **-n** is always added to the plural form of a noun, if there is not one already:

Ich will mit Kinder**n** arbeiten.	*I want to work with children.*
Vielleicht werde ich mit älteren Leute**n** arbeiten.	*Perhaps I will work with elderly people.*

11 Welcher/welche/welches

Welcher means *'which'/'what'* in a question. The endings on **welcher/welche/welches** are as follows in the nominative:

	Masculine	**Feminine**	**Neuter**	**Plural**
Nom.	Welch**er** Gast?	Welch**e** Party?	Welch**es** Mädchen?	Welch**e** Gäste?

12 Gern, lieber, am liebsten

To say that you like or prefer doing an activity, or what you like doing best, you use the words **gern**, **lieber**, and **am liebsten**. **Gern** and **lieber** follow immediately after the verb, as follows:

Ich spiele **gern** Fußball.	*I like playing football.*
Ich spiele **lieber** Tennis.	*I prefer playing tennis.*

Am liebsten can go immediately before a verb (in which case don't forget that the verb stays in second place in the sentence) or immediately after it, as follows:

Am liebsten esse ich Eis./Ich esse **am liebsten** Eis.	*Most of all, I like eating ice cream.*

Verbliste

Irregular Verbs (strong and mixed verbs)

Infinitive (German)	Infinitive (English)	Present	Imperfect	Past Participle
anfangen	to begin/start	fängt … an	fing … an	angefangen
ankommen	to arrive		kam … an	angekommen*
anrufen	to phone/call		rief … an	angerufen
ansehen	to look at	sieht … an	sah … an	angesehen
anziehen	to put on		zog … an	angezogen
aufnehmen	to record	nimmt … auf	nahm … auf	aufgenommen
ausgeben	to spend	gibt … aus	gab … aus	ausgegeben
ausgehen	to go out		ging … aus	ausgegangen*
aussehen	to look/appear	sieht … aus	sah … aus	ausgesehen
aussteigen	to get out		stieg … aus	ausgestiegen*
ausziehen	to take off		zog … aus	ausgezogen
beginnen	to begin/start		begann	begonnen
bekommen	to receive/get		bekam	bekommen
beschließen	to decide		beschloss	beschlossen
beschreiben	to describe		beschrieb	beschrieben
besitzen	to own		besaß	besessen
betreten	to walk on	betritt	betrat	betreten
bitten	to ask		bat	gebeten
bleiben	to stay		blieb	geblieben*
brechen	to break	bricht	brach	gebrochen
brennen	to burn/be on fire		brannte	gebrannt
bringen	to bring/take		brachte	gebracht
denken	to think		dachte	gedacht
dürfen	to be allowed	darf	durfte	gedurft/dürfen
einladen	to invite/treat	lädt … ein	lud … ein	eingeladen
einschlafen	to go to sleep	schläft … ein	schlief … ein	eingeschlafen*
einsteigen	to get in		stieg … ein	eingestiegen*
empfehlen	to recommend	empfiehlt	empfahl	empfohlen
enthalten	to contain	enthält	enthielt	enthalten
entscheiden	to decide		entschied	entschieden
sich erbrechen	to vomit	erbricht sich	erbrach sich	sich … erbrochen
erfahren	to experience/learn	erfährt	erfuhr	erfahren
erfinden	to invent		erfand	erfunden
erkennen	to recognise		erkannte	erkannt
essen	to eat	isst	aß	gegessen
fahren	to go/travel	fährt	fuhr	gefahren*
fallen	to fall	fällt	fiel	gefallen*
fangen	to catch	fängt	fing	gefangen
fernsehen	to watch TV	sieht … fern	sah … fern	ferngesehen
finden	to find		fand	gefunden
fliegen	to fly		flog	geflogen*
frieren	to freeze		fror	gefroren
geben	to give	gibt	gab	gegeben
gefallen	to please	gefällt	gefiel	gefallen
gehen	to go/walk		ging	gegangen*
geschehen	to happen	geschieht	geschah	geschehen*
gewinnen	to win		gewann	gewonnen
haben	to have	hat	hatte	gehabt

halten	to hold/stop	hält	hielt	gehalten
hängen	to hang		hing	gehangen
helfen	to help	hilft	half	geholfen
hintun	to put		tat ... hin	hingetan
kennen	to know		kannte	gekannt
kommen	to come		kam	gekommen*
können	to be able	kann	konnte	gekonnt/können
lassen	to let	lässt	ließ	gelassen
laufen	to run	läuft	lief	gelaufen*
leihen	to lend		lieh	geliehen
lesen	to read	liest	las	gelesen
liegen	to lie/be situated		lag	gelegen
mögen	to like	mag	mochte	gemocht/mögen
müssen	to have to/must	muss	musste	gemusst/müssen
nehmen	to take	nimmt	nahm	genommen
reiten	to ride (a horse)		ritt	geritten*
rennen	to race		rannte	gerannt*
rufen	to call/shout		rief	gerufen
schießen	to shoot		schoss	geschossen
schlafen	to sleep	schläft	schlief	geschlafen
schlagen	to hit/strike	schlägt	schlug	geschlagen
schließen	to shut/close		schloss	geschlossen
schneiden	to cut		schnitt	geschnitten
schreiben	to write		schrieb	geschrieben
sehen	to see	sieht	sah	gesehen
sein	to be	ist	war	gewesen*
singen	to sing		sang	gesungen
sitzen	to sit		saß	gesessen
sollen	to ought to/should	soll	sollte	gesollt/sollen
sprechen	to speak	spricht	sprach	gesprochen
springen	to jump		sprang	gesprungen
stehen	to stand		stand	gestanden
stehlen	to steal	stiehlt	stahl	gestohlen
steigen	to climb/go up		stieg	gestiegen*
tragen	to wear/carry	trägt	trug	getragen
treffen	to meet	trifft	traf	getroffen
tun	to do		tat	getan
umsteigen	to change (trains)		stieg ... um	umgestiegen*
umziehen	to move (house)		zog ... um	umgezogen*
verbringen	to spend (time)		verbrachte	verbracht
vergessen	to forget	vergisst	vergaß	vergessen
vergleichen	to compare		verglich	verglichen
verlassen	to leave	verlässt	verließ	verlassen
verlieren	to lose		verlor	verloren
verschwinden	to disappear		verschwand	verschwunden*
versprechen	to promise	verspricht	versprach	versprochen
verstehen	to understand		verstand	verstanden
vorschlagen	to suggest	schlägt ... vor	schlug ... vor	vorgeschlagen
waschen	to wash	wäscht	wusch	gewaschen
(weh) tun	to hurt		tat (weh)	(weh) getan
werden	to become/get	wird	wurde	geworden*
wollen	to want	will	wollte	gewollt/wollen
zerreißen	to tear up		zerriss	zerrissen
ziehen	to pull		zog	gezogen

* indicates those verbs which take **sein** in the perfect tense. For example:

ankommen	Sie **ist** angekommen.	*She (has) arrived.*

Wortschatz

A

ab from
  ab und zu now and again
abbauen to dismantle, cut back
abdecken to cover
abdichten to insulate
der **Abend(e)** evening
  abends in the evenings
das **Abenteuer(-)** adventure
aber but
abfahren to leave, depart
der **Abfall("e)** rubbish
die **Abgase (pl)** exhaust fumes
abgeben to hand in
abhängig dependent
abholen to collect
abholzen to deforest
das **Abitur (Abi)** German 18+ exam
der **Abiturient(en)** student taking the *Abitur*
ablehnen to refuse
ablösen to take off
abreißen to tear off
der **Absatz("e)** paragraph
abschaffen to abolish
der **Abschleppdienst(e)** tow-away service
abschließen to lock
abseits remote, out of the way
absolut absolute(ly)
absolvieren to complete, graduate
abspülen to wash up
sich **abwechseln** to take turns
abwischen to wipe
achten auf to look out for
Achtung! watch out!
das **Adjektiv(e)** adjective
der **Adler(-)** eagle
adlig noble
die **Adresse(n)** address
das **Adverb(ien)** adverb
die **Agentur(en)** agency
aggressiv aggressive
ähneln to resemble
ähnlich similar
die **Ahnung** idea
  keine Ahnung no idea
die **Akte(n)** file, record
die **Aktion(en)** action
aktiv active
aktuell current
die **Akzeptanz** acceptance
akzeptieren to accept
alarmieren to alert
die **Albanerin(nen)** Albanian (f)
der **Albtraum("e)** nightmare
der **Alkohol** alcohol
  der **Alkoholiker(-)** alcoholic
  der **Alkoholmissbrauch** alcohol abuse
alle/alles all/everything
  alles klar OK
allein(e) alone
allergisch gegen allergic to
allerlei all kinds of
im **Allgemeinen** generally
allmählich gradually
der **Alltag** everyday
  die **Alltäglichkeit** mundaneness
als as, when
also so, therefore
alt old
das **Alter(-)** age
alternativ alternative
das **Altersheim(e)** old people's home
altersschwach old and infirm
der **Altglascontainer(-)** glass recycling bin
altmodisch old-fashioned
das **Altpapier** recyclable paper
die **Aludose(n)** aluminium can
Amerika America
  der **Amerikaner(-)** American
  amerikanisch American
sich **amüsieren** to amuse oneself
an at, on
die **Analyse** analysis
analysieren to analyse
die **Ananas(-)** pineapple
anbei enclosed
andere/r/s other(s)
andererseits on the other hand
ändern to change
anderthalb one and a half
der **Andrang** crowd, crush
anerkannt recognised
am **Anfang** at the start
anfangen to begin
anfangs to start with
nach **Angaben** according to
im **Angebot** on special offer
angemessen appropriate
angenehm pleasant
Angst haben to be afraid
anhalten to stop
anhand with
ankommen to arrive
die **Ankunft** arrival
die **Anlage(n)** enclosure, factory plant
anprobieren to try on
der **Anruf** call
  der **Anrufbeantworter(-)** answerphone
  der **Anrufer(-)** caller
anrufen to ring up
der **Ansager(-)** announcer
ansässig resident
anschauen to look at
anscheinend apparently
sich **ansehen** to look
die **Ansichtssache(n)** matter of opinion
anstreben to strive for
anstrengend exhausting
die **Antibiotika (pl)** antibiotics
die **Antiquität(en)** antique
  der **Antiquitätenhändler** antique dealer
der **Antrieb** drive
die **Antwort(en)** answer
der **Anwalt("e)** lawyer
die **Anzahl** number
die **Anzeige(n)** advert
sich **anziehen** to get dressed
der **Anzug("e)** suit
anzünden to light
die **Apotheke(n)** chemist
am **Apparat** speaking (on the phone)
die **Arbeit(en)** work, job
  der **Arbeiter(-)** worker
  das **Arbeitsamt("er)** employment office
  die **Arbeitskleidung** work clothes
  der **Arbeitgeber(-)** employer
  der **Arbeitsmarkt("e)** jobs market
  der **Arbeitsplatz("e)** job
  der **Arbeitsschützer(-)** health and safety inspector
  die **Arbeitszeit** working hours
arbeiten to work
das **Arbeitsblatt("er)** worksheet
arbeitslos unemployed
die **Arbeitslosigkeit** unemployment
der **Archäologe(n)/die Archäologin(nen)** archeologist
die **Architektur** architecture
der **Ärger** annoyance
sich **ärgern** to get annoyed
arm poor
der **Arm(e)** arm
das **Armaturenbrett(er)** dashboard
die **Armbanduhr(en)** watch
ärmellang long-sleeved
ärmlich poorly
arrogant arrogant
die **Art(en)** type, kind
der **Artikel(-)** article
der **Arzt("e)/die Ärztin(nen)** doctor
astrein fantastic
der **Atlantik** Atlantic
atmen to breathe
ätzend lousy
auch too, also
auf on, to
sich **aufbauschen** to fill up
aufbewahren to keep
aufbrechen to break open
aufbringen to find, raise
die **Aufgabe(n)** exercise
aufgeben to give up
aufhängen to hang up
aufhören to stop
auflegen to hang up
aufmachen to open
aufnehmen to record
aufpassen to watch out
aufräumen to tidy up
aufrecht upright
aufregend exciting
aufsammeln to gather
der **Aufsatz("e)** essay
der **Aufschnitt** sliced cold meats
aufstehen to get up
aufsteigen to climb up
aufstellen to put up

der	**Aufstieg(e)** climb, ascent	
	auftauchen to appear	
	auftauen to defrost	
	aufwärmen to warm up	
im	**Augenblick** at the moment	
der	**Augenschaden(¨)** eye damage	
	aus out, from	
	aus sein to be finished	
	ausbauen to extend, add on	
die	**Ausbeutung** exploitation	
	ausbilden to educate	
die	**Ausbildung** training, education (univ.)	
der	**Ausbildungsplatz(¨e)** apprenticeship	
der	**Ausdruck(¨e)** expression	
die	**Ausfahrt(en)** exit	
der	**Ausflug(¨e)** excursion	
	ausfüllen to fill in	
die	**Ausgabe(n)** expenditure	
der	**Ausgang(¨e)** exit	
	ausgeben to spend	
	ausgebreitet spread out	
	ausgefallen unusual	
	ausgeglichen balanced	
	ausgehen to go out	
das	**Ausgehverbot** grounding	
	aushalten to stand, bear	
im	**Ausland** abroad	
die	**Ausländerfeindlichkeit** xenophobia	
der	**Auslandskrankenschein(e)** E111 form	
	ausleihen to lend	
	auslösen to trigger off	
	auspacken to unpack	
	ausräumen to clear out	
die	**Ausrede(n)** excuse	
	ausrichten to pass on (message)	
	ausrotten to wipe out	
	ausschalten to turn off	
	ausschließlich exclusive(ly)	
der	**Ausschnitt(e)** (newspaper) cutting	
	außer apart from	
	außerdem moreover	
das	**Äußere** exterior	
	außergewöhnlich extraordinary	
	äußern to express	
	aussetzen to abandon	
die	**Aussprache** pronunciation	
die	**Ausstattung** equipment	
	aussterben to die out	
der	**Austausch** exchange	
	Australien Australia	
	australisch Australian	
	austreten to come out, escape	
	ausüben to practise	
	ausverkauft sold out	
	auswählen to choose	
	auswendig (off) by heart	
die	**Auswirkung(en)** effect	
	ausziehen to take off	
der	**Auszubildende(n)** apprentice	
der	**Auszug(¨e)** extract	
das	**Auto(s)** car	
	die Autobahn(en) motorway	
	der Autodieb(e) car thief	
	der Autodiebstahl car theft	
	die Autopanne(n) car breakdown	
	das Autorennen(-) car race	
	der Autositz(e) car seat	
	der Autovekehr car traffic	
die	**Automatisierung** automation	
die	**Axt(¨e)** axe	

B

das	**Baby(s)** baby	
	die Babynahrung baby food	
	babysitten to babysit	
	backen to bake	
der	**Backenzahn(¨e)** molar	
der	**Bäcker(-)** baker	
die	**Bäckerei(en)** bakery	
das	**Bad(¨er)** bath	
der	**Badeanzug(¨e)** swimming costume	
die	**Bahn(en)** railway, track	
die	**Bakterien (pl)** germs	
	bald soon	
der	**Balkon(s)** balcony	
die	**Ballonhülle(n)** balloon skin	
der	**Bambus** bamboo	
die	**Banane(n)** banana	
die	**Band(s)** band, group	
die	**Bank(en)** bank	
	das Bankgewerbe banking	
	der Bankkaufmann(¨er)/die	
	Bankkauffrau(en) bank clerk	
	der Bankräuber(-) bank robber	
das	**Bärchen(-)** bear cub	
das	**Bargeld** cash	
die	**Baseballmütze(n)** baseball cap	
	basteln to make things (at home)	
die	**Batterie(n)** battery	
der	**Bauarbeiter(-)** builder	
	bauen to build	
der	**Bauer(n)** farmer	
der	**Bauernhof(¨e)** farm	
die	**Bazillen (pl)** germs	
	beabsichtigen to intend	
der	**Beamte(n)** official	
	beantworten to answer	
der	**Becher(-)** beaker	
	bedauern to regret	
	bedecken to cover	
	bedeuten to mean	
die	**Bedeutung(en)** meaning	
	bedienen to serve	
sich	**beeilen** to hurry	
	beenden to end	
sich	**befinden** to be (situated)	
	befolgen to follow	
	begegnen to meet	
die	**Begegnung(en)** meeting	
	begeistert enthusiastic	
	beginnen to begin	
	begrenzen to border	
die	**Begrüßung(en)** greeting	
	behalten to keep	
der	**Behälter(-)** container	
	behandeln to treat	
	behaupten to claim	
	beherrschen to master	
der	**Behinderte(n)** disabled person	
	bei at the house of, by	
	beide both	
das	**Bein(e)** leg	
zum	**Beispiel** for example	
	beispielsweise for example	
sich	**beklagen** to complain	
	bekloppt stupid, crazy	
	bekommen to get	
	belächeln to smile at	
der	**Belag(¨e)** topping	
	belasten to put a load on	
	belästigen to bother	

die	**Belastung(en)** weight, burden	
	belebt busy	
die	**Beleuchtung** lighting	
	Belgien Belgium	
	bemalen to paint	
	bemannen to man	
	benutzen to use	
das	**Benzin** petrol	
	die Benzinsteuer(n) petrol tax	
	beobachten to observe	
	bequem comfortable	
der	**Bereich(e)** area	
	bereit ready, prepared	
	bereits already	
der	**Berg(e)** mountain	
der	**Bericht(e)** report	
	berichten to report	
der	**Beruf(e)** occupation	
	die Berufsausbildung job training	
	der Berufsberater(-) careers advisor	
	die Berufsberatung careers advice	
	das Berufspraktikum work	
	experience	
	die Berufsschule(n) technical college	
	beruhen (auf) to be based (on)	
	berühmt famous	
die	**Besatzung(en)** crew	
	beschränken to restrict	
	beschreiben to describe	
die	**Beschreibung(en)** description	
sich	**beschweren** to complain	
	beseitigen to remove, get rid of	
	besichtigen to visit	
	besitzen to own	
der	**Besitzer(-)** owner	
	besonder/er/e/es special	
	besonders special(ly)	
	besorgen to get	
die	**Besprechung(en)** meeting	
	besser better	
der	**Bestandteil(e)** component, part	
	bestätigen to confirm	
	beste/r best	
	bestehen to pass	
	bestellen to order	
die	**Bestellnummer(n)** order number	
	bestimmt certain(ly)	
der	**Besuch(e)** visit	
	der Besucher(-) visitor	
	besuchen to visit	
	beträchtlich considerable	
	betragen to amount to	
	betreiben to pursue	
	betreten to enter	
	betreuen to look after	
der	**Betreuer(-)** carer	
die	**Betreuung** care	
außer	**Betrieb** out of order	
das	**Bett(en)** bed	
die	**Beule(n)** dent	
	beunruhigen to worry	
	beurteilen to judge	
der	**Beutel(-)** bag	
die	**Bevölkerung(en)** population	
	bevor before	
	bevorstehend forthcoming	
	bewachen to guard	
die	**Bewässerung** irrigation, watering	
	beweisen to prove	
sich	**bewerben um** to apply for	
die	**Bewerbung(en)** application	

der **Bewohner(-)** inhabitant
bezahlen to pay
die **Bezahlung(en)** payment
in **Bezug auf** with regard to
der **Bezugspunkt(e)** point of reference
die **Bibliothek(en)** library
das **Bienchen(-)** little bee
das **Bier** beer
die **Bierstube(n)** bar, pub
bieten to offer
das **Bild(er)** picture
die **Bildergeschichte(n)** picture story
bilden to make, form
der **Bildschirm(e)** screen
das **Bildtelefon(e)** video phone
billig cheap
binnen within
die **Biowaffe(n)** biological weapon
Biologie biology
die **Birne(n)** pear
birnenförmig pear-shaped
bis until
bis bald see you soon
bisherig previous(ly)
ein **bisschen** a bit
bissig vicious
bitte please
wie bitte? pardon?
bitte schön! not at all!
das **Blatt("er)** piece (of paper)
blau blue
bleiben to stay
bleifrei lead-free
bleihaltig leaded
der **Blick(e)** look
blicken to look
blinken to indicate (car)
der **Blinker(-)** indicator
der **Blitz(e)** lightning, flash
der **Block("e)** block
blöd stupid
der **Blödsinn** rubbish, nonsense
bloß just
die **Blume(n)** flower
das **Blümchen(-)** little flower
das **Blumenbeet(e)** flower bed
die **Bluse(n)** blouse
das **Blut** blood
der **Blutdruck** blood pressure
der **Blutstropfen(-)** drop of blood
bluten to bleed
null **Bock haben** to have no wish to
der **Boden("")** floor
die **Bodenhaftung** adhesion
die **Bohne(n)** bean
der **Bolzen(-)** pin, bolt
das **Bonbon(s)** sweet
das **Boot(e)** boat
an **Bord** on board
die **Branche(n)** branch (of industry)
der **Brand("e)** fire
braten to fry
die **Bratkartoffeln (pl)** fried potatoes
die **Bratwurst("e)** fried/grilled sausage
brauchen to need
braun brown
brechen to break
die **Bremse(n)** brake
bremsen to brake
brennen to burn
das **Brett(er)** board

der **Brief(e)** letter
die **Briefmarke(n)** stamp
der **Briefpartner(-)** penfriend
die **Brieftasche(n)** briefcase
der **Briefträger(-)** postman
bringen to bring
die **Bronzemedaille(n)** bronze medal
die **Broschüre(n)** brochure
das **Brot(e)** bread
das **Brötchen(-)** roll
die **Brücke(n)** bridge
der **Bruder("")** brother
brüllen to shout, roar
brummen to buzz
das **Buch("er)** book
die **Buchhandlung(en)/der**
Buchladen("") bookshop
buchen to reserve, book
der **Buchstabe(n)** letter
buchstabieren to spell
der **Büffel(-)** buffalo
das **Büffet(s)** buffet
die **Bühne(n)** stage
das **Bundesland(-länder)** federal state
die **Bundesregierung(en)** federal
government
der **Bundesstaat(en)** federal state
das **Bundesumweltamt** department of the
environment
bunt colourful
der **Bürgermeister(-)** mayor
der **Bürgersteig(e)** pavement
das **Büro(s)** office
der **Bus(se)** bus
der **Busbahnhof("e)** bus station
der **Busfahrplan("e)** bus timetable
die **Butter** butter

C

das **Café(s)** café
der **Campingplatz("e)** campsite
die **CD(s)** CD
die **Chance(n)** opportunity, chance
das **Chaos** chaos
der **Chef(s)** boss
das **Cholesterin** cholesterol
der **Christ(en)** Christian
christlich Christian
die **Clique(n)** clique
die **Cockpitscheibe(n)** cockpit window
das **Cocktailkleid(er)** cocktail dress
der **Code(s)** code
der **Computer(-)** computer
computergesteuert computerised
der **Container(-)** recycling bin
die **Creme(s)** cream

D

da there
dabei thereby, so
dabei sein to be there
das **Dach("er)** roof
dadurch thereby
damalig in those days
damals then
die **Dame(n)** woman
das **Damenmodegeschäft(e)**
women's boutique
danach afterwards
Dänemark Denmark
vielen **Dank** thanks a lot

danke schön! thanks a lot!
dann then
die **Darmbeschwerden (pl)** intestine
problems
darstellen to present
das **the, that**
dass that
das **Datum (Daten)** date
die **Dauer** length, duration
dauern to last
etwas **dauernd tun** to keep doing sthg
die **Debatte(n)** debate
das **Deck(s)** deck
der **Deckel(-)** lid
der **Defekt(e)** defect
dein/e your
der **Demonstrant(en)** demonstrator
die **Demonstration(en)** demonstration
demonstrieren to demonstrate
denken to think
denn because
die **Depression(en)** depression
deprimierend depressing
deprimiert depressed
der **the**
deshalb therefore
deswegen therefore
detailliert detailed
die **Detektivserie(n)** detective series
Deutsch German
auf Deutsch in German
Deutschland Germany
die **Devise(n)** foreign currency
das **Dezibel** decibel
d. h. i.e.
das **Dia(s)** slide
der **Dialekt(e)** dialect
der **Dialog(e)** dialogue
dich you
dick fat
die **the**
der **Dieb(e)** thief
der **Diebstahl("e)** theft
der **Dienst(e)** duty, service
die **Dienstleistung(en)** service
diese/r/s this
dieselben (pl) the same
der **Diktator(en)** dictator
das **Ding(e)** thing
diplomatisch diplomatic(ally)
dir (to) you
direkt direct(ly)
der **Direktor(en)/die Direktorin(nen)**
director
die **Direktverbindung(en)** direct line
die **Disko(s)** disco
die **Diskussion(en)** discussion
diskutieren to discuss
doch but
die **Dohle(n)** jackdaw
dokumentieren to document
der **Dollar(s)** dollar
doof stupid
das **Doppelzimmer(-)** double room
das **Dorf("er)** village
die **Dorfmitte** village centre
der **Dorsch(e)** cod
die **Dose(n)** can, tin
das **Drachenfliegen** hang-gliding
drastisch drastic(ally)
draußen outside

	dreckig dirty	
	drehen to turn	
	dreimonatig three-monthly	
	dringend urgent(ly)	
	dritte/r/s third	
das	**Drittel(-)** third	
die	**Droge(n)** drug	
	der Drogenabhängige(n) drug addict	
	der Drogenkonsum drug-taking	
	drohen to threaten	
der	**Drückeberger(-)** shirker	
	drucken to print	
	drücken to press, push	
	du you	
	dumm stupid	
die	**Dummheit** stupidity	
	dunkel dark	
im	**Dunkeln** in the dark	
	dünn thin	
	durch through	
der	**Durchblick** (overall) view	
	durchführen to carry through	
	durchpfeifen to whistle through	
im	**Durchschnitt** on average	
	durchschnittlich on average	
sich	**durchsetzen** to become established	
	dürfen to be allowed to	
die	**Dusche(n)** shower	
	dynamisch dynamic	

E

	ebenfalls equally	
	echt really, genuine	
die	**Ecke(n)** corner	
	eckig square	
der	**EDV-Bereich(e)** computer industry	
der	**EDV-Techniker(-)** computer technician	
	egal equal, all the same	
	das ist mir egal I don't care, mind	
	egoistisch egoistic	
	ehrgeizig ambitious	
	ehrlich honest(ly)	
das	**Ei(er)** egg	
	eigene/r/s own	
	eigentlich really	
es	**eilig haben** to be in a hurry	
	ein/e a, one	
	einander each other	
	einatmen to breathe in	
	einbauen to install	
der	**Einbrecher(-)** burglar	
der	**Eindruck("e)** impression	
	einerseits on the one hand	
	einfach just, easy, singleticket	
jdm	**einfallen** to occur to	
	einfallslos unimaginative	
das	**Einfamilienhaus("er)** detached house	
der	**Einfluss(-"e)** influence	
	einführen to introduce	
die	**Einführung(en)** introduction	
	einhalten to keep, follow	
die	**Einheit(en)** unit	
	einheitlich the same, uniform	
	einig sein to be agreed	
	einkaufen gehen to go shopping	
der	**Einkaufsbummel** shopping trip	
der	**Einkaufswagen(-)** shopping trolley	
das	**Einkaufszentrum(-tren)** shopping centre	
	einladen to invite	

sich	**einlesen** to get into a book	
	einmal once	
	einordnen to arrange, order	
	einpflanzen to plant	
	einrichten to equip, furnish	
	einsammeln to collect	
	einschalten to turn on	
zum	**Einschlafen** deadly dull	
	einschließlich including	
	einsetzen to put in	
	einsortieren to sort out	
	einst once	
	einsteigen to get in	
	einstellen to employ	
die	**Einstellung(en)** attitude	
	eintragen to fill in	
	eintreten to enter	
	einverstanden agreed	
der	**Einwohner(-)** inhabitant	
das	**Einzelkind(er)** only child	
	einzeln individual	
das	**Einzelzimmer(-)** single room	
	einziehen to move in	
	einzig single	
das	**Eis** ice (cream)	
	das Eiscafé(s) café	
das	**Eisen** iron	
	die Eisenbahn railway	
	das Eisenpferd(e) iron horse	
	das Eisenrad("er) iron wheel	
	ekelhaft disgusting	
der	**Elefant(en)** elephant	
der	**Elektroantrieb** electric power	
	elektronisch electronic	
	elektrotechnisch electronic	
das	**Element(e)** element	
der	**Ellbogen(-)** elbow	
die	**Eltern (pl)** parents	
der	**Emigrant(en)** emigrant	
	empfangen to receive	
	empfehlen to recommend	
	empfehlenswert highly recommended	
das	**Ende** end	
	enden to end	
	endgültig finally	
	endlich at last, finally	
	endlos endless	
die	**Energie** energy	
	die Energiequelle energy source	
	eng narrow	
auf	**Englisch** in English	
die	**Englischkenntnisse (pl)** knowledge of English	
der	**Entbindungspfleger(-)** male midwife	
	entdecken to discover	
	entdornt without thorns	
die	**Ente(n)** duck	
	entenförmig duck-shaped	
	entfalten to unfold	
	entfernen to remove	
die	**Entfernung(en)** distance	
	enthalten to contain	
	entlang along	
	entmutigen to discourage	
die	**Entschädigung(en)** compensation	
sich	**entscheiden** to decide	
die	**Entscheidung(en)** decision	
	entschuldigen Sie! excuse me!	
	Entschuldigung! excuse me!	
	entsetzlich dreadful	
	entsetzt horrified	

die	**Entsorgung** waste disposal	
	entspannend relaxing	
	entsprechen to correspond to	
	entstehen to come into being	
	entweder ... oder either ... or	
	entwickeln to develop	
das	**Entwicklungsland("er)** developing country	
die	**Episode(n)** episode	
	er he	
	erachten to consider	
das	**Erbe** inheritance	
sich	**erbrechen** to be sick	
die	**Erde** earth	
	erfahren to discover, find out	
die	**Erfahrung(en)** experience	
	erfinden to invent	
der	**Erfinder(-)** inventor	
der	**Erfolg(e)** success	
	erfolgreich successful	
die	**Erforschung** investigation	
die	**Erfüllung** fulfillment	
	ergänzen to complete	
	ergeben to yield, produce	
das	**Ergebnis(se)** result	
	ergreifen to grasp	
	erhalten to get	
	erhitzen to heat up	
	erhöhen to raise	
sich	**erholen** to recover	
sich	**erinnern** to remember	
die	**Erinnerung(en)** memory	
die	**Erkältung(en)** cold	
	erkennen to recognise	
	erlauben to allow	
	erleben to experience	
das	**Erlebnis(se)** experience	
	erledigen to do, carry out	
	erleichtern to alleviate	
	ermitteln to find, discover	
	ermöglichen to make possible	
	ernähren to feed	
die	**Ernährung** food	
	erneuerbar renewable	
	ernst serious	
	erobern to conquer	
	eröffnen to open	
	erraten to guess	
	erreichen to reach	
	erschießen to shoot	
	erschöpft exhausted	
	erschrecken to frighten	
	ersetzen to replace	
	erst not till, only	
	erst seit just since	
	erste/r/s first	
	erstaunlich amazing	
	erstaunt amazed	
	ertappen to catch	
	ertragen to bear	
	erwachsen grown up	
der	**Erwachsene(n)** adult	
	erwähnen to mention	
	erwärmen to warm	
	erwarten to expect	
	erzählen to tell	
	erzeugen to produce	
es	**es** it	
das	**Essen** food	
	essen to eat	
das	**Essstäbchen(-)** chopstick	

das **Esszimmer(-)** dining room
etwas something
euch you
euer/e your
Europa Europe
  das **Europapokalspiel(e)** European cup game
die **Expedition(en)** expedition
das **Experiment(e)** experiment
der **Experte(n)** expert
explodieren to explode
extrem extreme(ly)
der **Exzess(-e)** excess

F

die **Fabrik(en)** factory
das **Fach(ër)** subject
das **Fachwerkhaus("er)** half-timbered house
die **Fahrbahn(en)** road (surface)
fahren to go, drive
der **Fahrer(-)** driver
  der **Fahrersitz(e)** driver's seat
das **Fahrrad("er)** bicycle
die **Fahrt(en)** journey
das **Faktum(-ten)** fact
der **Fall("e)** case, fall
fallen to fall
falsch wrong
die **Familie(n)** family
die **Fantasie** imagination
die **Farbe(n)** colour
der **Farbstoff** artificial colouring
die **Fassung(en)** version
fast almost
faszinierend fascinating
faul lazy
das **FCKW** CFC
Federball badminton
die **Federung** suspension
fehlen to be missing, miss
  was fehlt dir? what's up?
der **Fehler(-)** mistake
feiern to celebrate
fein fine
der **Feind(e)** enemy
das **Fenster(-)** window
die **Ferien (pl)** holidays
der **Ferientag(e)** day off
im **Fernsehen** on TV
fernsehen to watch TV
der **Fernseher(-)** TV set
  der **Fernsehkonsum** TV viewing
  der **Fernsehmoderator** TV presenter
  die **Fernsehsendung(en)** TV show
fertig finished, ready
fest firm(ly)
das **Fest(e)** festival
festlegen to fix
feststellen to ascertain
fett fat
das **Fett(e)** fat
fetthaltig fatty
das **Feuer(-)** fire
  die **Feuerwehr** fire brigade
  das **Feuerwerk(e)** firework
das **Fieber(-)** fever, temperature
die **Figur(en)** figure
der **Film(e)** film
  die **Filmentwicklung** film processing
der **Filzstift(e)** felt-tip pen

finanzieren to finance
finden to find
der **Finger(-)** finger
die **Firma(-en)** company
der **Fisch(e)** fish
  das **Fischgeschäft(e)** fishmonger
  die **Fischreuse(n)** fish trap
die **Fitness** fitness
flach flat
das **Flachland** lowland
das **Fladenbrot(e)** unleavened bread
die **Flamme(n)** flame
die **Flasche(n)** bottle
  das **Fläschchen(-)** little bottle
  flaschenförmig bottle-shaped
das **Fleisch** meat
  der **Fleischer(-)** butcher
fleißig hard-working
flexibel flexible
die **Fliege(n)** fly
fliegen to fly
fließen to flow
flitzen to whizz
flott smooth(ly), chic
der **Flug("e)** flight
  der **Fluggast("e)** airline passenger
  die **Fluggesellschaft(en)** airline
  der **Flughafen("")** airport
  der **Flughafenanrainer(-)** airport neighbour
  das **Flugzeug(e)** plane
der **Fluss ("e)** river
die **Flüssigkeit(en)** liquid
folgen to follow
folglich consequently
die **Foltermethode(n)** method of torture
fordern to demand
die **Form(en)** form
das **Formular(e)** form
die **Forschung** research
die **Forstwirtschaft** forestry
der **Fortschritt** progress
fortsetzen to continue
das **Foto(s)** photo
  der **Fotoapparat(e)** camera
  die **Fotogeschichte(n)** photo story
die **Frage(n)** question
  der **Fragebogen("")** questionnaire
fragen to ask
der **Franc(-)** franc
Frankreich France
der **Franzose(n)** Frenchman
französisch French
die **Frau(en)** woman, Mrs, wife
der **Frauenarzt("e)/-ärztin(nen)** gynaecologist
Fräulein! waitress!
frei free
im **Freien** in the open air
der **Freiherr(n)** baron
freilich of course, admittedly
freiwillig voluntarily
die **Freizeit** free time
die **Freizeitbeschäftigung** free-time activity
fremd foreign, strange
der **Fremde(n)** stranger
die **Fremdsprache(n)** foreign language
die **Fremdsprachenkenntnisse (pl)** foreign language skills
fressen to eat (animals)

sich **freuen auf** to look forward to
der **Freund(e)** (boy)friend
die **Freundin(nen)** (girl)friend
mit **freundlichem Gruß** with best wishes
die **Freundschaft(en)** friendship
frieren to freeze
frisch fresh
der **Frisör(e)/die Frisöse(n)** hairdresser
die **Fritten (pl)** chips
der **Fruchtsaft("e)** fruit juice
früh early
früher earlier, in former times
frühestens at the earliest
das **Frühstück** breakfast
  die **Frühstücksflocken (pl)** cereal
fühlen to feel
führen to take, lead
die **Führung** leadership
füllen to fill
das **Fundbüro(s)** lost property office
fundiert sound, knowledgeable
die **Funktion(en)** function
funktionieren to work
für for
furchtbar dreadful
der **Fuß("e)** foot
  der **Fußhebel(-)** foot pedal
  die **Fußpflege** foot care
Fußball football
  der **Fußballplatz("e)** football pitch
  der **Fußballrowdy(s)** football hooligan
  das **Fußballspiel(e)** football match
  der **Fußballspieler(-)** footballer
das **Futter** animal feed
füttern to feed (animals)

G

die **Gabel(n)** fork
gaffen to gape, stare
die **Galerie(n)** gallery
der **Gammastrahl(en)** gamma ray
der **Gang("e)** corridor
ganz quite, completely
gar nicht not at all
die **Garage(n)** garage
garantieren to guarantee
der **Garten("")** garden
  die **Gartenarbeit** gardening
  der **Gartenzwerg(e)** garden gnome
das **Gas(e)** gas
der **Gast("e)** guest
  die **Gastfamilie(n)** host family
gebirgig mountainous
der **Gebrauch** usage
die **Gebrauchsanweisung(en)** instruction
die **Geburt(en)** birth
der **Geburtstag(e)** birthday
das **Gebüsch(e)** bushes
das **Gedächtnis(se)** memory
der **Gedanke(n)** thought
das **Gedicht(e)** poem
geduldig patient
sehr **geehrte/r** dear (on a letter)
die **Gefahr(en)** danger
gefährdet endangered
gefährlich dangerous
mir **gefällt (nicht)** I (don't) like
das **Gefängnis(se)** prison
  der **Gefängnisinsasse(n)** prison inmate

	gefedert sprung	das	Gespräch(e) talk	die	Güter (pl) goods
	gefragt sein to be in demand		gestalten to shape, form	der	Gutschein(e) voucher
das	Gefühl(e) feeling		gestern yesterday	das	Gymnasium(-ien) grammar school
	gegen against, about		gestreift striped	die	Gymnastik keep-fit exercises
die	Gegend(en) area		gesund healthy		
der	Gegenstand(¨e) object	(die)	Gesundheit health, bless you!	**H**	
	gegenüber (von) opposite		das Gesundheitsrisiko health risk	der	Haarausfall hair loss
die	Gegenwart present		gesundheitsschädlich unhealthy		haben to have
das	Gehalt(¨er) salary	das	Getränk(e) drink		hacken to chop
	geheim secret		die Getränkedose(n) drinks can	der	Hafen(¨) harbour
das	Geheimnis(se) secret	die	Gewalt power, violence	der	Hahn(¨e) cock
	gehen to go, walk		gewaltig forceful, strong	das	Hähnchen(-) chicken
	das geht that's OK	der	Gewinn(e) profit		halb half
	wie geht's? how are you?		gewinnen to win	die	Halbkugel(n) semicircle, hemisphere
das	Gehirn(e) brain	der	Gewinner(-) winner	die	Hälfte(n) half
	gehören to belong	die	Gewissensgründe (pl) reasons of	die	Halle(n) hall
	gehorsam obedient		conscience	das	Hallenbad(¨er) indoor pool
der	Gehweg(e) pavement		gewöhnlich usually		hallo hello
	geizig greedy	das	Gewürz(e) spice	der	Hals(¨e) neck
das	Gelände(-) open country	es	gibt there is		halten to keep, stop
	gelangen to reach	das	Gitarrenspielen guitar playing	der	Hammel(-) mutton, sheep
	gelangweilt bored	das	Glas(¨er) glass	die	Hand(¨e) hand
gut	gelaunt in a good mood		glauben to believe		das Handgelenk(e) wrist
	gelb yellow		gleich soon, the same		der Handhebel(-) hand lever
das	Geld money		gleichzeitig at the same time		der Handschuh(e) glove
	die Geldausgabe expenditure	das	Gleis(e) track		der Handwerker(-) craftsman
	die Geldbörse(n) purse		gleiten to glide	der	Handel trade
die	Gelegenheit(en) opportunity	das	Glied(er) limb		handeln von to be about
	gelten to be valid		glitzern to shine, sparkle	die	Handlung(en) plot
	gemeinsam haben to have in		global global	das	Handy(s) mobile phone
	common	die	Glocke(n) bell		hängen to hang
die	Gemeinsamkeit(en) similarity	zum	Glück luckily		hantieren mit to handle
das	Gemüse(-) vegetables		glücklich happy	die	Hardware hardware
der	Gemüseladen(¨) greengrocer		glücklicherweise luckily		harmlos harmless
	gemütlich cosy	das	Gold gold		hart hard
	genau exact(ly)		der Goldbarren gold ingot		hässlich ugly
	genauso just as		die Goldmünze(n) gold coin		häufig frequently
	genetisch genetic	der	Golfspieler(-) golf player	der	Häuptling(e) chieftain
	genug enough		gönnen not to begrudge	der	Hauptpunkt(e) main point
	genügen to be enough	der	Gott God	die	Hauptsache(n) main thing
	gepunktet spotted	die	Grafik graphics	der	Hauptsatz(¨e) main clause
	gerade just, straight		grämen to grieve	der	Hauptschulabschluss school leaving
	geradeaus straight on	das	Gramm gram		qualification
das	Gerät(e) piece of equipment	die	Grammatik grammar	der	Hauptschüler(-) Hauptschule pupil
	geraten to get	das	Grammofon(e) gramophone	das	Haus(¨er) house
das	Geräusch(e) noise	das	Gras grass		die Hausarbeit housework
	gerecht just, fair		grau grey		der Hausarrest detention
	gern like, with pleasure	die	Grenze(n) border		die Hausaufgaben (pl) homework
	gesamt complete(ly)		Griechenland Greece		der Haushalt(e) household
der	Gesamtschaden total damage		die Griechin(nen) Greek (f)		das Haushaltsgeld household
die	Gesamtschule(n) comprehensive	der	Grießpudding semolina		money
	school		griffig handy		das Haustier(e) pet
das	Geschäft(e) shop		grillen to grill, barbecue		die Haustür(en) front door
der	Geschäftsführer(-) shop manager	die	Grippe(n) flu	zu	Hause at home
das	Geschenk(e) present		groß big	die	Haut skin
	der Geschenkkorb(¨e) gift basket		großartig superb	das	Hawaiihemd(en) Hawaii shirt
die	Geschichte(n) history, story	die	Größe(n) size		heben to lift
das	Geschirr crockery	die	Großmutter(¨) grandmother	das	Heft(e) exercise book
die	Geschirrspülmaschine dishwasher		großzügig generous	die	Heide moor, heath
das	Geschirrspülmittel(-) washing-up		grün green		heilig holy
	liquid	der	Grund(¨e) reason	die	Heimat home country
das	Geschirrtuch(¨er) dishcloth	die	Grundausbildung(en) basic training		heiß hot
	geschlossen closed	die	Grundschule(n) primary school		heißen to be called
der	Geschmack taste	die	Gruppe(n) group	der	Heißluftballon(s) hot-air balloon
	geschmackvoll tasteful		grüßen to greet		helfen to help
die	Geschwister (pl) brothers and sisters		gucken to look		hell light, bright
die	Gesellschaft(en) company, society		gültig valid	der	Helm(e) helmet
	gesellschaftlich in society	das	Gummibärchen(-) jelly bear	das	Hemd(en) shirt
das	Gesetz(e) law	der	Gummireifen(-) rubber tyre		heraus out of
	gesetzlich legal(ly)	gut	good		herausfinden to find out
die	Gesichtscreme(s) face cream		gut aussehend good-looking		herkömmlich conventional

der	**Herr(en)** Mr; gentleman
	Herr Ober! waiter!
	herstellen to produce
der	**Hersteller(-)** producer
	herumschleppen to drag around
	herumstehen to stand around
das	**Herz(en)** heart
	der Herzinfarkt(e) heart attack
	heuchlerisch hypocritical
	heute today
	heute Abend this evening
	heutzutage these days
	hier here
die	**Hilfe** help
	hilflos helpless
die	**Hilfsorganisation(en)** relief organisation, charity
der	**Himmel(-)** sky
	hindern to obstruct
	hinhauen to work, be a success
	hinschicken to send
	hinten behind, at the back
	hinter behind
	hinuntergehen to go down
	hinzufügen to add, continue
das	**Hobby(s)** hobby
	hoch high
	hochklappen to fold up
das	**Hochrad("er)** penny-farthing
	höchstens at the most
der	**Höchstpreis(e)** highest price
die	**Hochzeit(en)** wedding
	die Hochzeitsfeier(-) wedding celebration
der	**Hof("e)** yard
	hoffentlich hopefully
die	**Hoffnung(en)** hope
	hoffnungsvoll hopeful
die	**Höhe(n)** height
	höher higher
die	**Höhlenexpedition** caving trip
	holen to fetch
die	**Hölle** hell
das	**Holz** wood
	hölzern wooden
	hören to listen
das	**Hörspiel(e)** radio play
der	**Hörverlust** loss of hearing
das	**Hörvermögen** hearing ability
die	**Hose(n)** trousers
	das Hosenbein(e) trouser leg
das	**Hotel(s)** hotel
	hübsch pretty
der	**Hund(e)** dog
	hundefreundlich dog-friendly
	das Hundefutter dog food
	hundert hundred
	hungern to starve
	hüpfen to hop
die	**Hustenpastille(n)** cough sweet
der	**Hut("e)** hat
die	**Hygiene** hygiene
	hygienisch hygienic

I

	ich I
die	**Idee(n)** idea
	identifizieren to identify
der	**Idiot(en)** idiot
	igitt! yuk!
	ihm him

	ihn him
	ihnen them
	Ihnen you
	ihr/e her, their
	Ihr/e your
	illustrieren to illustrate
die	**Imbissstube(n)** snack bar
	immer always
	immer noch still
	immer schlimmer worse and worse
	immer wieder again and again
die	**Impfung(en)** vaccination
	impulsiv impulsive
	in in
das	**Indianervolk** Indian people
	individuell individual(ly)
die	**Industrie(n)** industry
	das Industriegebiet(e) industrial area
die	**Infektion(en)** infection
die	**Infektionsgefahr(en)** danger of infection
die	**Inflation** inflation
	die Inflationszeit(en) time of inflation
die	**Informatik** computer studies
die	**Informationen (pl)** information
das	**Informationsbüro(s)** information office
die	**Informationssendung(en)** current affairs programme
sich	**informieren** to inform yourself
der	**Ingenieur(e)** engineer
der	**Inhalt(e)** content
	innen inside
	innerhalb within
der	**Insasse(n)** passenger (in car)
das	**Insekt(en)** insect
	insgesamt all together
der	**Inspektor(en)** inspector
	installieren to install
	intelligent intelligent
	interessant interesting
sich	**interessieren für** to be interested in
das	**Interview(s)** interview
	interviewen to interview
	inzwischen meanwhile
	irgendwie somehow
	irgendwo somewhere
	isolieren to isolate
	isotonisch isotonic
	Italien Italy
	der Italiener(-) Italian
	italienisch Italian

J

	ja yes
die	**Jacke(n)** jacket
das	**Jahr(e)** year
	die Jahreszeit(en) season
	das Jahreszeugnis(se) school report
	das Jahrhundert(e) century
	japanisch Japanese
	jäten to weed
	je ... desto the more ... the more
die	**Jeans(-)** jeans
	die Jeansweste(n) denim waistcoat
	jede/r/s each, every
	jedenfalls in any case
	jedes Mal each time
	jedoch but, however
	jemand somebody

	jetzt now
	jeweils each time
der	**Job(s)** job
	joggen gehen to go jogging
der	**Jogurt** yogurt
der	**Journalismus** journalism
der	**Journalist(en)** journalist
	jubeln to celebrate
die	**Jugendherberge(n)** youth hostel
der	**Jugendklub(s)** youth club
der	**Jugendliche(n)** teenager
das	**Jugendzentrum(-zentren)** youth centre
	jung young
der	**Junge(n)** boy
die	**Jungfernfahrt(en)** maiden voyage
der	**Jurist(en)** lawyer

K

die	**Kabine(n)** cabin
der	**Kaffee** coffee
der	**Kakao** cocoa
das	**Kalbfleisch** veal
	kalt cold
die	**Kälte** cold
der	**Kandidat(en)** candidate
das	**Känguru(s)** kangaroo
	kapieren to understand
das	**Kapitel(-)** chapter
	kaputt broken
	kariert checked
die	**Karies** caries
	karitativ charitable
die	**Karotte(n)** carrot
die	**Karriere(n)** career
die	**Karte(n)** map, ticket
die	**Kartoffel(n)** potato
die	**Kartoffelchips (pl)** crisps
der	**Käse(-)** cheese
	der Käsekuchen(-) cheesecake
die	**Kasse(n)** cash till
die	**Kassette(n)** tape
	der Kassettenbrief(e) taped letter
	der Kassettenspieler(-) tape recorder
das	**Kästchen(-)** small box
	katastrophal catastrophic
die	**Katastrophe(n)** catastrophe
die	**Katze(n)** cat
	das Kätzchen(-) kitten
	kaufen to buy
	kaum hardly
	keck cheeky
die	**Kegelbahn(en)** bowling alley
	kegeln to bowl
	kein/e not a, nobody
	keinesfalls not at all
der	**Keks(e)** biscuit
	jdm auf den Keks gehen to get on someone's nerves
der	**Kellner(-)** waiter
	kennen lernen to get to know
das	**Kennzeichen(-)** registration number
der	**Kernpunkt(e)** central point
der	**Kerzenhalter(-)** candle holder
die	**Kette(n)** chain
der	**Kettenantrieb** chain drive
das	**Kettenspiel(e)** chain game
der	**Kfz-Mechaniker(-)** car mechanic
die	**Kfz-Werkstatt("en)** car workshop
das	**Kilo(s)** kilo

der	**Kilometer(-)** kilometre	die	**Kontrolle(n)** control	der	**Laib(e)** loaf
das	**Kind(er)** child		**kontrollieren** to control	die	**Lampe(n)** lamp
	das Kinderbett(en) child's bed	das	**Konzert(e)** concert	das	**Land("er)** country
	der Kindergarten(¨) nursery school	der	**Kopf("e)** head	der	**Landeanflug("e)** approach (plane)
	das Kinderheim(e) children's home		**die Kopfschmerzen (pl)/das**		**landen** to land
	kinderleicht easy-peasy		**Kopfweh** headache	die	**Landschaft(en)** countryside
	die Kindheit childhood	die	**Kopie(n)** copy	die	**Landstraße(n)** country road
	kindisch childish		**kopieren** to copy	die	**Landung(en)** landing
das	**Kino(s)** cinema	der	**Körper(-)** body	die	**Landwirtschaft** agriculture
der	**Kiosk(e)** kiosk		**körperlich** physical(ly)		**lang** long
die	**Kirche(n)** church		**korrigieren** to correct	die	**Langeweile** boredom
die	**Kirsche(n)** cherry	die	**Kosmetik** cosmetics	der	**Langfinger(-)** thief
die	**Kiste(n)** chest, box		**kosten** to cost		**langsam** slow(ly)
	kitschig tacky, tasteless		**kostenlos** free		**langweilig** boring
die	**Klamotten (pl)** clothes	das	**Kostüm(e)** costume	der	**Langzeitarbeitslose(n)** long-term
	klappen to work, be a success	der	**Köter(-)** damn dog		unemployed
	klar clear(ly)	der	**Kragen(-)** collar	der	**Lappen(-)** cloth
die	**Klasse(n)** class	die	**Krähe(n)** crow	der	**Lärm** noise
	die Klassenarbeit(en) class test	der	**Kram** junk	die	**Laseranlage** laser equipment
	der Klassenkamerad(en) classmate		**krank** ill		**lassen** to let, leave
	der Klassenraum("e)/das	das	**Krankenhaus("er)** hospital	der	**Lastwagen** lorry
	Klassenzimmer(-) classroom	der	**Krankenpfleger(-)/die**	die	**Latzhose(n)** dungarees
	klauen to pinch, nick		**Krankenschwester(n)** nurse		**laufen** to run
das	**Klavier(e)** piano	der	**Krankenwagen(-)** ambulance	das	**Laufrad("er)** bike (like a child's scooter)
	kleben to stick	die	**Krankheit(en)** illness	die	**Laune(n)** mood
das	**Kleid(er)** dress	die	**Krawatte(n)** tie		**laut** according to, loud
die	**Kleider (pl)** clothes		**kreativ** creative	die	**Laute(n)** lute
	der Kleiderschrank("e) wardrobe	der	**Krebs** cancer		**lautlos** silent
das	**Kleidergeschäft(e)** boutique		**krebserregend** carcinogenic	die	**Lautstärke** volume level
der	**Kleidungsstil** clothes style	die	**Kreuzung(en)** crossroads		**leben** to live
	klein small	der	**Krieg(e)** war	das	**Leben(-)** life
das	**Klima(s)** climate	der	**Krimi(s)** thriller		**die Lebenserwartung(en)** life
	die Klimaanlage air conditioning	die	**Kritik(en)** criticism, review		expectancy
	klingeln to ring	der	**Krug("e)** jug		**der Lebenslauf("e)** curriculum vitae
das	**Klo(s)** loo		**krumm** crooked		**die Lebensmittel (pl)** groceries
	der Klodeckel(-) loo cover	das	**Krümmchen(-)** crumb		**die Lebensmittelvergiftung(en)**
	das Klopapier(e) loo paper	die	**Küche(n)** kitchen		food poisoning
der	**Klub(s)** club		**die Küchenabteilung(en)** kitchen		**lebenswichtig** vital
	knapp scarce, just		dept	die	**Leber(n)** liver
das	**Knie(-)** knee		**das Küchengerät(e)** kitchen		**lecker** tasty
der	**Knoblauch** garlic		equipment	das	**Leder** leather
der	**Knödel(-)** dumpling	der	**Kuchen(-)** cake		**leer** empty
	knusprig crunchy, crispy	die	**Kuh("e)** cow		**legen** to lie
der	**Koch("e)** cook, chef	der	**Kühlschrank("e)** fridge		**legendär** legendary
	die Kochschule(n) cookery college	der	**Kuli(s)** biro	die	**Legende(n)** legend
	kochen to cook	die	**Kulisse(n)** scenery	der	**Lehrer(-)/die Lehrerin(nen)** teacher
der	**Koffer(-)** suitcase	sich	**kümmern um** to look after	die	**Lehrstelle(n)** apprenticeship
der	**Kohl(e)** cabbage	der	**Kunde(n)/die Kundin(nen)** customer	der	**Leichenbestatter(-)** funeral director
das	**Kohlendioxid** carbon dioxide	der	**Künstler(-)** artist		**leicht** easy
der	**Kollege(n)/die Kollegin(nen)**		**künstlich** artificial		**leiden** to suffer
	colleague	der	**Kunststoff** man-made material		**es tut mir Leid** I'm sorry
die	**Kollision(en)** collision		**kunstvoll** artistic		**leider** unfortunately
	Köln Cologne	das	**Kunstwerk(e)** work of art	das	**Leinen** linen
	komisch funny, strange		**kurios** strange, curious		**leise** gently
	kommen to come	der	**Kurs(e)** exchange rate, course		**leisten** to do, achieve
der	**Kommentator(en)** commentator	die	**Kurve(n)** curve	die	**Leistung(en)** achievement
	kommentieren to comment		**kurz** short		**der Leistungskurs(e)** advanced
die	**Kommunikation(en)** communication		**kuschelig** cuddly, soft		course
	kommunikativ communicative		**küssen** to kiss		**leistungsorientiert** achievement-
die	**Komödie(n)** comedy				orientated
die	**Konditorei(en)** patisserie	**L**			**leiten** to lead
die	**Konfliktsituation(en)** conflict situation	das	**Labor(s)** laboratory	der	**Lenker(-)** handlebars
der	**König(e)** king		**der Laborversuch(e)** laboratory test		**lernen** to learn
	konkret concrete		**lächeln** to smile		**lesen** to read
	können to be able to		**lachen** to laugh		**letzte/r/s** last
die	**Konsequenz(en)** consequence		**lächerlich** laughable	die	**Leute (pl)** people
das	**Konservierungsmittel(-)** preservative	der	**Lachs(e)** salmon	das	**Licht** light
der	**Konsum** consumption	der	**Lackierer(-)** spray painter	die	**Lichtung** lighting, clearing
das	**Konto(-ten)** account	der	**Laden("")** shop		**lieb** dear
	die Kontonummer(n) account	die	**Lage(n)** situation		**am liebsten** best of all
	number		**lagern** to store		**lieber** prefer

	Lieber/Liebe dear (on a letter)	
das	**Lieblingsfach("er)** favourite subject	
das	**Lied(er)** song	
	liefern to deliver	
	liegen to lie	
die	**Limonadenflasche(n)** lemonade bottle	
der	**Liniendampfer(-)** steamboat	
	links left	
der	**Linkshänder(-)** left-handed person	
die	**Linse(n)** lentil	
die	**Lippenpflege** lip care	
der	**Lippenstift(e)** lipstick	
die	**Liste(n)** list	
der	**Liter(-)** litre	
die	**Litfaßsäule(n)** advertising column	
der	**LKW-Fahrer(-)** lorry driver	
das	**Loch("er)** hole	
	locker relaxed, loose	
	logisch logical	
der	**Lohn("e)** wage	
	los off, away	
	was ist los? what's up?	
	lösen to solve	
die	**Lösung(en)** solution	
	loswerden to get rid of	
der	**Lottogewinner(-)** lottery winner	
die	**Lücke(n)** gap	
die	**Luft** air	
	der Luftdruck air pressure	
	die Luftfahrt aviation	
	luftgefüllt air-filled	
	die Luftwaffe air force	
die	**Lüge(n)** lie	
	lügen to lie	
der	**Lungenkrebs** lung cancer	
die	**Lupe(n)** magnifying glass	
	lustig funny	
der	**Luxus** luxury	
	machen to do, make	

M

die	**Machete(n)** machete	
das	**Mädchen(-)** girl	
das	**Magazin(e)** magazine	
die	**Magenschmerzen (pl)** stomach ache	
die	**Mahlzeit(en)** mealtime	
das	**Mal(e)** time	
	malen to draw	
der	**Maler(-)** painter	
	man one	
der	**Manager(-)** manager	
	manche/s some	
	manchmal sometimes	
	manipulieren to manipulate	
der	**Mann("er)** man	
die	**Mannschaft(en)** team	
der	**Mantel("")** coat	
die	**Mark(-)** mark	
die	**Marke(n)** make	
der	**Markt("e)** market	
die	**Maschine(n)** machine	
die	**Masse(n)** mass	
das	**Material(ien)** material	
der	**Materialismus** materialism	
	materialistisch materialistic	
	Mathe maths	
die	**Mathematik** mathematics	
der	**Mechaniker(-)** mechanic	
	meckern to moan	
die	**Medien (pl)** media	
das	**Medikament(e)** medication	

die	**Medizin** medicine	
der	**Meeresbiologe(n)** marine biologist	
der	**Meeresboden** seabed	
das	**Meerschweinchen(-)** guinea pig	
	mehr more	
die	**Mehrwegflasche(n)** recyclable bottle	
	mein/e my	
	meinen to think	
die	**Meinung(en)** opinion	
	meiner Meinung nach in my opinion	
	meist most	
	meistens mostly	
	melden to report, register	
die	**Menge(n)** lot of, crowd	
der	**Mensch(en)** person	
	menschlich humane	
	merken to notice	
der	**Meter(-)** metre	
die	**Methode(n)** method	
die	**Metzgerei(en)** butcher	
	mich me, myself	
der	**Miesepeter(-)** grumbler	
	mieten to rent	
der	**Mietwagen(-)** hire car	
der	**Mikrowellenherd(e)** microwave	
die	**Milch** milk	
	militärisch military	
die	**Milliarde(n)** thousand million	
die	**Million(en)** million	
die	**Minderheit(en)** minority	
	mindestens at least	
das	**Mindesthaltbarkeitsdatum(-ten)** use-by date	
das	**Mineralwasser(-)** mineral water	
der	**Minirock("e)** mini skirt	
die	**Minute(n)** minute	
	mir me	
	missbrauchen to misuse	
der	**Misserfolg(e)** failure	
	misshandeln to mistreat, abuse	
	Mist! blast!	
	mit with	
das	**Mitglied(er)** member	
	mittags at lunchtime	
die	**Mittagspause(n)** lunch break	
	mitten middle	
	mittlerweile meanwhile	
die	**Möbel (pl)** furniture	
die	**Mode(n)** fashion	
	der Modedesigner(-) fashion designer	
das	**Modell(e)** model	
	mögen to like	
	möglich possible	
	möglicherweise possibly	
die	**Möglichkeit(en)** possibility	
der	**Mohnkuchen(-)** poppy seed cake	
die	**Möhre(n)** carrot	
der	**Moment(e)** moment	
	Moment mal! wait a moment!	
	momentan at the moment	
der	**Monat(e)** month	
der	**Mond(e)** moon	
	Mongolien Mongolia	
der	**Mord(e)** murder	
der	**Mörder(-)** murderer	
	morgen tomorrow	
der	**Morgen(-)** morning	
die	**Motivation** motivation	
der	**Motor(en)** engine	

	das Motoröl engine oil	
das	**Motorrad("er)** motorbike	
	das Motorradrennen(-) motorbike race	
die	**Möwe(n)** seagull	
	müde tired	
die	**Müdigkeit** tiredness	
der	**Müll** rubbish	
	München Munich	
der	**Mund("er)** mouth	
das	**Museum(-seen)** museum	
die	**Musik** music	
	der Musikladen("") music shop	
	die Musiklautstärke music volume	
	müssen to have to	
	mutig brave	
die	**Mutter("")** mother	
	der Mutterschaftsurlaub maternity leave	
die	**Mutti(s)** mum	
die	**Mütze(n)** cap	
der	**Mythos(-then)** myth	

N

	na ja! well!	
	nach to, after	
	nachprüfen to check	
die	**Nachricht(en)** message, news	
	nachschlagen to look up	
	nächste/r/s next	
die	**Nacht("e)** night	
	nachts at night	
der	**Nachteil(e)** disadvantage	
die	**Nachzahlung(en)** back payment	
	nah near	
in der	**Nähe** near to, by	
die	**Nahrungsmittel (pl)** food	
der	**Name(n)** name	
	nämlich namely	
die	**Nase(n)** nose	
	die Nase voll haben to be fed up	
	nass wet	
der	**Nationalismus** nationalism	
die	**Natur** nature	
	natürlich of course	
die	**Naturwissenschaft(en)** science	
	der Naturwissenschaftler(-) scientist	
der	**Nebel** fog	
	neben next to, besides	
der	**Nebenjob(s)** part-time job	
der	**Nebensatz("e)** clause	
	nee no (slang)	
	nehmen to take	
	nein no	
	nennen to be called	
der	**Nerv(en)** nerve	
	nerven to annoy	
	nervig annoying	
	nett nice •	
	neu new	
	neu gebaut newly-built	
das	**Neugeborene(n)** newborn	
	neugierig nosey	
	neulich recently	
	nicht not	
	nichts nothing	
	nie never	
	niedrig low	
	niemals never	
	niemand nobody	

	noch still		der	**Partner(-)** partner			**problemlos** problem free
	noch einmal once again		die	**Party(s)** party		das	**Produkt(e)** product
die	**Nonne(n)** nun		der	**Pass ("e)** passport		die	**Produktion(en)** production
der	**Nordpol** North Pole			**das Passfoto(s)** passport photo		das	**Programm(e)** programme
	nordvietnamesisch north Vietnamese			**pass auf!** watch out!		das	**Projekt(e)** project
	normalerweise normally		der	**Passagier(e)** passenger		der	**Prospekt(e)** brochure
	Norwegen Norway			**passieren** to happen		das	**Protein(e)** protein
die	**Notbremsung** emergency braking		das	**Pauschalangebot(e)** package deal		die	**Provinz(en)** province
die	**Note(n)** grade, mark		die	**Pauschalreise(n)** package holiday		das	**Prozent(e)** percent
der	**Notfall("e)** emergency		die	**Pause(n)** break			**prüfen** to test
	notieren to note			**der Pausenhof("e)** school yard		die	**Prüfung(en)** exam
	nötig necessary			**Pech haben** to have bad luck		der	**Psychiater(-)** psychiatrist
die	**Notiz(en)** note		das	**Pedal(e)** pedal		die	**Psychologie** psychology
die	**Nudel(n)** pasta			**perfekt** perfect(ly)		das	**Publikum** public
	null nil		die	**Person(en)** person		der	**Pullover(-)/Pulli(s)** jumper
die	**Nummer(n)** number		das	**Personal** staff		die	**Punktzahl(en)** points
	nun now			**die Personalabteilung(en)**		das	**Putenfleisch** turkey meat
	nur only			personnel department			**putzen** to clean
die	**Nuss ("e)** nut			**persönlich** personally			
	nützlich useful		die	**Persönlichkeit(en)** personality		**Q**	
das	**nützt nichts** that's no good			**pessimistisch** pessimistic		die	**Qual(en)** pain, agony
O			die	**Pfeife(n)** pipe		die	**Qualität** quality
	ob whether		der	**Pfennig(e)** pfennig		der	**Qualm** dense smoke
	oben above		der	**Pfirsichbaum("e)** peach tree			**qualmen** to smoke
die	**Oberstufe(n)** sixth-form		die	**Pflanze(n)** plant			**Quatsch** rubbish
das	**Obst** fruit			**pflanzlich** plant		die	**Quelle(n)** source
	obwohl although		das	**Pflichtfach("er)** compulsory subject			**quer durch** straight through
	öde horrid		das	**Pfund(e)** pound		die	**Quittung(en)** receipt
	oder or			**Physik** physics		das	**Quiz(-)** quiz
der	**Ofen("")** oven		das	**Picknick(s)** picnic		die	**Quote(n)** quota
	offen open		der	**Pilot(en)** pilot			
	offenbar apparently		der	**PKW(s) (Personenkraftwagen)** car		**R**	
die	**Öffentlichkeit** public		der	**Plan("e)** plan			**rächen** to avenge
	öffnen to open		der	**Planet(en)** planet		das	**Rad ("er)** wheel, bike
	oft often		der	**Plastikabfall("e)** plastic waste			**der Radler(-)** cyclist
	öfter(s) often		die	**Plastikplane(n)** plastic cover			**Rad fahren** to cycle
	ohne without		die	**Plastiktüte(n)** plastic bag		das	**Radio(s)** radio
der	**Ohrring(e)** earring		der	**Platz("e)** place, square			**die Radiosendung(en)** radio show
das	**Öl** oil		der	**Pokalsieger(-)** cup winner		der	**Rahmen(-)** frame
der	**Opa(s)** grandad			**Polen** Poland			**rammen** to ram
das	**Opfer(-)** victim		der	**Politiker(-)** politician		der	**Rand("er)** edge
das	**Orchester** orchester		die	**Polizei** police			**ranzig** rancid
	ordentlich tidy			**die Polizeiwache(n)** police station		das	**Rasenmähen** lawn mowing
	ordnen to order, arrange			**der Polizeiwagen(-)** police car		die	**Raststätte(n)** service area
in	**Ordnung** OK			**der Polizist(en)** policeman			**raten** to advise
das	**Organ(e)** organ		die	**Pommes frites (pl)** chips		das	**Rathaus("er)** town hall
	organisieren to organise		das	**Portmonee(s)** purse		der	**Ratschlag("e)** piece of advice
der	**Ort(e)** place			**positiv** positive		das	**Rätsel(-)** puzzle
	Ostern Easter		die	**Post** mail			**rauchen** to smoke
	Österreich Austria			**das Postamt("er)** post office		der	**Raum("e)** room, space
	östlich easterly			**der Postbote(n)** postman			**der Raumfahrer(-)** astronaut
der	**Ozean(e)** ocean			**die Postkarte(n)** postcard			**der Raumpfleger(-)** cleaner
	der Ozeandampfer ocean steamer		das	**Praktikum(-ka)** work experience			**das Raumschiff(e)** spaceship
P				**der Praktikumsplatz("e)** work experience placement			**raus** out
ein	**paar** several			**praktisch** practical		das	**Rauschmittel** drug
das	**Paar(e)** pair, couple		die	**Präposition(en)** preposition			**rausgehen** to go out
die	**Packung(en)** packet		die	**Präsentation(en)** presentation			**reagieren** to react
das	**Paket(e)** packet		der	**Präsident(en)** president			**realistisch** realistic(ally)
	der Paketdienst parcel service		der	**Preis(e)** price, prize		die	**Realschule(n)** secondary school
die	**Panik** panic			**die Preisliste(n)** price list			**der Realschulabschluss("e)** school leaving qualification
die	**Panne(n)** breakdown			**der Preisrichter(-)** judge		die	**Rechnung(en)** bill
der	**Panzer(-)** tank			**preiswert** good value			**recht haben** to be right
der	**Papagei(en)** parrot		der	**Pressluftbohrer(-)** pneumatic drill			**rechts** on the right
das	**Papier(e)** paper		die	**Prestigekäufe (pl)** prestige purchases			**rechtzeitig** in time
	die Papierfabrik(en) paper factory			**prima** great			**recyceln** to recycle
	der Papierteller(-) paper plate		der	**Prinz(en)** prince			**recycelbar** can be recycled
das	**Parfüm** perfume		im	**Prinzip** in principle		die	**Rede(n)** talk, speech
der	**Park(s)** park			**pro** for			**reden** to talk
der	**Parkplatz("e)** parking space			**probieren** to try		das	**Regal(e)** shelf
			das	**Problem(e)** problem		die	**Regel(n)** rule

	regelmäßig regular(ly)	die	**Rückfahrt/Rückkehr** return	**schlimm** bad
der	**Regen** rain	der	**Rucksack(¨e)** rucksack	**schlucken** to swallow
	saurer Regen acid rain	der	**Rückspiegel(-)** rear mirror	zum **Schluss** finally
	der Regenmantel(¨) raincoat		**rückwärts** backwards	der **Schlüssel(-)** key
	der Regenwald(¨er) rainforest		**rudern** to row (boat)	**der Schlüsselbund** bunch
die	**Regierung(en)** government	die	**Ruhe** peace	of keys
die	**Regionalsendung(en)** local		**ruhig** quiet, easily	**das Schlüsselwort(¨er)** key word
	programme		**rund** round, about	**schmal** narrow
	regnen to rain		**rundlich** round	**schmecken** to taste
das	**Reich(e)** kingdom		**russisch** Russian	**schmerzhaft** painful
	reich rich		**Russland** Russia	die **Schmerztablette(n)** painkiller
	reichen to pass, be enough			der **Schmied(e)** blacksmith
der	**Reifen(-)** tyre		**S**	**schmücken** to decorate
die	**Reihenfolge(n)** order			**schmutzig** dirty
das	**Reihenhaus(¨er)** terraced house	die	**Sache(n)** thing	das **Schnäppchen(-)** bargain, snip
	rein pure	der	**Sack(¨e)** sack	der **Schnee** snow
die	**Reise(n)** trip		**sagen** to say	**der Schneesturm(¨e)** snow storm
	das Reisebüro(s) travel agency	die	**Sahne** cream	**schneiden** to cut
	die Reisefirma (-firmen) travel firm	der	**Salat(e)** lettuce	**schnell** quick(ly)
	die Reisegruppe(n) travel group	die	**Salmonellenvergiftung** salmonella	der **Schnellimbiss(e)** snack bar
	der Reisende(n) traveller		poisoning	der **Schnupfen** cold
	der Reisescheck(s) traveller's cheque		**sammeln** to collect	die **Schokolade** chocolate
	die Reisetasche(n) travel bag	die	**Sammlung(en)** collection	**schon** already
	reisen to travel	der	**Sand** sand	**schön** lovely
der	**Reiskuchen(-)** rice cake		**der Sandkasten(¨)** sandpit	der **Schrecken(-)** terror, horror
der	**Reißverschluss(¨e)** zip		**sanft** soft, gentle	**schreiben** to write
	reiten to ride	der	**Sänger(-)** singer	der **Schreibfehler(-)** spelling mistake
	reizend charming	die	**Sattelstütze(n)** saddle support	die **Schreibunlust** reluctance to write
	rekonstruieren to reconstruct	die	**Sättigung** repletion	**schreien** to shout, scream
	relativ relative(ly)	der	**Satz(¨e)** sentence	**schriftlich** in writing
	religiös religious(ly)		**der Satzteil(e)** part of sentence	der **Schriftsteller(-)** author
das	**Rennen(-)** race		**sauber** clean	**schrill** loud, garish
der	**Rentner(-)** pensioner	die	**Sauberkeit** cleanliness	der **Schritt(e)** step
	reparieren to repair		**sauer** angry	der **Schrotthändler(-)** scrap merchant
	reservieren to book, reserve	der	**Sauerstoff** oxygen	die **Schubkarre(n)** wheelbarrow
die	**Reservierung(en)** reservation	die	**Sauna(s)** sauna	der **Schuh(e)** shoe
	respektieren to respect	die	**Schachtel(n)** box	**das Schuhgeschäft(e)** shoe shop
der	**Rest(e)** rest		**schade!** what a pity!	der **Schulabschluss(¨e)** school leaving
das	**Restaurant(s)** restaurant	der	**Schaden(¨)** damage	qualification
	das Restaurantverzeichnis(se) list		**schädigen** to damage	**Schuld** blame
	of restaurants		**schädlich** harmful	die **Schule(n)** school
	retten to rescue	der	**Schäferhund(e)** alsatian	**der Schuldirektor(en)** headmaster
	richtig right		**schaffen** to manage, create	**der Schüler(-)** pupil
die	**Richtung(en)** direction	der	**Schal(s)** scarf	**das Schulfach(¨er)** school subject
	riechen to smell		**scharf** sharp	**der Schulhof(¨e)** school yard
der	**Riegel(-)** bar	der	**Schatz(¨e)** treasure	**die Schulregel(n)/**
der	**Riesenbuchstabe(n)** giant letter		**schätzen** to estimate	**die Schulvorschrift(en)** school
	riesig huge	der	**Schauspieler(-)** actor	regulation
das	**Rindfleisch** beef	die	**Scheibe(n)** slice	**das Schulzeugnis(se)** school report
das	**Risiko(-ken)** risk	der	**Scheibenwischer(-)** windscreen wiper	
	riskieren to risk		**scheinen** to appear, shine	der **Schuppen(-)** shed
der	**Roboter(-)** robot		**schenken** to give	der **Schutz** protection
	robust robust	die	**Schere(n)** scissors	**schützen** to protect
der	**Rock(¨e)** skirt		**scherzhaft** jocular	**schwach** weak
die	**Rockgruppe(n)** rock group	die	**Schicht(en)** layer	die **Schwäche(n)** weakness
das	**Roggenbrot(e)** rye bread		**schick** chic	der **Schwachpunkt(e)** weak point
	roh raw		**schicken** to send	**schwanger** pregnant
das	**Röhrchen(-)** tube		**schief** not straight, wrong	**schwarz** black
die	**Rolle(n)** role		**schießen** to shoot	**schwatzen** to gossip
	das Rollenspiel(e) role play	das	**Schiff(e)** ship	**schweben** to sway
	rollen to role	das	**Schild(er)** sign	der **Schwede(n)** Swede
der	**Roman(e)** novel	der	**Schinken(-)** ham	**Schweden** Sweden
	römisch Roman		**schlafen** to sleep	der **Schweiß** sweat
	röntgen to x-ray		**schlaff** loose	die **Schweiz** Switzerland
	rosa pink	die	**Schlafstörung(en)** insomnia	**schwer** heavy, difficult
die	**Rose(n)** rose	das	**Schlafzimmer(-)** bedroom	**schwerelos** weightless
	rot red	die	**Schlaghose(n)** 70s-style trousers	die **Schwester(n)** sister
	das Rote Kreuz Red Cross	das	**Schlagloch(¨er)** pothole	**schwierig** difficult
der	**Rücken(-)** back		**schlecht** bad	das **Schwimmbad(¨er)** swimming pool
	die Rückenschmerzen (*pl*)		**schleppen** to drag	**schwimmen** to swim
	backache		**schließen** to close	**schwindlig** dizzy
			schließlich finally	**schwingen** to swing

der	**Schwung(¨e)** swing	
der	**See(n)** lake	
das	**Segeltuch(¨er)** canvas	
	sehen to see	
sich	**sehnen nach** to long for	
	sehr very	
die	**Seide** silk	
die	**Seife** soap	
	die Seifenoper(n) soap opera	
das	**Seil(e)** rope	
	sein to be, his	
	seit since	
die	**Seite(n)** side, page	
der	**Seitenstreifen(-)** hard shoulder	
die	**Sekunde(n)** second	
	selber/selbst yourself	
	selbstgemacht homemade	
die	**Selbstlernkassette(n)** self-study cassette	
	selbstverständlich of course	
das	**Selbstwähltelefon(e)** automatic phone	
	selten rarely	
die	**Seltenheit** rarity	
	seltsam strange	
der	**Sender(-)** channel	
die	**Sendung(en)** programme	
der	**Senf** mustard	
die	**Seniorenermäßigung(en)** OAP concession	
	sensationell sensational	
	sensibel sensitive	
die	**Serie(n)** series	
	servieren to serve	
die	**Serviette(n)** napkin	
sich	**setzen** to sit down	
	sich himself, herself	
	sicher safe, surely	
die	**Sicherheit** safety	
	sicherlich certainly	
	sie she, they	
	Sie you	
der	**Sieg(e)** victory	
das	**Silber** silver	
	das Silberbarrenlagerhaus(¨er) silver depository	
	singen to sing	
	sinken to sink	
der	**Sinn(e)** sense	
	sinnlos pointless	
die	**Situation(en)** situation	
der	**Sitz(e)/Sitzplatz(¨e)** seat	
	sitzen to sit	
	sitzen bleiben to repeat a school year	
	Ski fahren to ski	
der	**Ski(er)** ski	
	die Skikleidung ski wear	
	der Skistiefel(-) ski boot	
	der Skiurlaub skiing holiday	
	sklavisch slavishly	
	snowboarden to snow board	
	so so	
	so ... wie as ... as	
die	**Socke(n)** sock	
	sofort immediately	
	sogar even	
	so genannte so-called	
	solche/r/s such	
	sollen should	
der	**Sommer(-)** summer	
	der Sommerschlussverkauf summer sale	

im	**Sonderangebot** on offer	
	sondern but	
die	**Sonne(n)** sun	
sich	**sonnen** to sunbathe	
die	**Sonnenbrille(n)** sunglasses	
der	**Sonnenschein** sunshine	
	sonnig sunny	
	sonst otherwise	
	sorgen für to look after	
sich	**Sorgen machen** to worry	
	sorgfältig careful(ly)	
	sortieren to sort	
die	**Soße(n)** sauce	
	so viel so much	
	sowieso anyway	
der	**Sozialarbeiter(-)** social worker	
der	**Sozialismus** socialism	
die	**Sozialwissenschaften** social sciences	
	Spanisch Spanish	
	spannend exciting	
	sparen to save	
das	**Sparkonto(-ten)** savings account	
	Spaß machen to be fun	
	spät late	
der	**Spatz(en)** sparrow	
	spazieren gehen to go for a walk	
der	**Spaziergang(¨e)** walk	
der	**Speck** ham, bacon	
die	**Speise(n)** dish	
die	**Speisekarte(n)** menu	
	spenden to donate, contribute	
	speziell special	
das	**Spiel(e)** game	
	das Spielgeld toy money	
	das Spielwarengeschäft(e) toy shop	
	das Spielzeug toy	
	spielen to play	
	spinnen to talk rubbish	
	spitze great	
der	**Spitzenreiter** front-runner (horse)	
	Sport treiben to do sport	
	die Sportart(en) sport	
	das Sportgeschäft(e) sports shop	
	der Sportler(-) athlete	
	sportlich sporty	
	der Sportschuh(e) training shoe	
	der Sportverein(e) sports club	
die	**Sprache(n)** language	
	sprechen to speak	
	springen to jump	
die	**Sprühdose(n)** aerosol can	
der	**Sprung(¨e)** jump	
	spülen to rinse	
die	**Spur(en)** track, trace	
	spüren to feel	
	spurlos without trace	
der	**Staat(en)** state	
	der Staatsbürger(-) citizen	
die	**Stadt(¨e)** town	
	die Stadtmitte(n) town centre	
	der Stadtrand town outskirts	
der	**Stall(¨e)** stall	
	ständig constant(ly)	
der	**Standpunkt(e)** point of view	
die	**Stange(n)** pole	
	stark strong	
	starren to stare	
der	**Start(s)** start	
	starten to start, take off	
	statt instead of	

	stattdessen instead of that	
	stattfinden to take place	
	staubsaugen to vacuum	
	stecken to put	
	stehen to stand	
	stehlen to steal	
das	**steht** mir it suits me	
	steigen to climb	
	steil steep	
der	**Stein(e)** stone	
die	**Stelle(n)** place, position, job	
	stellen to put	
die	**Stellenanzeige(n)** job advert	
der	**Steppdeckenbezug(¨e)** quilt cover	
	sterben to die	
der	**Stern(e)** star	
	sternklar very clear night	
die	**Steuerbehörde** tax authorities	
	steuern to steer	
die	**Steuerung** control	
der	**Steward(s)/die Stewardess(en)** air steward(ess)	
das	**Stickstoffniveau(s)** nitrogen level	
der	**Stiefel(-)** boot	
der	**Stift(e)** pen	
die	**Stiftung(en)** foundation	
die	**Stimme(n)** voice	
	stimmen to be correct	
das	**stimmt (nicht)** that's (not) true	
	stinken to stink	
der	**Stock(¨e)** stick, storey	
das	**Stockwerk(e)** storey	
der	**Stoffaffe(n)** toy monkey	
die	**Stoffhose(n)** suit trousers	
das	**Stofftier(e)** soft toy	
	stolz proud	
der	**Stoßdämpfer(-)** shock absorber	
der	**Strahl(en)** ray	
der	**Strand(¨e)** beach	
die	**Straße(n)** road	
	die Straßenbahn(en) tram	
	die Straßenbahnkarte(n) tram ticket	
die	**Strecke(n)** distance	
das	**Streichholz(¨er)** match	
der	**Streifen(-)** stripe	
sich	**streiten** to argue	
die	**Streiterei(en)** argument	
	streng strict	
der	**Stress** stress	
	stressig stressful	
der	**Strichcode(s)** bar code	
das	**Stroh** straw	
der	**Strom(¨e)** river, current	
das	**Stück(e)** piece, play	
der	**Student(en)** student (at university)	
die	**Studie(n)** essay	
	studieren to study	
die	**Studioaufnahme(n)** studio recording	
das	**Studium(-dien)** higher ed. course	
die	**Stunde(n)** hour, lesson	
die	**Stundenkilometer (pl)** km per hour	
	stündlich hourly	
	stürzen to fall	
	suchen to look for	
die	**Sucht** addiction	
	die Suchterscheinung(en) symptom of addiction	
	Südamerika South America	
im	**Süden** in the south	
der	**Südpol** South Pole	

summen to hum
der **Sumpf("e)** marsh
der **Supermarkt("e)** supermarket
die **Süßigkeiten (pl)** sweets
das **Süßwarengeschäft(e)** sweet shop
das **Sweatshirt(s)** sweatshirt
das **Symptom(e)** symptom
synthetisch synthetic
das **System(e)** system
die **Szene(n)** scene

T

das **T-Shirt(s)** T-shirt
der **Tabak** tobacco
die **Tabelle(n)** table, chart
die **Tablette(n)** tablet
die **Tafel(n)** bar, board
der **Tag(e)** day
  guten Tag good day
  das **Tagebuch("er)** diary
  tagelang all day long
  der **Tagesablauf("e)** daily routine
  täglich daily
die **Tagung(en)** meeting
das **Talent(e)** talent
  talentiert talented
der **Tank(s)** tank
  tanken to fill up with petrol
die **Tankstelle(n)** petrol station
der **Tannenbaum("e)** fir tree
die **Tannennadel(n)** pine needle
die **Tante(n)** aunt
  tanzen to dance
die **Tasche(n)** bag
das **Taschengeld** pocket money
das **Taschentuch("er)** handkerchief
die **Tasse(n)** cup
die **Tätigkeit(en)** activity
die **Tatsache(n)** fact
  tatsächlich in fact
die **Tatze(n)** paw
die **Taubheit** deafness
der **Taucher(-)** diver
die **Tauchgeschwindigkeit** diving speed
  tauschen to swap
das **Tauschmittel(-)** means of exchange
  tausend thousand
der **Taxifahrer(-)** taxi driver
die **Technik** technology
der **Teddybär(en)** teddybear
der **Tee(s)** tea
der **Teig(e)** dough
der **Teil(e)** part
  teilen to share, divide
  teilnehmen to take part
der **Teilnehmer(-)** participant
  teilweise partly
die **Teilzeitarbeit(en)** part-time work
das **Telefon(e)** phone
  die **Telefonnummer(n)** phone number
  die **Telefonzelle(n)** phone box
  telefonieren to phone
der **Temperaturwert(e)** temperature
das **Tempo(s)** speed
  Tennis tennis
der **Teppich(e)** carpet
die **Terrasse(n)** terrace
  teuer expensive
der **Teufelskreis(e)** vicious circle

der **Text(e)** text
die **Textverarbeitungskenntnisse (pl)** word-processing skills
das **Theater(-)** theatre
  die **Theaterwerkstatt("e)** theatre workshop
das **Thema(-men)** topic
  theoretisch theoretically
die **Theorie(n)** theory
  tief deep
die **Tiefgarage(n)** underground garage
das **Tier(e)** animal
  der **Tierarzt("e)** vet
  das **Tierfutter** animal food
  tierisch animal
der **Tisch(e)** table
  das **Tischdecken** laying the table
  Tischtennis table tennis
das **Titelbild(er)** cover picture
die **Tochter(")** daughter
der **Tod(e)** death
  die **Todeszeit(en)** time of death
  todlangweilig deadly dull
  tödlich deathly
die **Toilette(n)** toilet
  das **Toilettenpapier(e)** toilet paper
  toll great
der **Ton("e)** sound
  das **Tonstudio(s)** recording studio
  tot dead
  total total(ly)
  töten to kill
zum **Totlachen** dead funny
die **Tourismusbranche(n)** tourist industry
der **Trabi(s)** East German car (Trabant)
die **Tradition(en)** tradition
  tragbar portable
  tragen to wear, carry
der **Trainer(-)** trainer, coach
  trainieren to train
  transportieren to transport
das **Transportmittel** means of transport
  transsibirisch trans-Siberian
der **Traum("e)** dream
  träumen to dream
  traurig sad
  treffen to meet
der **Trend(s)** trend
die **Treppe(n)** stairs
der **Tresorraum("e)** strongroom
die **Tretmühle(n)** treadmill
die **Trillion(en)** trillion
  trinken to drink
  trocknen to dry
das **Tröpfchen(-)** drop
  tropfen to drip
der **Trott** trot
der **Trottel(-)** idiot
  trotzdem despite
  trüb dull
  tschüss bye
das **Tuch("er)** cloth
  tun to do
die **Tür(en)** door
  die **Türklinke(n)** door handle
die **Türkei** Turkey
  türkisch Turkish
der **Turnschuh(e)** trainer
die **Tüte(n)** bag
  typisch typical(ly)

U

die **U-Bahn(en)** underground
  übel evil
  üben to practise
  über over, about
  überall everywhere
  übereinstimmen to agree
  überfluten to flood
  übergewichtig overweight
  überhaupt (nicht) (not) at all
  überlaufen to run over
  überleben to survive
sich **überlegen** to consider
  übernachten to stay overnight
die **Übernachtungsmöglichkeit(en)** accommodation
  übernehmen to take over
  überqueren to cross
  überraschen to surprise
der **Überrest(e)** remnants
  überschreiten to exceed
die **Überstunde(n)** overtime
  übertragen to transfer
die **Übertragung(en)** transfer
  übertreiben to exaggerate
  überzeugen to convince
  übrig over, remaining
  übrig bleiben to remain
die **Übung(en)** exercise, activity
die **Uhr(en)** clock
  die **Uhrzeit(en)** time
  um at, round
  um ... zu in order to
  umfallen to fall over
die **Umfrage(n)** survey
der **Umgangston** manner
  umgekehrt vice versa
der **Umschlag("e)** envelope
  umschulen to retrain
die **Umschulung(en)** retraining
  umstritten controversial
  umtauschen to swap
die **Umwelt** environment
  umweltfreundlich environmentally friendly
  der **Umweltschutz** environmental protection
  die **Umweltverschmutzung** pollution
  umziehen to move
der **Umzug("e)** move
  unbedingt certainly, really
  unbekannt unknown
  und and
  und so weiter and so on
  undefinierbar undefinable
  uneben uneven
  unerwartet unexpected
  unfair unfair
der **Unfall("e)** accident
  ungefähr around, about
  ungesund unhealthy
  unglaubhaft unconvincing
  unglaublich unbelievable
  unglaubwürdig untrustworthy
  unglücklich unhappy
  unglücklicherweise unfortunately
  unheilbar incurable
  unheilvoll disastrous
  unheimlich incredible, really

- unhöflich impolite
- die Uniform(en) uniform
- die Universalsprache(n) universal language
- die Universität(en) (Uni)(s) university
- das Unkraut weed
- unmenschlich inhuman
- unmöglich impossible
- unnötig unnecessary
- uns us
- unser/e our
- unsinkbar unsinkable
- unten under, below
- unter under, among
- der Untergang sinking, destruction
- die Unterhaltung(en) entertainment
- die Unterkunft("e) accommodation
- unternehmen to do something
- der Unterricht lessons
- der Unterrock("e) petticoat
- der Unterschied(e) difference
- unterschiedlich different, various
- unterschreiben to sign
- unterstützen to support
- die Untersuchung(en) examination
- unterwegs on the way
- ununterbrochen uninterrupted
- unvergesslich unforgettable
- der Urlaub holiday
- im Urlaub on holiday
  - die Urlaubserfahrung(en) holiday experience
- die Ursache(n) cause
- ursprünglich original(ly)
- usw. etc.

V

- der Vater(") father
  - der Vaterersatz father substitute
  - der Vaterschaftsurlaub paternity leave
  - der Vati(s) dad
- der Vegetarier(-) vegetarian
- vegetarisch vegetarian
- die Veranstaltung(en) event
- das Verb(en) verb
- die Verbesserung(en) improvement
- verbieten to forbid
- verbinden to unite
- verblüffen to amaze
- das Verbrechen(-) crime
- verbrennen to burn
- verbringen to spend (time)
- verderben to spoil
- verdienen to earn
- die Verdienstmöglichkeit(en) earning potential
- der Verein(e) club, organisation
- vereinigen to unite
- die Vereinigten Staaten United States
- verfehlen to miss
- verfügbar available
- verfügen to have
- die Vergangenheit past
- vergessen to forget
- vergiften to poison
- die Vergiftung(en) poisoning
- der Vergleich(e) comparison
- vergleichen to compare
- vergnügt happy, in a good mood
- vergraben to bury

- das Verhältnis(se) relationship
- verheiratet married
- verkaufen to sell
- der Verkäufer(-) salesman
- der Verkehr traffic
  - der Verkehrsstau(s) traffic jam
- das Verkehrsamt("er) tourist office
- verkehrt wrong
- verlangen to demand
- verlassen to leave
- verletzen to injure
- die Verletzung(en) injury
- sich verlieben to fall in love
- verlieren to lose
- verlocken to entice
- der Verlust(e) loss
- vermehren to increase
- vermeiden to avoid
- vermeidlich avoidable
- vermeintlich putative
- vermischt mixed
- vermuten to suspect
- vernichten to destroy
- vernünftig responsible
- die Verpackung(en) packaging
- verpassen to miss
- verpesten to pollute
- sich verpflichten to commit yourself
- verringern to reduce
- verrotten to rot
- verrückt mad
- versagen to deny
- versammeln to assemble
- verschenken to give away
- verschieben to postpone
- verschieden different
- verschmutzen to dirty
- verschreiben to prescribe
- verschwenderisch wasteful
- verschwinden to disappear
- versetzen to move, shift
- sich versichern to insure
- die Versicherung(en) insurance
- versöhnen to reconcile
- die Versöhnung reconciliation
- versorgen to look after
- die Verspätung(en) delay
- verspeisen to consume
- versprechen to promise
- das Verständnis(se) understanding
- verstauchen to sprain
- verstehen to understand
- sich verstehen mit to get along with
- verstreuen to scatter
- versuchen to try
- das Versuchsmodell(e) test model
- verteilen to distribute
- sich vertiefen in to get engrossed in
- verwickeln to tangle
- verwirklichen to realise
- verwöhnt spoiled
- verzeihen to forgive
- vibrieren to vibrate
- die Videokonferenz(en) video conference
- viel much
- vielleicht perhaps
- die Vierergruppe(n) group of four
- viermal four times
- violett purple
- das Virus(-ren) virus
- der Visagist(en) make-up artist

- das Vitamin(e) vitamin
- der Vogel(") bird
- das Volk("er) people
- voll full
- völlig complete(ly)
- von from, of
- vor ago, in front of
- vorankommen to get on
- im Voraus in advance
- vorbehaltlos unconditional
- vorbei past
- vorbereiten to prepare
- das Vorbild(er) model
- vorbildlich exemplary
- der Vorbote(n) herald
- vorfahren to drive on
- vorhaben to intend
- vorher before
- die Vorhersage(n) forecast
- vorhersagen to forecast
- vorlesen to read aloud
- vorne front
- vornehmen to carry out
- der Vorort(e) suburb
- der Vorrat(-räte) stock
- die Vorraussetzung(en) pre-condition
- der Vorschlag("e) suggestion
- vorschlagen to suggest
- der Vorsitzende(n) chairman
- vorspielen to act out
- sich vorstellen to imagine, introduce yourself
- das Vorstellungsgespräch(e) interview
- der Vorteil(e) advantage
- das Vorurteil(e) prejudice

W

- wachsen to grow
- der Wackelpudding(s) jelly
- die Waffe(n) weapon
- der Wagen(-) car
- die Wahl(en) choice, vote
  - das Wahlfach("er) optional subject
- wählen to choose
- wahr true
- während during, while
- wahrscheinlich probably
- die Währung(en) currency
- der Wald("er) forest
  - das Waldstück(e) piece of forest
- die Wand("e) wall
- wandern to walk, hike
- die Wanderung(en) walk
- wann when
- die Ware(n) product
  - das Warenhaus("er) warehouse
- warm warm
- die Wärme warmth
- warten to wait
- die Wartung servicing
- warum why
- was what
- das Waschbecken(-) sink
- waschen to wash
- die Waschmaschine(n) washing machine
- das Wasser water
  - wasserdicht waterproof
  - der Wasserhahn("e) tap
  - der Wasserkessel(-) kettle
- Wasserski fahren to go waterskiing
- die WC-Spülung toilet flush

das	**Wechselgeld** small change	
	wechseln to change	
die	**Wechselstube(n)** bureau de change	
	wechselweise in turn	
	weder ... noch neither ... nor	
	weg away	
der	**Weg(e)** way, path	
	die Wegbeschreibung(en) direction	
	der Wegweiser(-) sign	
	wegen due to	
	wegräumen to tidy away	
	wegwerfen to throw away	
	weh tun to hurt	
	Wehrdienst leisten to do military service	
	weich soft	
	Weihnachten Christmas	
	weil because	
der	**Wein(e)** wine	
	weinen to cry	
die	**Weise(n)** method	
	weiß white	
	weit far	
	weiter further	
	weiterfahren to drive on	
	welche/r/s which	
die	**Welt(en)** world	
	die Weltbevölkerung world population	
	die Weltkarte(n) world map	
	der Weltkrieg(e) world war	
	die Weltreise(n) world trip	
	weltweit worldwide	
	wenig little	
	wenige few	
	wenigstens at least	
	wenn when, if	
	wer who	
die	**Werbeagentur(en)** advertising agency	
der	**Werbekaufmann("er)** advertising salesman	
die	**Werbung** advertising	
	werden to become	
die	**Werft(en)** shipyard	
das	**Werk(e)** work	
	die Werkstatt("en) workshop	
	wert sein to be worth	
im	**Wert von** to the value of	
	wertvoll valuable	
	westafrikanisch west African	
	westlich westerly	
der	**Wettbewerb(e)** competition	
das	**Wetter** weather	
	wichtig important	
die	**Wichtigkeit** importance	
	widersprechen to contradict	
	wie how	
	wie bitte? pardon?	
	wieder again	
	wiederholen to repeat	
auf	**Wiederhören** bye (on phone)	
	wiederum on the other hand	
	wiegen to weigh	
	wieso why	
	wie viel how much	
das	**Wild** game (animal)	
	willkommen welcome	
	winddicht windproof	
die	**Windschutzscheibe(n)** windscreen	
	windsurfen to windsurf	
der	**Winter(-)** winter	

	wir we	
	wirklich really	
in	**Wirklichkeit** in reality	
die	**Wirtschaft** economy	
	wissen to know	
der	**Wissenschaftler(-)** scientist	
der	**Witz(e)** joke	
	wo where	
die	**Woche(n)** week	
das	**Wochenende(n)** weekend	
	wöchentlich weekly	
	wohl presumably	
sich	**wohl fühlen** to feel well	
	wohnen to live	
der	**Wohnort(e)** place of residence	
die	**Wohnung(en)** flat	
der	**Wohnwagen(-)** caravan	
das	**Wohnzimmer(-)** sitting room	
die	**Wolle(n)** wool	
	wollen to want to	
das	**Wort("er)** word	
das	**Wörterbuch("er)** dictionary	
	wunderbar wonderful	
sich	**wundern** to wonder	
	wunderschön brilliant	
der	**Wunsch("e)** wish	
der	**Wurm("er)** worm	
die	**Wurst("e)** sausage	
	die Wurstbude(n) sausage stand	
	das Würstchen(-) sausage	
die	**Wüste(n)** desert	

Z

	z. B. (zum Beispiel) e.g. (for example)	
die	**Zahl(en)** figure, number	
	zählen to count	
	zahlen to pay	
	zahlreich numerous	
der	**Zahn("e)** tooth	
der	**Zehnmarkschein(e)** ten-mark note	
die	**Zeichenerklärung(en)** legend, key	
	zeichnen to draw	
	zeigen to show	
die	**Zeit(en)** time	
	zur Zeit at the moment	
	eine Zeit lang for a while	
	der Zeitpunkt(e) point in time	
die	**Zeitschrift(en)** magazine	
die	**Zeitung(en)** newspaper	
	zerbrechen to smash	
	zerkleinern to cut up	
	zerschneiden to cut up	
	zerstören to destroy	
der	**Zettel(-)** note	
die	**Ziege(n)** goat	
	ziehen to move, pull	
das	**Ziel(e)** aim	
	zielbewusst purposeful	
	ziemlich quite	
die	**Ziffer(n)** figure	
die	**Zigarette(n)** cigarette	
	der Zigarettenrauch cigarette smoke	
die	**Zigarre(n)** cigar	
das	**Zimmer(-)** room	
	die Zimmerdecke(n) ceiling	
	zirpen to chirp	
der	**Zivildienst** community service	
	der Zivildienstleistende(n) person on community service	
der	**Zoffkasten("")** problem box	

der	**Zoo(s)** zoo	
	zu to, too	
	zu zweit in twos	
	züchten to rear	
der	**Zucker** sugar	
	der Zuckergehalt sugar content	
	zuckerhaltig sugared	
	zudrehen to turn off	
	zuerst first of all	
	zufällig coincidentally	
	zufrieden satisfied	
der	**Zug("e)** train	
das	**Zuhause** home	
	zuhören to listen	
die	**Zukunft** future	
	die Zukunftskiste(n) future chest	
	zumachen to close	
	zunächst first of all	
	zunehmen to put on weight	
	zurechtkommen to get on, cope	
	zurück back	
	zusammen together	
	zusammenfassen to summarise	
die	**Zusammenfassung(en)** summary	
der	**Zusammenhalt** cohesion	
	zusammenpassen to match	
der	**Zusammenstoß("e)** collision	
	zusätzlich additional(ly)	
der	**Zuschauer(-)** spectator	
	zuschicken to send	
	zuverlässig reliable	
	zwar however	
	und zwar in fact	
der	**Zweck(e)** purpose	
der	**Zweifel(-)** doubt	
	zweite/r/s second	
	zwingen to force	
	zwischen between	
der	**Zwischenhändler(-)** middleman	

A

a ein

to be able to können

about rund, gegen

above oben

abroad im Ausland

absolute(ly) absolut

to accept akzeptieren

accident der Unfall(¨e)

accommodation die Unterkunft

according to laut

account das Konto(-ten)

achievement die Leistung(en)

action die Aktion(en)

active aktiv

activity die Aufgabe(n), die Tätigkeit(en), die Übung(en)

actor der Schauspieler(-)

to add hinzufügen

address die Adresse(n)

adult der Erwachsene(n)

advantage der Vorteil(e)

adventure das Abenteuer(-)

advert die Anzeige(n), die Werbung(en)

to advise raten

to be afraid Angst haben

after nach, nachdem

afterwards danach

again wieder

against gegen

age das Alter(-)

ago vor

agreed einverstanden

agriculture die Landwirtschaft

aim das Ziel(e)

air die Luft

airport der Flughafen(¨)

alcohol der Alkohol

all alle/alles

allergic allergisch

to allow erlauben

to be allowed to dürfen

almost fast

alone allein(e)

along entlang

already bereits, schon

although obwohl

always immer

amazed erstaunt

amazing erstaunlich

ambitious ehrgeizig

ambulance der Krankenwagen(-)

America Amerika

to amuse oneself sich amüsieren

and und

and so on und so weiter (usw.)

angry sauer

animal das Tier(e)

annoyance der Ärger

annoying nervig

answer die Antwort(en)

to answer beantworten

answerphone der Anrufbeantworter(-)

anyway sowieso

apart from außer

apparently anscheinend, offenbar

to appear scheinen

application die Bewerbung(en)

to apply for sich bewerben um

area der Bereich(e), die Gegend(en)

arm der Arm(e)

around ungefähr

arrival die Ankunft(¨e)

to arrive ankommen

article der Artikel(-)

artist der Künstler(-)

artistic kunstvoll

as als

as ... as so ... wie

to ask fragen

at an, um

aunt die Tante(n)

Australia Australien

Austria Österreich

author der Schriftsteller(-)

on average durchschnittlich

away weg

B

baby das Baby(s)

to babysit babysitten

back der Rücken(-), zurück

backwards rückwärts

bad schlecht, schlimm

badminton Federball

bag der Beutel(-), die Tasche(n), die Tüte(n)

to bake backen

baker der Bäcker(-)

bakery die Bäckerei(en)

balcony der Balkon(s)

banana die Banane(n)

band die Band(s)

bank die Bank(en)

bar der Riegel(-), die Tafel(n)

baseball cap die Baseballmütze(n)

bath das Bad(¨er)

battery die Batterie(n)

be sein

to be (situated) sich befinden

beach der Strand(¨e)

beaker der Becher(-)

bean die Bohne(n)

because weil, denn

to become werden

bed das Bett(en)

bedroom das Schlafzimmer(-)

beef das Rindfleisch

beer das Bier(e)

before bevor, vorher

to begin anfangen, beginnen

behind hinten, hinter

to believe glauben

bell die Glocke(n)

to belong gehören

best beste/r

better besser

between zwischen

bicycle das Fahrrad(¨er), das Rad(¨er)

big groß

bill die Rechnung(en)

biology Biologie

bird der Vogel(¨)

biro der Kuli(s)

birthday der Geburtstag(e)

biscuit der Keks(e)

a bit ein bisschen

black schwarz

blame Schuld

blast! Mist!

to bleed bluten

blood das Blut

blouse die Bluse(n)

blue blau

board das Brett(er)

boat das Boot(e)

body der Körper(-)

book das Buch(¨er)

to book reservieren

bookshop der Buchladen(¨)

boot der Stiefel(-)

border die Grenze(n)

bored gelangweilt

boring langweilig

boss der Chef(s)

both beide

bottle die Flasche(n)

to bowl kegeln

box das Kästchen(-), die Schachtel(n)

boy der Junge(n)

boyfriend der Freund(e)

brain das Gehirn(e)

to brake bremsen

brake die Bremse(n)

brave mutig

bread das Brot(e)

to break brechen

break die Pause(n)

breakdown die Panne(n)

breakfast das Frühstück(e)

to breathe atmen

bridge die Brücke(n)

to bring bringen

brochure der Prospekt(e), die Broschüre(n)

broken kaputt

brother der Bruder(¨)

brothers and sisters die Geschwister (pl)

brown braun

to build bauen

builder der Bauarbeiter(-)

burglar der Einbrecher(-)

to burn brennen

bus der Bus(se)

bus station der Bushahnhof(¨e)

but aber, doch, jedoch, sondern

butcher die Metzgerei(en)

butter die Butter

to buy kaufen

by bei

bye tschüss, auf Wiederhören (phone)

C

cabbage der Kohl(e)

café das Café(s)

cake der Kuchen(-)

to be called heißen

camera der Fotoapparat(e)

campsite der Campingplatz(¨e)

can die Dose(n)

cap die Mütze(n)

car das Auto(s), der Wagen(-)

car mechanic der Kfz-Mechaniker(-)

caravan der Wohnwagen(-)

career die Karriere(n)

careful(ly) sorgfältig

carer der Betreuer(-)

carpet der Teppich(e)

carrot die Karotte(n), die Möhre(n)

to carry tragen

case der Fall(¨e)

cash das Bargeld
cash till die Kasse(n)
cat die Katze(n)
catastrophe die Katastrophe(n)
CD die CD(s)
to celebrate feiern
century das Jahrhundert(e)
certain(ly) bestimmt, unbedingt
CFC das FCKW
chain die Kette(n)
to change ändern, wechseln
channel der Sender(-)
chapter das Kapitel(-)
chart die Tabelle(n)
cheap billig
to check nachprüfen
checked kariert
cheese der Käse(-)
chemists die Apotheke(n)
cherry die Kirsche(n)
chic schick
chicken das Hähnchen(-)
child das Kind(er)
childish kindisch
chips die Pommes frites (pl)
chocolate die Schokolade
choice die Wahl(en)
to choose wählen, auswählen
Christian der Christ(en)
Christmas Weihnachten
church die Kirche(n)
cigarette die Zigarette(n)
cinema das Kino(s)
to claim behaupten
class die Klasse(n)
  class test die Klassenarbeit(en)
  classroom das Klassenzimmer(-)
clean sauber
to clean putzen
clear(ly) klar
to climb steigen
clock die Uhr(en)
to close schließen, zumachen
closed geschlossen
cloth das Tuch(¨er), der Lappen(-)
clothes die Klamotten/Kleider (pl)
club der Klub(s), der Verein(e)
coat der Mantel(¨)
cocoa der Kakao
coffee der Kaffee
cold der Schnupfen, die Erkältung(en),
  die Kälte, kalt
colleague der Kollege(n)/die
  Kollegin(nen)
to collect abholen, sammeln
colour die Farbe(n)
colourful bunt
to come kommen
comfortable bequem
communication die Kommunikation
company die Firma(-men), die
  Gesellschaft(en)
competition der Wettbewerb(e)
to complain sich beklagen
to complete ergänzen
complete(ly) gesamt, völlig
comprehensive school die
  Gesamtschule(n)
computer der Computer(-)
  computer studies Informatik
concert das Konzert(e)

consequence die Konsequenz(en)
constant(ly) ständig
container der Behälter(-)
content der Inhalt
to continue fortsetzen
control die Kontrolle(n)
cook der Koch(¨e)
to cook kochen
to copy kopieren
corner die Ecke(n)
to correct korrigieren
corridor der Gang(¨e)
to cost kosten
costume das Kostüm(e)
cosy gemütlich
to count zählen
country das Land(¨er)
countryside die Landschaft(en)
course der Kurs(e)
of course freilich, natürlich, selbstverständlich
to cover decken, bedecken
cow die Kuh(¨e)
cream die Sahne
to create schaffen
creative kreativ
crime das Verbrechen(-)
crockery das Geschirr
crossroads die Kreuzung(en)
to cry weinen
cup die Tasse(n)
currency die Währung(en)
current aktuell
curriculum vitae der Lebenslauf(¨e)
curve die Kurve(n)
customer der Kunde(n)/die Kundin(nen)
to cut schneiden
to cycle Rad fahren

D

dad der Vati(s)
daily täglich
damage der Schaden(¨)
to dance tanzen
danger die Gefahr(en)
dangerous gefährlich
dark dunkel
date das Datum (Daten)
daughter die Tochter(¨)
day der Tag(e)
dead tot
dear lieb, (on a letter) Lieber/Liebe, sehr
  geehrte/r
death der Tod
to decide sich entscheiden
decision die Entscheidung(en)
deep tief
delay die Verspätung(en)
to deliver liefern
to demand verlangen
demonstration die Demonstration(en)
dependent abhängig
depressed deprimiert
to describe beschreiben
description die Beschreibung(en)
despite trotzdem
detached house das
  Einfamilienhaus(¨er)
to develop entwickeln
dialogue der Dialog(e)
diary das Tagebuch(¨er)

E

dictionary das Wörterbuch(¨er)
to die sterben
difference der Unterschied(e)
different verschieden
difficult schwer, schwierig
dining room das Esszimmer(-)
direct(ly) direkt
direction die Richtung(en)
dirty dreckig, schmutzig
disabled person der Behinderte(n)
disadvantage der Nachteil(e)
to disappear verschwinden
disco die Disko(s)
to discover entdecken, erfahren
discussion die Diskussion(en)
dish die Speise(n)
dishwasher die Geschirrspülmaschine(n)
dizzy schwindlig
to do tun, machen
doctor der Arzt(¨e)/die Ärztin(nen)
dog der Hund(e)
dollar der Dollar(s)
door die Tür(en)
double room das Doppelzimmer(-)
to draw malen, zeichnen
dreadful entsetzlich, furchtbar
dream der Traum(¨e)
to dream träumen
dress das Kleid(er)
drink das Getränk(e)
to drink trinken
driver der Fahrer(-)
drug das Rauschmittel, die Droge(n)
duck die Ente(n)
due to wegen
dumpling der Knödel(-)
during während
duty der Dienst(e)

each jede/r/s
  each other einander
  each time jedes Mal, jeweils
early früh
to earn verdienen
earring der Ohrring(e)
earth die Erde(n)
Easter Ostern
easy einfach, leicht
to eat essen, (animals) fressen
economy die Wirtschaft
edge der Rand(¨er)
education die Ausbildung
e.g. (for example) z. B. (zum Beispiel)
egg das Ei(er)
either ... or entweder ... oder
elbow der Ellbogen(-)
elephant der Elefant(en)
emergency der Notfall(¨e)
employer der Arbeitgeber(-)
employment office das
  Arbeitsamt(¨er)
empty leer
to end enden, beenden
end das Ende(n)
endless endlos
enemy der Feind(e)
energy die Energie
engine der Motor(en)
engineer der Ingenieur(e)
English Englisch, englisch

enough genug

enthusiastic begeistert

envelope der Umschlag(¨e)

environment die Umwelt

  environmentally friendly umwelt-freundlich

episode die Episode(n)

equal egal, gleich

equally ebenfalls

equipment die Ausstattung

essay der Aufsatz(¨e)

to **estimate** schätzen

etc. usw.

Europe Europa

even sogar

evening der Abend(e)

  in the evenings abends

every jede/r/s

everywhere überall

evil übel

exact(ly) genau

to **exaggerate** übertreiben

exam die Prüfung(en)

exchange der Austausch

exchange rate der Kurs(e)

exciting aufregend, spannend

exclusive(ly) ausschließlich

excursion der Ausflug(¨e)

excuse die Ausrede(n)

excuse me entschuldigen Sie, Entschuldigung

exercise die Aufgabe(n)

exercise book das Heft(e)

exhausted erschöpft

exhausting anstrengend

exit der Ausgang(¨e), die Ausfahrt(en)

to **expect** erwarten

expensive teuer

experience das Erlebnis(se), die Erfahrung(en)

to **express** äußern

expression der Ausdruck(¨e)

extraordinary außergewöhnlich

F

fact die Tatsache(n)

in **fact** tatsächlich

factory die Fabrik(en)

to **fall** fallen

family die Familie(n)

famous berühmt

fantastic astrein

far weit

farm der Bauernhof(¨e)

farmer der Bauer(n)

fashion die Mode(n)

fast schnell

fat dick, fett, das Fett(e)

father der Vater(¨)

federal state das Bundesland(-länder)

to **feed** (*animals*) füttern

to **feel** fühlen, spüren

feeling das Gefühl(e)

felt-tip pen der Filzstift(e)

festival das Fest(e)

to **fetch** holen

fever das Fieber

few wenige

figure die Figur(en), die Zahl(en)

file die Akte(n)

to **fill** füllen

to **fill in** ausfüllen

to **fill up with petrol** tanken

film der Film(e)

finally endgültig, schließlich, zum Schluss

to **find (out)** (heraus)finden

fine fein

finger der Finger(-)

fire der Brand(¨e), das Feuer(-)

  fire brigade die Feuerwehr

  firework das Feuerwerk(e)

firm(ly) fest

first erst(e)

  first of all zuerst

fish der Fisch(e)

fitness die Fitness

flat die Wohnung(en), flach

flight der Flug(¨e)

floor der Boden(¨)

flower die Blume(n)

flu die Grippe(n)

to **fly** fliegen

fog der Nebel

to **follow** folgen

food das Essen, die Ernährung

foot der Fuß(¨e)

football Fußball

  football hooligan der Fußballrowdy(s)

  football pitch der Fußballplatz(¨e)

for für, pro

to **forbid** verbieten

foreign fremd

foreign language die Fremdsprache(n)

forest der Wald(¨er)

to **forget** vergessen

fork die Gabel(n)

form das Formular(e), die Form(en)

franc der Franc(-)

France Frankreich

  French Französisch, französisch

free frei, kostenlos

free time die Freizeit

frequently häufig

fresh frisch

fridge der Kuhlschrank(¨e)

from ab, von

in **front of** vor

fruit das Obst

  fruit juice der Fruchtsaft(¨e)

to **fry** braten

full voll

to be **fun** Spaß machen

funny lustig, komisch

furniture die Möbel (*pl*)

future die Zukunft

G

game das Spiel(e)

gap die Lücke(n)

garage die Garage(n)

garden der Garten(¨)

gas das Gas(e)

generally im Allgemeinen

generous großzügig

gently leise

Germany Deutschland

  German Deutsch, deutsch

germs die Bakterien, die Bazillen (*pl*)

to **get** bekommen

  to get to know kennen lernen

to **get annoyed** sich ärgern

  to get dressed sich anziehen

  to get in einsteigen

  to get up aufstehen

girl das Mädchen(-)

girlfriend die Freundin(nen)

to **give** schenken

to **give up** aufgeben

glass das Glas(¨er)

to **go** gehen, fahren

  to go for a walk spazieren gehen

  to go out ausgehen

God der Gott(¨er)

gold das Gold

good gut

  good value preiswert

  good-looking gut aussehend

goods die Waren (*pl*)

to **gossip** schwatzen

government die Regierung(en)

grade die Note(n)

gradually allmählich

gram das Gramm

grammar die Grammatik

grammar school das Gymnasium (-sien)

grandad der Opa(s)

grandmother die Großmutter(¨)

grass das Gras

great prima, spitze, toll

Greece Griechenland

greedy geizig

green grün

to **greet** grüßen

greeting die Begrüßung(en)

grey grau

groceries die Lebensmittel (*pl*)

group die Gruppe(n)

to **grow** wachsen

to **guess** erraten

guest der Gast(¨e)

guinea pig das Meerschweinchen(-)

H

half die Hälfte(n), halb

hall die Halle(n)

ham der Schinken, der Speck

hand die Hand(¨e)

handkerchief das Taschentuch(¨er)

to **hang** hängen

to **happen** passieren

happy glücklich

harbour der Hafen(¨)

hard hart

hard-working fleißig

hardly kaum

harmful schädlich

harmless harmlos

hat der Hut(¨e)

to **have** haben

  to have bad luck Pech haben

  to have no wish to null Bock haben

  to have to müssen

he er

head der Kopf(¨e)

headache die Kopfschmerzen (*pl*)

health die Gesundheit

healthy gesund

heart das Herz(en)

  heart attack der Herzinfarkt(e)

height die Größe(n)

	hell die Hölle(n)		**intelligent** intelligent		**to**	**like** mögen, etwas gern haben	

hell die Hölle(n)
hello hallo
help die Hilfe
to help helfen
helpless hilflos
her ihr/e
here hier
herself sich
high hoch
higher höher
him ihm, ihn
himself sich
his sein/e
history Geschichte
hobby das Hobby(s), die
   Freizeitbeschäftigung(en)
hole das Loch(¨er)
holidays die Ferien (pl)
on holiday im Urlaub
holy heilig
at home zu Hause
home country die Heimat
homework die Hausaufgaben (pl)
honest(ly) ehrlich
to hop hüpfen
hope die Hoffnung(en)
hopeful hoffnungsvoll
hopefully hoffentlich
horrid öde
hospital das Krankenhaus(¨er)
host family die Gastfamilie(n)
hot heiß
hotel das Hotel(s)
hour die Stunde(n)
house das Haus(¨er)
housework die Hausarbeit
how wie
how much wie viel
however jedoch
huge riesig
humane menschlich
hundred hundert
to hurry sich beeilen
to hurt weh tun

I

I ich
i.e. d. h.
ice (cream) das Eis
idea die Idee(n), die Ahnung(en)
idiot der Idiot(en)
if wenn, falls
ill krank
illness die Krankheit(en)
immediately sofort
impolite unhöflich
important wichtig
in in
including einschließlich
individual einzeln
indoor pool das Hallenbad(¨er)
industry die Industrie
influence der Einfluss(¨e)
information die Informationen (pl)
inhabitant der Einwohner(-)
injury die Verletzung(en)
insect das Insekt(en)
inside innen
inspector der Inspektor(en)
instead of statt
insurance die Versicherung(en)

intelligent intelligent
to be interested (in) sich interessieren (für)
interesting interessant
interview das Interview(s)
introduction die Einführung(en)
to invent erfinden
inventor der Erfinder(-)
to invite einladen
iron das Eisen
it es
Italy Italien

J

jacket die Jacke(n)
jeans die Jeans(-)
jelly der Wackelpudding(s)
job die Arbeit(en), der Job(s)
joke der Witz(e)
journalist der Journalist(en)
journey die Fahrt(en)
jumper der Pullover(-)/Pulli(s)
just bloß, gerade
  just as genauso

K

to keep halten
key der Schlüssel(-)
to kill töten
kilo das Kilo(s)
kilometre der Kilometer(-)
all kinds of allerlei
king der König(e)
kiosk der Kiosk(e)
to kiss küssen
kitchen die Küche(n)
knee das Knie(-)
to know wissen

L

laboratory das Labor(s)
lake der See(n)
lamp die Lampe(n)
to land landen
language die Sprache(n)
to last dauern
last letzte/r/s
  at last endlich
late spät
to laugh lachen
law das Gesetz(e)
lawyer der Anwalt(¨e), der Jurist(en)
lazy faul
to lead leiten, führen
lead-free bleifrei
to learn lernen
at least mindestens, wenigstens
leather das Leder
to leave verlassen, abfahren, lassen
left links
leg das Bein(e)
to lend ausleihen
lesson die Stunde(n), der Unterricht
to let lassen
letter der Brief(e), der Buchstabe(n)
lettuce der Salat(e)
library die Bibliothek(en)
lid der Deckel(-)
to lie legen, liegen, lügen
life das Leben(-)
to lift heben
light das Licht, hell

to like mögen, etwas gern haben
  I (don't) like mir gefällt (nicht)
list die Liste(n)
to listen hören, zuhören
litre der Liter(-)
little wenig
to live leben, wohnen
liver die Leber(n)
loaf der Laib(e)
long lang
loo das Klo(s)
to look ansehen, blicken, gucken
  to look at anschauen
  to look for suchen
  to look forward to sich freuen auf
  to look up nachschlagen
lorry der Lastwagen(-)
  lorry driver der LKW-Fahrer(-)
to lose verlieren
lost property office das Fundbüro(s)
loud laut
lovely schön
luckily glücklicherweise, zum Glück
at lunchtime mittags

M

machine die Maschine(n)
mad verrückt
magazine das Magazin(e), die
   Zeitschrift(en)
mail die Post
to make machen, basteln, bilden
man der Mann(¨er)
to manage schaffen
map die Karte(n)
mark die Mark(-)
market der Markt(¨e)
married verheiratet
maths Mathe
me mich, mir
mealtime die Mahlzeit(en)
to mean bedeuten
meaning die Bedeutung(en)
meanwhile inzwischen, mittlerweile
meat das Fleisch
mechanic der Mechaniker(-)
media die Medien (pl)
medicine die Medizin
to meet begegnen, treffen
member das Mitglied(er)
to mention erwähnen
menu die Speisekarte(n)
message die Nachricht(en)
method die Methode(n), die Weise(n)
metre der Meter(-)
microwave der Mikrowellenherd(e)
middle mitten
milk die Milch
million die Million(en)
mineral water das Mineralwasser
minute die Minute(n)
to miss verpassen, fehlen
mistake der Fehler(-)
model das Modell(e)
moment der Moment(e)
at the moment im Augenblick, momentan
money das Geld
month der Monat(e)
more mehr
  the more ... the more je ... desto
morning der Morgen

most am meisten
mother die Mutter(¨)
motorbike das Motorrad(¨er)
motorway die Autobahn(en)
mountain der Berg(e)
mouth der Mund(¨er)
to **move (in)** (ein)ziehen
Mr Herr
Mrs Frau
much viel
mum die Mutti(s)
museum das Museum(-seen)
music die Musik
mustard der Senf
my mein/e

N

name der Name(n)
narrow eng, schmal
nature die Natur
near nah
near to in der Nähe
necessary nötig
neck der Hals(¨e)
to **need** brauchen
neither ... nor weder ... noch
nerve der Nerv(en)
never nie, niemals
new neu
newspaper die Zeitung(en)
next nächste/r/s
next to neben
nice nett
night die Nacht(¨e)
at night nachts
no nein, nee
nobody niemand, kein(e)
noise das Geräusch(e), der Lärm
normally normalerweise
nose die Nase(n)
nosey neugierig
not nicht
not a kein/e
not at all gar nicht, keinesfalls, bitte schön!
note die Notiz(en)
to **note** notieren
nothing nichts
to **notice** merken
novel der Roman(e)
now jetzt, nun
now and again ab und zu
number die Anzahl, die Nummer(n)
nurse der Krankenpfleger(-)/die Krankenschwester(n)
nut die Nuss (¨e)

O

object der Gegenstand(¨e)
to **observe** beobachten
to **obstruct** hindern, behindern
occupation der Beruf(e)
of von
off los
to **offer** bieten
office das Büro(s)
official der Beamte(n)
often oft, öfter(s)
OK alles klar, in Ordnung
that's OK das geht
old alt

on an, auf
once einmal, einst
once again noch einmal
one ein, man
one and a half anderthalb
only erst, nur
only child das Einzelkind(er)
to **open** öffnen, aufmachen
open offen
opinion die Meinung(en)
opposite gegenüber (von)
or oder
to **order** bestellen, ordnen
in **order to** um ... zu
to **organise** organisieren
other(s) andere/r/s
otherwise sonst
our unser/e
out aus, raus, heraus
outside draußen
oven der Ofen(¨)
over über, übrig
own eigene/r/s
to **own** besitzen

P

packet das Paket(e)
page die Seite(n)
painful schmerzhaft
painter der Maler(-)
pair das Paar(e)
paper das Papier(e)
paragraph der Absatz(¨e)
pardon? wie bitte?
parents die Eltern (pl)
park der Park(s)
parking space der Parkplatz(¨e)
part der Teil(e)
part-time job der Nebenjob(s)
partner der Partner(-)
party die Party(s)
to **pass** bestehen
passenger der Insasse(n)/Passagier(e)
passport der Pass (¨e)
past vorbei
pasta die Nudel(n)
patient geduldig
patisserie die Konditorei(en)
pavement der Bürgersteig(e)
to **pay** zahlen, bezahlen
pear die Birne(n)
people das Volk(¨er), die Leute (pl)
perfect(ly) perfekt
perhaps vielleicht
person der Mensch(en), die Person(en)
personality die Persönlichkeit(en)
personally persönlich
pet das Haustier(e)
petrol das Benzin
petrol station die Tankstelle(n)
pfennig der Pfennig(e)
phone das Telefon(e)
to **phone** telefonieren, anrufen
photo das Foto(s)
physics Physik
piano das Klavier(e)
picnic das Picknick(s)
picture das Bild(er)
piece das Stück(e)
to **pinch** klauen
pineapple die Ananas(-)

pink rosa
pipe die Pfeife(n)
place der Ort(e), die Stelle(n), der Platz(¨e)
plan der Plan(¨e)
plane das Flugzeug(e)
plant die Pflanze(n)
play das Stück(e)
to **play** spielen
pleasant angenehm
please bitte
pocket money das Taschengeld
poem das Gedicht(e)
poisoning die Vergiftung(en)
police die Polizei
police station die Polizeiwache(n)
policeman der Polizist(en)
politician der Politiker(-)
poor arm
positive positiv
possibility die Möglichkeit(en)
possible möglich
post office das Postamt(¨er)
postcard die Postkarte(n)
postman der Briefträger(-)/ Postbote(n)
potato die Kartoffel(n)
pound das Pfund(e)
power die Gewalt
to **practise** üben
prefer lieber
preferred am liebsten
pregnant schwanger
to **prepare** vorbereiten
present das Geschenk(e)
president der Präsident(en)
pretty hübsch
price, prize der Preis(e)
primary school die Grundschule(n)
to **print** drucken
prison das Gefängnis(se)
probably wahrscheinlich
problem das Problem(e)
to **produce** herstellen
product das Produkt(e), die Ware(n)
programme das Programm(e), die Sendung(en)
progress der Fortschritt(e)
project das Projekt(e)
to **promise** versprechen
pronunciation die Aussprache(n)
proud stolz
to **prove** beweisen
psychiatrist der Psychiater(-)
psychology die Psychologie
public die Öffentlichkeit
to **pull** ziehen
pupil der Schüler(-)
pure rein
purse das Portmonee(s), die Geldbörse(n)
to **push** drücken
to **put** stellen
puzzle das Rätsel(-)

Q

quality die Qualität
question die Frage(n)
questionnaire der Fragebogen(¨)
quick(ly) schnell
quiet ruhig
quite ziemlich, ganz
quiz das Quiz(-)

R

race das Rennen(-)
radio das Radio(s)
railway die Bahn
rain der Regen
to **rain** regnen
rarely selten
to **reach** erreichen, reichen
to **react** reagieren
to **read** lesen
ready fertig, bereit
really wirklich, eigentlich, unheimlich, echt
reason der Grund(¨e)
receipt die Quittung(en)
recently neulich
to **recognise** erkennen
to **recommend** empfehlen
to **recover** erholen
to **recycle** recyceln
　　recyclable bottle die Mehrwegflasche(n)
　　recyclable paper das Altpapier
　　recycling bin der Container(-)
red rot
regular(ly) regelmäßig
relationship das Verhältnis(se)
relaxed locker
religious religiös
to **remember** sich erinnern
to **rent** mieten
to **repair** reparieren
to **repeat** wiederholen
to **report** berichten
report der Bericht(e)
to **rescue** retten
reservation die Reservierung(en)
responsible vernünftig
rest der Rest(e)
restaurant das Restaurant(s)
result das Ergebnis(se)
rich reich
to **ride** reiten
right rechts, richtig, gerecht
to **ring** klingeln
risk das Risiko(-ken)
river der Fluss(¨e)
road die Straße(n)
role die Rolle(n)
roll das Brötchen(-)
roof das Dach(¨er)
room das Zimmer(-), der Raum(¨e)
round um, rundlich
rubbish der Abfall(¨e), der Müll, Quatsch, der Blödsinn
rule die Regel(n)
to **run** laufen
Russia Russland

S

sack der Sack(¨e)
sad traurig
safe sicher
salary das Gehalt(¨er)
salesman der Verkäufer(-)
the **same** dieselben
　　at the same time gleichzeitig
satisfied zufrieden
sauce die Soße(n)
sausage die Wurst(¨e)

to **save** sparen
to **say** sagen
scarce knapp
scarf der Schal(s)
scene die Szene(n)
school die Schule(n)
　　school report das Schulzeugnis(se)
science die Naturwissenschaft(en)
scientist der Wissenschaftler(-)
scissors die Schere(n)
screen der Bildschirm(e)
season die Jahreszeit(en)
second die Sekunde(n)
secondary school die Realschule(n)
secret das Geheimnis(se)
to **see** sehen
to **send** schicken
sentence der Satz(¨e)
series die Serie(n)
serious ernst
to **serve** bedienen
several ein paar
to **share** teilen
sharp scharf
she sie
shelf das Regal(e)
to **shine** scheinen
ship das Schiff(e)
shirt das Hemd(en)
shoe der Schuh(e)
to **shoot** schießen
shop das Geschäft(e), der Laden(¨)
to **shop** einkaufen gehen
short kurz
should sollen
to **shout** schreien
to **show** zeigen
shower die Dusche(n)
side die Seite(n)
sign das Schild(er), der Wegweiser(-)
to **sign** unterschreiben
similar ähnlich
since seit
to **sing** singen
singer der Sänger(-)
single einzig
single room das Einzelzimmer(-)
sink das Waschbecken(-)
sister die Schwester(n)
to **sit** sitzen
to **sit down** sich setzen
sitting room das Wohnzimmer(-)
situation die Lage(n), die Situation(en)
size die Größe(n)
ski der Ski(er)
to **ski** Ski fahren
skin die Haut
skirt der Rock(¨e)
sky der Himmel(-)
to **sleep** schlafen
slice die Scheibe(n)
slow(ly) langsam
small klein
to **smell** riechen
to **smile** lächeln
to **smoke** rauchen
smooth(ly) glatt, ruhig, flott
snack bar der Schnellimbiss(e)
snow der Schnee
so so, also
　　so much so viel

soap die Seife
sock die Socke(n)
soft sanft, weich
solution die Lösung(en)
to **solve** lösen
some manche/r/s
somebody jemand
somehow irgendwie
something etwas
sometimes manchmal
somewhere irgendwo
song das Lied(er)
soon bald, gleich
I'm **sorry** es tut mir Leid
sound der Ton(¨e)
source die Quelle(n)
to **speak** sprechen
special besonder/e/es
spectator der Zuschauer(-)
to **spell** buchstabieren
to **spend** ausgeben, verbringen (time)
sport die Sportart(en)
sporty sportlich
stage die Bühne(n)
stamp die Briefmarke(n)
to **stand** stehen
start der Start(s)
to **start** anfangen, beginnen
state der Staat(en)
to **stay** bleiben
to **stay overnight** übernachten
to **steal** stehlen
step der Schritt(e), die Stufe(n)
to **stick** kleben
still (immer) noch
to **stink** stinken
stomach ache die Magenschmerzen (*pl*)
stone der Stein(e)
to **stop** aufhören, halten
storey das Stockwerk(e)
story die Geschichte(n)
straight on geradeaus
strange seltsam
stranger der Fremde(n)
stress der Stress
strict streng
strong stark
student der Student(en)
study die Studie(n), das Studium(-dien)
to **study** studieren
stupid bekloppt, blöd, doof, dumm
subject das Fach(¨er)
successful erfolgreich
such solche/r/s
to **suffer** leiden
sugar der Zucker
suggestion der Vorschlag(¨e)
suit der Anzug(¨e)
suitcase der Koffer(-)
summer der Sommer(-)
sun die Sonne
sunny sonnig
superb großartig
supermarket der Supermarkt(¨e)
to **surprise** überraschen
survey die Umfrage(n)
to **swap** tauschen
sweatshirt das Sweatshirt(s)
sweets die Süßigkeiten, die Bonbons
to **swim** schwimmen
swimming costume der Badeanzug(¨e)

T

swimming pool das Schwimmbad(¨er)
Switzerland die Schweiz
system das System(e)

T-shirt das T-Shirt(s)
table der Tisch(e)
table tennis Tischtennis
tablet die Tablette(n)
to take nehmen
to take off ausziehen
to take place stattfinden
to talk reden, sprechen
tape die Kassette(n)
taste der Geschmack(¨er)
to taste schmecken
tasty lecker
tea der Tee(s)
teacher der Lehrer(-)/die Lehrerin(nen)
team die Mannschaft(en)
technology die Technik
teddybear der Teddybär(en)
teenager der Jugendliche(n)
to tell erzählen
tennis Tennis
terraced house das Reihenhaus(¨er)
to test prüfen
text der Text(e)
thanks a lot danke schön, vielen Dank
that das, dass
the der, die, das
theatre das Theater(-)
their ihr/e
them ihnen, sie
then damals, dann
there da
there is es gibt
therefore deshalb, deswegen, also
thief der Dieb(e)
thin dünn
thing das Ding(e), die Sache(n)
to think denken, meinen
this diese/r/s
thought der Gedanke(n)
thousand tausend
thriller der Krimi(s)
through durch
to throw away wegwerfen
tidy ordentlich
to tidy up aufräumen
tie die Krawatte(n)
time das Mal(e), die Zeit(en)
tired müde
to nach, zu
today heute
together zusammen
all together insgesamt
toilet die Toilette(n)
tomorrow morgen
too auch, zu
tooth der Zahn(¨e)
total(ly) total
tourist office das Verkehrsamt(¨er)
town die Stadt(¨e)
town hall das Rathaus(¨er)
toy das Spielzeug
track das Gleis(e)
traffic der Verkehr
train der Zug(¨e)
trainee der Auszubildende(n)
training post der Ausbildungsplatz(¨e)

tram die Straßenbahn(en)
to travel reisen
to treat behandeln
trip die Reise(n)
trousers die Hose(n)
true wahr
to try probieren, versuchen
to turn drehen
to turn off ausschalten
to turn on einschalten
TV set der Fernseher(-)
tyre der Reifen(-)

U

ugly hässlich
under unter
underground die U-Bahn(en)
to understand verstehen, kapieren
unemployed arbeitslos
unfortunately leider
unhappy unglücklich
uniform die Uniform(en)
United States die Vereinigten Staaten
university die Universität(en) (Uni)(s)
to unpack auspacken
until bis
urgent(ly) dringend
us uns
to use benutzen
useful nützlich
usually gewöhnlich

V

to vacuum staubsaugen
valuable wertvoll
vegetable das Gemüse(-)
vegetarian vegetarisch
very sehr
vet der Tierarzt(¨e)
village das Dorf(¨er)
to visit besuchen, besichtigen
visit der Besuch(e)
visitor der Besucher(-)
voice die Stimme(n)

W

wage der Lohn(¨e)
to wait warten
waiter der Kellner(-)
to walk gehen, wandern
wall die Wand(¨e)
to want to wollen
war der Krieg(e)
wardrobe der Kleiderschrank(¨e)
to wash waschen
to wash up abspülen
to watch out aufpassen
watch out pass auf, Achtung!
to watch TV fernsehen
water das Wasser
way der Weg(e)
we wir
weak schwach
to wear tragen
weather das Wetter
wedding die Hochzeit(en)
week die Woche(n)
weekend das Wochenende(n)
to weigh wiegen
welcome willkommen
well na ja

wet nass
what was
when wann, wenn, als
where wo
whether ob
which welche/r/s
while während
white weiß
who wer
why warum, wieso
wife die Frau(en)
to win gewinnen
window das Fenster(-)
to windsurf windsurfen
wine der Wein(e)
winter der Winter(-)
to wipe wischen, abwischen
wish der Wunsch(¨e)
with mit, anhand
within innerhalb, binnen
without ohne
woman die Frau(en), die Dame(n)
wonderful wunderbar
word das Wort(¨er)
to work arbeiten, funktionieren, klappen
work die Arbeit(en)
work experience das (Berufs)praktikum
worksheet das Arbeitsblatt(¨er)
world die Welt(en)
to worry sich Sorgen machen
worse and worse immer schlimmer
to write schreiben
wrong falsch, schief, verkehrt

Y

year das Jahr(e)
yellow gelb
yes ja
yesterday gestern
yogurt der Jogurt
you du, dich, dir, ihr, euch, Sie, Ihnen
young jung
your dein/e, euer/e, Ihr/e
yourself selber/selbst
youth club der Jugendklub(s)
youth hostel die Jugendherberge(n)
yuk! igitt!

Glossar

Ändere die fett/blau gedruckten Wörter.	Change the emboldened/blue words.
Beantworte folgende Fragen.	Answer the following questions.
Benutz die Buchstaben/Hinweise/Notizen oben/ unten.	Use the letters/instructions/notes above/below.
Beschreib … schriftlich.	Describe … in writing.
Bilde Sätze/Paare.	Make sentences/pairs.
Der/Die andere Partner/in stellt Fragen.	The other partner asks questions.
Du hörst jetzt (zehn) Dialoge.	You will now hear (ten) dialogues.
Du stellst Fragen.	You ask questions.
Entscheide, (was zusammenpasst).	Decide (what goes together).
Erfinde (neue Dialoge).	Invent (new dialogues).
Errate.	Guess.
Hast/Hattest du recht?	Are/Were you right?
Hör dir … an.	Listen to … .
Hör (nochmal) gut zu.	Listen (again).
In welcher Reihenfolge …?	In what order …?
Kannst du die Fehler finden?	Can you find the mistakes?
Kannst du die Geschichte weiterschreiben?	Can you continue the story?
Korrigiere die falschen Sätze/die Sätze, die nicht stimmen/die Fehler.	Correct the false sentences/the sentences which are wrong/the mistakes.
Lies deine Notizen/die Fotogeschichte/die Texte.	Read your notes/the photo story/the texts.
Mach(t) ein Interview/ein Quiz/eine Umfrage/eine Klassendebatte/eine Collage/eine Präsentation/ ein Ratespiel.	Do an interview/a quiz/a survey/a class debate/a collage/a presentation/ a guessing game.
Mach(t) Notizen/eine Liste/zwei Listen.	Make notes/a list/two lists.
Mit welchen Meinungen bist du einverstanden?	Which opinions do you agree with?
Nimm … auf Kassette (oder auf Videokassette) auf.	Record … on cassette (or on video).
Richtig oder falsch?	True or false?
Schlag unbekannte Wörter (im Wörterbuch) nach.	Look up unknown words (in the dictionary).
Schlag … vor.	Suggest …
Schreib einen Brief/einen Artikel/ein Interview/ einen Satz/einen Aufsatz.	Write a letter/an article/an interview/ a sentence/an essay.
Schreib (jeweils) … auf.	Write … down (each time).
Schreib … ohne Unsinn … auf.	Write … down so that it makes sense.
Sieh dir … an.	Look at …
Siehe Grammatik, 2.2.	See the grammar section, 2.2.
Spiel die Rolle von …	Play the role of …
Spiel … vor.	Act out …
Stell die Satzteile zusammen.	Put the parts of the sentences together.
Stell folgende Fragen.	Ask the following questions.
Trag die Tabelle in dein Heft ein.	Copy the table into your exercise book.
Übe/Übt den Dialog.	Practise the dialogue.
Vergiss … nicht.	Don't forget …
Vergleiche …	Compare …
Vervollständige … mit …	Complete … with …
Wähl ein Bild/eine Sprechblase.	Choose a picture//a speech bubble.
Was haben … gemeinsam?	What do … have in common?
Was ist richtig?	What is correct?
Was passt zusammen?	What goes together?
Welcher/Welche/Welches … ist nicht dabei?	Which … is not there?
Welcher/Welche/Welches … wird hier beschrieben?	Which … is being described here?
Wenn du Hilfe brauchst, …	If you need help, …
Wer hat eine positive/negative Meinung?	Who has a positive/negative opinion?
Wer meint was?	Who thinks what?
Wiederhole …	Repeat …
Wie viel kannst du über … sagen?	How much can you say about …?